이윤기의
그리스
로마 신화

I

이윤기의
그리스
로마 신화

신화를 이해하는 12가지 열쇠

I

이윤기
지음

GREEK AND ROMAN MYTHOLOGY

웅진 지식하우스

240만 독자들의 선택, 이 시대 최고의 베스트셀러
『이윤기의 그리스 로마 신화』
출간 25주년 기념 개정판

"신화의 바다를 향해 처음 닻을 올린 모험가들에게 색다른 길잡이가
될 것이다."
— 김현진 (서울대 영문학과 교수)

"나는 이윤기의 언어를 통해서 문장 속 인물들이 몽롱함을 벗고 최고도
의 활력을 누리게 하는 글이 얼마나 독자를 즐겁게 하는지 깨달았다."
— 황현산 (문학평론가)

"신화가 단순히 허구가 아니라 의미 있는 세계관이라는 사실을 일깨
운 이. 덕분에 우리 뒤 세대들은 어린 시절부터 그리스 로마 신화를 배
우며 성장했다."
— 이주향 (수원대 철학과 교수)

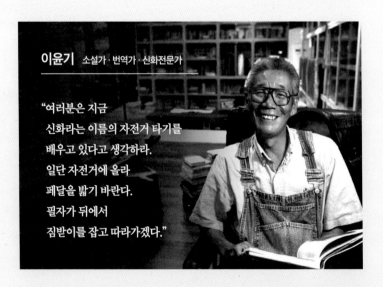

이윤기 소설가·번역가·신화전문가

"여러분은 지금
신화라는 이름의 자전거 타기를
배우고 있다고 생각하라.
일단 자전거에 올라
페달을 밟기 바란다.
필자가 뒤에서
짐받이를 잡고 따라가겠다."

이 책에 쏟아진 독자들의 찬사

"가장 친근하고, 읽기 쉬운 그리스 로마 신화 책."

"이윤기 선생이 들려주는 신화는 사람 이야기였습니다.
 어린 시절 할머니, 어머니가 읊조려주는 듯 나른한 즐거움."

"서양 문화를 한층 깊이 이해하는 데 도움이 된 책.
 진작 읽어야 했다는 아쉬움이 든다."

"오래전부터 그리스 로마 신화를 꼭 읽어야지 했는데
 이 시리즈 덕분에 해냈어요!"

"이 책은 나의 편협하고 엉성한 지식들을
 부드럽고 짜임새 있는 모양으로 잡아주었다."

"그리스 로마 신화에 관련된 책들이 너무나 다양해서
 어떤 것부터 읽어야 될지 고민할 때, 이 책이 정답이 될 것입니다."

"『이윤기의 그리스 로마 신화 1』을 처음 읽었을 때의 충격을 지금도 잊을 수 없다.
 '신화를 이렇게 해석할 수도 있구나', 색다른 관점을 배웠다."

"간직하고 두고두고 보고 싶은 책! 언젠가 다시 읽어봐야지 생각했어요."

"저자의 독특한 그리스 로마 신화 해석이 돋보입니다."

"이윤기 선생님과 함께한 신화 여행, 너무 행복한 10년이었다.
 신화의 꿈을 꿀 수 있게 도와주셔서 고맙습니다."

차
례

일러두기

• 이 책에 등장하는 그리스 인명, 지명, 신 이름 등은 그리스어 발음대로 표기하였습니다.

들어가는 말
아리아드네의 실타래

　그리스 남쪽에 있던 섬나라 크레타에 다이달로스라는 사람이 살고 있었다. 원래 아테나이에서 태어난 이 사람은 손재주도 좋았거니와 뭘 만들기도 퍽 좋아했다. 아테나이 사람들은 원래 손재주가 좋았던 모양인가? 뒷날 트로이아 전쟁 때 목마木馬를 만든 것도 아테나이 사람이었다.

　크레타 왕 미노스는 이 사람에게 미궁迷宮을 하나 만들 것을 명했다. '미궁labyrinthos'은 사람이 들어갈 수는 있으되 그 안의 길이 하도 꼬불꼬불하고 또 고약해서 나올 수는 없는 감옥이다. 어떤 사건이 잘 해결되지 않을 때 우리는 '사건이 미궁에 빠졌다'고 한다. 미궁에 들어간 사람은 밖으로 나올 수가 없고, 미궁에 빠진 사건은 해결되지 못한다. 미궁 속의 꼬불꼬불한 길을 우리는 '미로'라고 부른다. 다이달로스는 왕의 명을 받고, 들어갈 수는 있어도 도저히 빠져나올 수는 없는 미궁을 만들었다. 미궁 또는 미로를 뜻하는 영어 단어 '래버린스labyrinth'가 탄생하는 순간이다.

다이달로스와 이카로스
테세우스가 미궁에서 빠져나오자 미노스왕은 미궁의 설계자인 다이달로스와 그의 아들 이카로스를 바로 그 미궁에다 가두어 버린다. 하지만 다이달로스 부자는 깃털로 날개를 만들어 달고는 날아서 그 미궁을 빠져나온다. 이카로스는 욕심을 내어 너무 높이 날아오르다, 깃털을 붙이고 있던 밀랍이 뜨거운 햇볕에 녹아내리는 바람에 바다에 추락해서 죽고 만다. 추락하는 것은 날개가 있다? 18세기 조각가 안토니오 카노바의 작품.

미노스왕이 미궁을 만들라고 명령한 것은 미노타우로스를 가두기 위해서였다. 미노타우로스Minotauros는 '미노스의 황소Minoan Bull'라는 뜻이다. 이 소는 여느 소가 아니다. 대가리만 소 대가리일 뿐, 목 아래로는 사람과 조금도 다름이 없는 괴물이다. 말하자면 우인牛人이다. 미노타우로스는 여물을 먹는 대신 사람의 고기를 먹어야 살 수 있는 골칫거리 괴물이다. 하지만 왕이 이 괴물을 죽일 수는 없다. 어엿하게 왕비의 몸에서 태어난, 따라서 아들과 다름이 없는 존재였기 때문이다.

다이달로스가 미궁을 만들자 왕은 이 괴물을 미궁에 가두어버렸다. 미노스왕은 당시의 약소국 아테나이 왕을 협박해서 해마다 14명

가짜 암소의 뱃속으로 들어가는 파시파에

미노스왕의 음란한 왕비 파시파에는 한 마리 황소에게 음심을 품었지만 이 황소는 너무 난폭해서 접근할 수가 없었다. 손재간 좋은 다이달로스가 나무로 암소를 한 마리 만들고, 파시파에로 하여금 그 안으로 들어가게 했다. 황소가 이 가짜 소를 진짜로 오인해 사랑하고, 파시파에는 그 씨를 받아 아기를 낳는데, 이 아기가 바로 괴물 미노타우로스다. 16세기 화가 줄리오 로마노가 그린 이 그림 은 재간꾼 다이달로스와 가짜 소의 뱃속으로 들어가는 파시파에의 모습을 보여 주고 있다.

의 선남선녀를 바치게 했다. 미궁에 갇혀 있는 미노타우로스의 먹이 로 던져주기 위해서였다.

영웅 테세우스는 아테나이의 왕자였다. 그는 자기 나라 선남선녀 들이 미노타우로스의 먹이로 희생되는 것을 두고 볼 수 없었다. 그 래서 미노타우로스에게 희생될 14명의 제물에 껴들어 크레타로 갔 다. 그는 다른 제물과 함께 미궁으로 들어가서 괴물 미노타우로스를

미노타우로스
미노타우로스는 '미노스의 황소'라는 뜻으로, 미노스왕의 왕비 파시파에와 황소 사이에서 태어났다. 미궁에 갇힌 채 울부짖던 이 미노타우로스는 영웅 테세우스의 손에 죽임을 당한다. 조지 프레더릭 와츠의 그림.

죽여버릴 생각이었다.

　그런데 크레타의 공주인 아리아드네가 이 영웅 테세우스에게 첫눈에 반하게 된다. 아리아드네는 테세우스같이 용기 있고 잘생긴 청년이 미궁에 던져지는 것을 두고 볼 수 없었다. 인간에게 미궁은 곧 죽음이었다.

　미궁에 들어갔다가 미노타우로스의 먹이가 되지 않은 인간은 없었다. 설사 미노타우로스를 죽인다고 하더라도, 다이달로스가 지은 그 미궁에서 무사히 빠져나오는 것은 거의 불가능했다.

　미궁을 만든 다이달로스도 뒷날 이 미궁에 갇히게 된다. 미궁을 만든 자가 바로 그 미궁에 갇힌 것이다. 하지만 다이달로스만은 아들 이카로스와 함께 미궁에서 탈출했다. 새의 깃털을 주워 모아 쫀쫀히 엮어서 날개를 만들고, 이 날개를 달고는 날아서 아들과 함께 탈출

한 것이다. 하지만 이것은 먼 훗날의 일이다.

아리아드네는 가만히 테세우스를 찾아가, 실이 잔뜩 감겨 있는 아마亞麻 실타래를 하나 건네주었다.

드디어 테세우스가 열네 선남선녀에 섞여서 미궁으로 들어가야 하는 날이 왔다. 테세우스가 어떻게 했겠는가? 테세우스는 살며시 품 안에서 그 실타래를 꺼내고, 실 끝을 풀어 미궁의 문설주에 묶은

미노타우로스를 죽이는 테세우스
미궁 속에서 미노타우로스를 죽이는 장면을 중심으로 그린 테세우스의 영웅적인 한살이. 기원전 2세기의 모자이크.

뒤 미궁 안으로 들어가면서 솔솔솔 실을 풀기 시작했다. 이렇게 실을 풀면서 근 한나절을 들어갔다.

첫 장의 '테세우스의 신표信標'에서 읽게 되겠지만, 테세우스는 열여섯 살 때 이미 섬돌을 번쩍 들어 올린 천하장사다. 아버지를 찾아 아테나이로 올라가면서, 내로라하는 도적을 무수히 쳐 죽인 젊은 영웅이기도 하다. 테세우스는 미궁 속에서도 미노타우로스를 때려 죽였다. 남은 일은 아테나이 젊은이들을 이끌고 무사히 미궁을 빠져나오는 일이었다.

자, 테세우스가 어떻게 했겠는가? 테세우스에게는 아리아드네의 실타래가 있다. 미궁의 입구에서부터 실을 솔솔 풀던 실타래가 있다. 이제 그 실타래에서 풀려 나온 실을 잡고 살살 당기면서 나오면 된다. 바닥에 실이 깔려 있는 길은 바로 그가 미궁으로 들어오면서 걸은 길이다. 그 길을 되짚어 나오기만 하면 된다.

미궁은 거기에 들어가지 않으려는 사람에게는 존재하지 않는다. 신화도 그 의미를 읽으려고 애쓰지 않는 사람에게는 존재하지 않는다. 그런 뜻에서 신화는 미궁과 같다. 신화라는 미궁 속에서 신화의 상징적인 의미를 알아내기란 여간 어려운 일이 아니다. 그러나 방법이 있다. 독자에게는 아리아드네의 실타래가 있다.

이윤기의 그리스 로마 신화 1

테세우스와 아리아드네
미궁으로 들어서는 테세우스에게 실타래를 건네는 아리아드네. 18세기 스위스 화가 앙겔리카 카우프만의 그림.

그것이 무엇인가? 바로 상상력이다. 열두 꼭지의 글을 신화 이해의 열쇠로 삼은 이 책은 필자가 신화의 상징적인 의미를 해석한 책이 아니다. 열두 꼭지의 글에는 신화 이해와 해석에 필요한 열두 개의 열쇠가 숨겨져 있다. 각각의 열쇠에는 또 무수한 꼬마 열쇠가 매달려 있다. 큰 열쇠, 작은 열쇠로 독자들이 나름대로 열기 바란다. 필자의 해석은 필자의 실타래이지 독자를 위한 아리아드네의 실타래는 아니다.

모쪼록 독자가 나름대로 지니고 있는 아리아드네의 실타래로써 미궁 진입과 미궁 탈출을 시도해보기 바란다. 미궁의 입구에서 기다리는 아름다운 공주 아리아드네는 이렇게 진입과 탈출을 시도한 독자, 이렇게 진입과 탈출에 성공한 독자에게만 존재한다. 테세우스의 아리아드네가 아닌 '나'의 아리아드네를 만나야 하지 않겠는가?

독자는 지금 신화라는 이름의 자전거 타기를 배우고 있다고 생각하라. 일단 자전거에 올라 페달을 밟기 바란다. 필자가 뒤에서 짐받이를 잡고 따라가겠다.

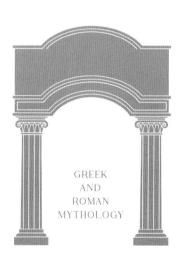

GREEK
AND
ROMAN
MYTHOLOGY

1장
잃어버린 신발을 찾아서

GREEK
AND
ROMAN
MYTHOLOGY

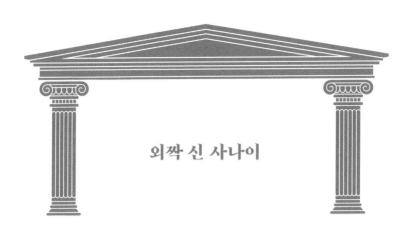

외짝 신 사나이

신발 이야기부터 시작하자.

신화나 전설에는 신발 이야기가 자주 나온다. 그리스 신화도 예외는 아니다. 신발을 잃어버린 사람 이야기, 잃어버린 신발을 되찾는 사람 이야기, 강가에 신발을 벗어놓고 투신자살하는 사람 이야기, 신발을 단서로 잃어버린 사람을 찾아내는 사람 이야기…….

그리스인들에게 신발은 무엇인가? 우리에게 신발은 무엇인가? 우리는 우리 신발을 제대로 신고 있는가?

그리스 신화에는 이아손Iason(영어로는 Jason)이라는 영웅이 등장한다. 아르고Argo라는 이름의 아주 빠른 배를 타고 북쪽 나라로 가서, 아득한 옛날 그리스인들이 잃어버린 황금빛 양의 털가죽을 찾아오는 영웅이 바로 이아손이다. 황금빛 양털가죽은 그리스인들의 자존심이기도 하다. 그러니까 이아손은 그리스인들의 잃어버린 자존심을 되찾은 영웅인 셈이다. 이아손 이야기 첫 대목부터 소개한다.

아득한 옛날 그리스 땅에는 이올코스라는 나라가 있었다. 영웅 이아손은 당시 이 나라를 다스리던 왕의 왕자로 태어났다. 나라가 평화스러웠다면 아버지의 뒤를 이어 왕이 될 운명을 타고 태어난 셈이다. 그러나 영웅 이아손은, 모든 영웅이 다 그렇듯이 어릴 때부터 모진 고생을 하지 않으면 안 되었다.

이올코스 나라의 왕은 여러 가지로 부족한 왕이었다. 지혜롭지도 못했고 용감하지도 못했다. 현명한 신하도 없었고 범 같은 장수도 없었다. 게다가 젊음조차 없었다. 이아손이 태어날 당시 이미 이올코스 나라의 왕은, 졸다가 나귀 잔등에서도 이따금씩 떨어질 정도로 나이를 먹은 노인이었다. 있어야 할 것이 턱없이 부족했던 이 왕에게는 있어서는 안 될 것이 하나 있었다. 있어서는 안 될 것이 무엇인가 하면, 바로 뱃속이 검은 이복 아우였다. 왕은 당시 이미 노인 축에 들었지만 이복 아우 펠리아스는 30대 한창 나이의 젊은이였다.

펠리아스는 재산을 풀어 신하들의 환심을 사는 일을 게을리하지 않았다. 펠리아스에게서 뇌물을 얻어먹은 신하들은 공공연히 이런 말을 하고 다녔다.

"왕은 연세가 많고 왕자인 이아손은 아직 어리다. 왕자가 자라 왕위를 이을 때까지 이렇게 기다리고 있을 수만은 없지 않는가? 왕자가 장성할 때까지 숙부인 펠리아스를 왕위에 오르게 해야 하지 않겠는가? 그래야 밖에서 우리 나라를 넘보는 자들을 막고, 안에서 왕좌를 넘보는 자들을 막을 수 있지 않겠는가?"

펠리아스는 이런 신하들의 도움을 받아 왕위에 올랐다. 뱃속이 검은 펠리아스도 그냥 왕위에 오르기는 미안했던지, 자신에게 호감을 갖지 않은 신하들에게 한 가지를 약속했다. 그것은 이아손이 장차 자라 왕 노릇 할 만한 나이가 되면 왕위를 물려주겠다는 약속이었다.

하지만 이런 약속은 지켜지기 어려운 것이 보통이다. 왕위에 오른 펠리아스는 권력을 휘둘러 장차 왕위에 오를 조카를 얼마든지 해코지할 수 있기 때문이다. 역사를 보라. 왕위 계승자라는 단 한 가지 이유 때문에 목숨을 잃은 왕자들이 얼마나 많은가?

이런 것을 잘 아는 이아손의 가까운 친척들은 어느 날, 다섯 살밖에 안 된 이아손을 몰래 펠리온산으로 보냈다.

펠리온산에는 '현자賢者'라고 불리는 반인반마半人半馬, 즉 허리 위로는 사람의 모습, 허리 아래로는 말의 모습을 한 켄타우로스馬人 케이론이 있었다. 이 케이론은 여러 영웅을 배출해낸 켄타우로스다. 헤라클레스, 의신醫神 아스클레피오스, 그리고 트로이아 전쟁의 영웅 아킬레우스도 바로 이 케이론의 제자들이다.

우리가 만화나 무협지 같은 것을 통해서 잘 알고 있거니와, 이아손은 이 산에서 숨어 지내면서 케이론에게서 칼 쓰는 법, 활 쏘는 법, 악기 다루는 법, 배 짓는 법, 뱃길 짐작하는 법 따위를 배웠다.

이아손이 펠리온산으로 떠난 지 15년째 되는 해, 키 높이로 자란 펠리온 산자락의 갈대숲을 헤치고 나오는 한 젊은이가 있었다. 그가

어린 아킬레우스에게 활쏘기를 가르치는 케이론
케이론은 허리 위로는 사람 모습을 하고, 허리 아래로는 말의 모습을 한 켄타우로스(반인반마)인데, 영웅 이아손도 이 케이론의 제자가 된다. 17세기 화가 주세페 크레스피의 그림.

바로 다섯 살 때 펠리온산으로 숨어 들어간 왕자 이아손이다. 15년 동안이나 무술을 연마하고 웅변술을 익힌 이아손이 나라를 찾기 위해 드디어 산을 내려온 것이다. 얼마나 오랫동안 깎지 않았던지 이아손의 머리카락은 엉덩이까지 치렁치렁 자라 있었다.

한편 펠리아스왕은 조카 이아손이 펠리온산에서 무술을 연마하고 있다는 사실을 전혀 알지 못했다. 다섯 살 어린 나이에 흔적도 없이 종적을 감춘 이래 15년이라는 세월이 흘렀으니 무리도 아니었다. 펠리아스는 자기에게 이아손이라는 조카가 있다는 사실도 잊은 지 오래였다. 비록 형에게서 왕위를 빼앗기는 했지만 펠리아스는 이올코스 나라를 괜찮게 다스리는 꽤 쓸 만한 왕이었던 것 같다. 이올코스는 늙은 왕이 다스리고 있을 때보다 훨씬 강성해져 있었다. 그런데 이아손이 종적을 감추고 15년 세월이 흐른 당시, 나라 안에는 이상한 소문이 나돌기 시작했다. 그 이상한 소문을 동요로 지어 부르는 아이들도 있었다.

모노산달로스가 내려와

이올코스의 왕이 된다네…….

펠리온산에서 내려와 이올코스 나라로 들어가려면 아나우로스강을 건너야 했다. 이아손도 그 강을 건너지 않으면 안 되었다. 이아손이 아나우로스강을 건너려고 하는데, 강변에는 먼저 온 듯한 할머니 한 분이 앉아 있었다. 할머니는 여울목을 찾기는 찾았지만 물살이 너무 세어 혼자는 건너지 못하고 도와줄 사람을 기다리고 있었던 것임에 분명했다.

이아손이 다가가자 할머니가 퉁명스러운 말투로 물었다.

"나를 업어서 건네주려느냐? 아니면 내가 너의 그 긴 머리카락을 잡고 건너랴?"

이아손은 할머니의 퉁명스러운 말투에 화가 치밀었지만 상대가 할머니라 마음을 고쳐먹고 공손하게 대답했다.

"마땅히 업어서 건네드려야지요."

이아손은 할머니를 업고 강물로 다가섰다. 여울목인데도 하도 깊어서 한 발 들여놓자 무릎이 잠기고 두 발 들여놓자 엉덩이가 잠겼다.

"이 아둔한 것아, 내 옷이 젖지 않느냐?"

할머니가 이렇게 소리를 지르면서 있는 힘을 다해 이아손의 목을 끌어안고 목 쪽으로 기어올랐다. 이아손은 치밀어 오르는 화를 억누른 채 조심스럽게 발을 내디뎠다.

"어디로 가는 놈이냐?"

할머니가 쥐어박는 듯한 말투로 물었다.

"이올코스로 갑니다."

이아손이 공손하게 대답했다.

"이올코스의 누구를 찾아가?"

"펠리아스왕을 찾아갑니다."

"펠리아스가 뉘 집 머슴 이름이냐?"

"그게 아니고요, 실은 펠리아스왕이 제 숙부님이십니다."

"숙부 좋아한다."

"……."

이아손은 이런 이야기를 나누면서 고개를 갸웃거렸다. 아무래도 이상하다는 생각이 들었다. 잘 달리는 말 같으면 단숨에 뛰어넘을 수 있을 것 같던 여울목이었다. 그런데 가도 가도 저쪽 둑까지의 거리가 줄어드는 것 같지 않은 데다 등에 업은 할머니의 몸도 점점 무거워지고 있었기 때문이다. 여울목을 반쯤 건넜을 때는 할머니의 몸이 천근 무게로 이아손의 등을 짓누르는 것 같았다. 할머니를 업은 것이 아니라 바윗덩어리를 업고 있는 것 같았다.

"이상하다……. 넓은 여울목이 아니었는데…… 왜 이렇게 가도 가

이윤기의 그리스 로마 신화 1

노파로 변신한 헤라 여신

이아손은 이제 이 노파를 통해 첫 번째 시험의 관문을 통과해야 한다. 노파 옆에 헤라 여신을 상징하는 공작이 서 있다. 헤라는 신성한 결혼의 수호 여신이다. 1920년에 출간된 미국 작가 너새니얼 호손의 『탱글우드 이야기』 삽화.

도 끝이 없을까……."

이아손이 혼잣말로 이렇게 중얼거리자 할머니가 또 쥐어박듯이 내뱉었다.

"이 할미가 무거운 게지?"

"아닌 게 아니라 할머니가 자꾸만 무거워지고 있는 것 같습니다."

"네놈이 깊은 곳으로 들어서는 바람에 내 엉덩이가 이렇게 젖기는 했다만, 이놈아, 내가 솜덩어리냐? 내 엉덩이가 물이라도 빨아들이느냐? 자꾸만 무거워지게?"

"그게 이상합니다."

"이놈이 꾀를 부리는구나."

할머니가 빽 소리를 질렀다. 이아손은 그 소리에 놀라 얼떨결에 미끄러운 돌을 밟았고, 그 돌에 미끄러지는 바람에 몸의 균형을 잃었으며, 균형을 잃고 허둥대는 바람에 가죽신 한 짝을 놓치고 말았다. 가죽신은 빠른 물살에 아래쪽으로 떠내려갔다. 이아손이 그 가죽신을 다시 발에 꿰려고 한쪽 발을 쳐드는 순간, 할머니가 또 한 차례 호통을 쳤다.

헤라 여신
신들의 아버지라고 불리는 제우스의 아내이자 올림포스의 안주인인 헤라는 신성한 결혼의 수호 여신이다. 기원전 5세기의 대리석상.

이윤기의 그리스 로마 신화 1

"이놈아, 사람이 중하지 가죽신이 중하냐? 까짓 가죽신 한 짝 때문에 이 할미를 물에다 처박으려고 그래?"

하기야 할머니가 그렇게 호통을 치지 않았다고 하더라도 이아손은 벗겨진 가죽신을 다시 발에 꿰지 못했을 것이다. 산이라도 하나 짊어진 것 같아, 발을 잘못 쳐들면 다시 균형을 잃을 것 같았기 때문이다.

이아손은 가죽신 한 짝을 포기하고, 있는 힘을 다해 반대편 강둑을 향해 비틀거리며 걸었다. 등에 업은 할머니의 무게가 어찌나 무거운지 발은 강바닥으로 한 자씩이나 빠져들고 있었다.

"이놈이 왜 이렇게 비실거려?"

할머니가 또다시 호통을 쳤다.

"할머니, 제가 반드시 건네드리겠으니 염려하지 마십시오."

"이놈아, 이 좁은 여울목에서도 이렇게 비실거리는 녀석이 무슨 수로 잃어버린 왕위를 되찾아?"

"왕위를 되찾으러 간다고는 안 했습니다."

"펠리아스가 웃겠다, 이놈아!"

"저희 펠리아스 숙부님을 아십니까?"

"내 신전을 더럽힌 괘씸한 놈을 내가 왜 몰라?"

'내 신전⋯⋯. 여신이 아니고서야 신전을 '내 신전'이라고 부를 수는 없지 않는가? 참으로 이상하다⋯⋯.'

이런 생각을 하던 이아손이 퍼뜩 정신을 차리고 보니 등에 업혀 있던 할머니는 온데간데없었다. 이아손은 발치를 내려다보았다. 언

숙부 펠리아스 앞에 선 이아손
펠리아스가 노인의 모습으로 그려져 있다. 펠리아스는 요부이자 마법사이기도 한 메데이아의 마법
에 걸려 하루아침에 꼬부랑 노인으로 변한다. 기원전 5세기의 병에 그려진 그림.

제 건너 왔는지, 그는 이미 강둑으로 올라와 있었다.

　이아손은 잠깐 꿈을 꾸었나 생각해보았지만 꿈은 아니었다. 오른
발에 신었던 가죽신은 온전하게 그대로 있는데, 왼발에 신었던 가죽
신은 흔적도 없이 사라져버렸기 때문이다.

　이아손은 가죽신을 한 짝만 신은 채로 이올코스로 들어갔다. 무슨
구경거리나 만난 듯이 아이들이 우르르 몰려들었다. 아이들은 이아
손을 둘러싸고 이상한 노래를 불렀다.

모노산달로스가 내려와

이올코스의 왕이 된다네…….

모노산달로스Monosandalos……. '모노mono'가 무엇인가? '하나'라는 뜻이다. 그렇다면 '산달로스'는? 가죽신이다. 가죽끈으로 장딴지에다 얼기설기 엮어 묶는 가죽신이다. 오늘날 우리가 '샌들sandal'이라고 부르는 슬리퍼 비슷한 신발 이름은 여기에서 유래한 것이다. 그렇다면 '모노산달로스'는 무엇인가? '신발을 한 짝만 신은 사나이', 즉 '외짝 신 사나이'라는 뜻이다.

자, 모노산달로스가 어떻게 왕이 될 수 있는가? 신발 한 짝을 잃어버릴 정도로 부주의한 사람이 어떻게 왕이 될 수 있는가? 우리는 혹시 신발 한 짝을 잃어버린 사람들은 아닌가? 잃어버리고도 잃어버린 줄을 모르고 있는 것은 아닌가? 잃어버렸다는 것을 인식하는 순간, 사람은 신발 한 짝 이상의 어떤 것을 획득하게 되는 것은 아닌가? 지켜볼 수밖에 없다.

이아손은 우선 머리나 손질해야겠다고 생각하고는 이발소를 찾아들어갔다. 이발사가 이아손의 아래위를 번갈아 훑어보다가 물었다.

"가죽신 한 짝은 어떻게 하셨어요?"

"아나우로스강을 건너다가…… 물살이 어찌나 센지 그만 가죽신 한 짝을 떠내려 보내고 말았소……."

"참 이상하다…….'

"무엇이 이상해요?"

영웅 이아손과 콜키스 공주 메데이아
이아손은 조국을 배반한 적국의 공주 메데이아 덕분에 여러 가지 시험의 관문을
통과할 수 있었지만, '조국을 배반하고 적국의 애인을 돕는 공주' 이야기가 다
그렇듯이 이 둘은 하나로 맺어지지 못한다. 19세기 화가 귀스타브 모로의 그림.

"요즘 우리 나라에는 모노산달로스(외짝 신 사나이)가 내려와 왕이 된다는 소문이 돌고 있어요."

"해괴한 소문이군요……. 나도 하나 물어봅시다. 혹시 이 나라 왕이 어느 여신의 신전을 욕보인 일이 있습니까?"

이아손이 묻자 이발사가 대답했다.

"있겠지요. 펠리아스왕은 본처가 있는데도 첩을 여럿 두었어요. 첩들은 차례로 자식을 낳았고요. 젊은이는 헤라 여신이 어떤 여신인지 아시지요?"

"알고말고요. 신성한 결혼을 지키시는 여신 아닌가요? 신성한 결혼을 더럽히면 벌을 주시는 여신 아닌가요?"

"맞습니다. 펠리아스왕이 신성한 결혼의 맹세를 어기고 이 여자 저 여자를 건드리니까 헤라 여신의 신전을 지키고 있던 여사제가 펠리아스왕에게 충고했지요."

"뭐라고요?"

"그런 못된 짓 그만두지 않으면 모노산달로스가 와서 왕위를 빼앗을 거라고요. 하지만 펠리아스왕은 못된 짓을 그만두기는커녕 사람을 보내서 신전 기둥뿌리까지 뽑게 했답니다. 말하자면 헤라 여신을 단단히 욕보인 것이지요."

이발사의 말을 들은 이아손이 하늘을 우러러보며 중얼거렸다.

"……아, 그렇다면 아까 그 할머니가 바로 헤라 여신이었구나. 헤라 여신이 할머니로 둔갑하고 내 앞에 나타나셨던 게로구나……."

여기까지가 그리스 시인 아폴로니오스 로디오스가 쓴 영웅 서사시 『아르고 원정대 이야기Argonautica』에 나오는 모노산달로스, 즉 외짝 신 사나이의 내력이다. 아르고는 영웅 이아손이 타고 먼 북쪽 나라로 갔던 배 이름이다. 모노산달로스 이아손이 북쪽 나라 콜키스에서 그 나라 공주 메데이아의 도움을 받아 황금빛 양의 털가죽을 찾아 가지고 돌아와 펠리아스왕을 몰아내고 왕위를 되찾게 되는 것은 그로부터 세월이 한참 흐른 뒤의 일이다.

왜 하필이면 신발인가? 신발은 과연 무엇인가? 이런 의문을 한번 품어본다. 테세우스 신화에는 이 신발이 어떤 모습으로 등장하는지 어디 한번 살펴보자.

금양모피를 손에 넣은 이아손
이아손 이야기는 결국, 그리스의 자존심이라고 할 수 있는 금양의 털가죽을 찾는 이야기다. 이아손은 메데이아의 도움을 받아 이 금양모피를 손에 넣는 데 성공한다. 에라스무스 켈리누스 2세의 그림.

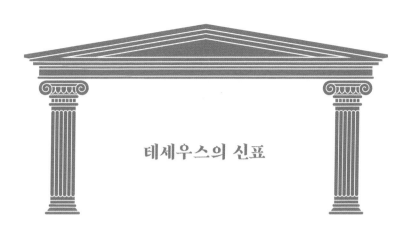

테세우스의 신표

그리스의 도시국가 중 하나인 아테나이의 왕 아이게우스는 세상에 부러울 것이 별로 없는 사람이었다. 나라의 힘은 나날이 늘어갔고, 백성의 살림살이는 나날이 넉넉해져갔다. 그런데 그런 아이게우스왕에게도 남에게 밝히고 싶지 않은 고민거리가 하나 있었다. 슬하에 아들이 없다는 것이었다.

아이게우스는 장차 아들을 얻을 수 있는지, 아니면 팔자에 아예 아들이 없는 것인지 그게 궁금해서 견딜 수 없었다. 그래서 델포이에 있는 아폴론 신의 신전으로 가서 신탁神託을 한번 받아보고자 했다.

신탁이란 '신이 맡겨놓은 뜻'이라는 말로 탁선託宣이라고도 한다. 당시 그리스인들은 신들이 인간의 팔자를 주관한다고 믿었을 뿐만 아니라, 무신巫神 아폴론의 신전에 가서 그 신전을 지키는 여사제에게 물으면 그 뜻을 미리 아는 것도 가능하다고 믿었다. 델포이의 아폴론 신전 여사제의 예언, 즉 여사제가 전하는 아폴론 신의 뜻은 두루뭉술한 것으로 이름나 있다.

아이게우스가 아폴론 신전에서 받은 신의 뜻은 다음과 같다.

"사람의 우두머리여, 네 나라 아테나이에 이르기까지는 통가죽 부대의 발을 풀지 말라."

통가죽 부대의 발이란 무엇인가? 그 당시 그리스 사람들은 양의 통가죽을 포도주 부대로 이용했다. 통가죽 부대를 술통이나 술 주전자로 이용한 것이다. 따라서 통가죽 부대의 발은 술 주전자의 주둥이를 조심하라는 말, 결국은 술을 조심하라는 말이다.

아이게우스는 아폴론 신전이 있는 델포이에서 아테나이로 돌아가는 길에 트로이젠이라는 나라를 방문했다. 트로이젠의 왕인 피테우스는 당시 그리스에서 현명한 왕으로 이름을 떨치고 있던 사람이다.

아이게우스는 트로이젠에 이르기까지는 포도주를 마시지 않았다. 그러나 트로이젠에서는 왕이 하도 간곡하게 권하는 바람에 그럴 수가 없었다. 아이게우스는 왕이 권하는 대로 포도주를 받아 마시고는 인사불성이 되어 잠자리에 들었다.

이튿날 잠에서 깬 아이게우스왕은 소스라치게 놀랐다. 트로이젠의 공주 아이트라가 알몸이 된 채 곁에 누워 있었기 때문이다. 플루타르코스(영어로는 '플루타크')는 저 유명한『플루타르코스 영웅전』의 이

트로이젠에서 아테나이로 가는 험한 석회암산 길
지금은 이 길에 고속도로가 나 있지만 옛날에는 험하기로 소문난 길이었다고 한다. 테세우스의 두 번째 아내 파이드라와 아들 히폴뤼토스의 불륜을 다룬, 현대판 테세우스의 갈등을 그린 영화「페드라(파이드라)」의 촬영 현장이기도 한다.

대목에 이르러 다음과 같이 절묘하게 쓰고 있다.

"공주가 피테우스왕의 설득에 못 이겨 손님의 잠자리로 들어갔는지, 아니면 공주가 손님이 취한 것을 알고 스스로 찾아들어 갔는지 그것은 분명하지 않다."

플루타르코스의 묘사가 절묘하다. 누구의 뜻으로 동침이 이루어졌는지 따지는 것 같지만, 그는 이로써 손님과 공주의 동침을 기정사실로 만드는 논법을 구사하고 있기 때문이다.

취중에 남의 나라 공주와 동침한 것을 안 아이게우스는 서둘러 그 나라를 떠났다. 떠나기 직전, 그는 방 앞의 섬돌을 번쩍 들어 옮기고는 섬돌 있던 자리에다 칼 한 자루와 가죽신(!) 한 켤레를 놓은 뒤 그 위에다 다시 섬돌을 놓았다. 섬돌이란 방 앞에 놓인, 층계 노릇을 하는 긴 돌을 말한다. 힘센 장사가 아니고는 그런 섬돌을 들었다 놓았다 할 수 없다. 아이게우스는 섬돌을 제자리에 놓은 뒤 공주에게 이런 말을 했다.

"아들이 태어나거든, 그리고 그 아들이 제 아버지가 누군지 궁금해하거든 내게로 떠나보내세요. 내가 섬돌 밑에다 신표信標가 될 만한 것을 감추어두었으니, 제 힘으로 그 섬돌을 들어 올릴 수 있을 만큼 자라면 보내세요. 아무도 모르게, 은밀하게 보내세요."

신표가 무엇인가? 바로 칼과 가죽신이다. 놀랍지 않은가? 여기에서도 가죽신은 신분증명서 노릇을 할 모양이다.

이윽고 공주의 몸에서 아들이 태어났다. 공주는 그 아들의 이름

이윤기의 그리스 로마 신화 1

을 테세우스라고 지었다. 테세우스Theseus라는 말은 '테사우로스thesauros'에서 온 것인데, 이 테사우로스는 '묻혀 있는 보물'이라는 뜻이다. 사전을 뜻하는 영어 단어 '시소러스thesaurus'는 바로 이 말에서 유래한 것이다. 사전이 무엇인가? 단어의 보물 창고가 아닌가?

당시 아테나이에는 사내아이가 자라 열여섯 살이 되면 앞머리를 잘라 아폴론 신전에 바치는 풍습이 있었다. 테세우스는 열여섯 살이 되자 당시의 풍습대로 아폴론 신전이 있는 델포이로 올라갔다.

"너 자신을 알라Know thyself!"

우리는 이것을 그리스의 철학자 소크라테스가 한 말로 기억하고

프로크루스테스를 죽이는 테세우스
프로크루스테스는 나그네를 죽여도 꼭 제 침대에 눕혀 보고는 침대보다 긴 사람은 잘라서 죽이고, 짧은 사람은 늘여서 죽였다. 그래서 남에게 제멋대로 들이대는 자신의 판단 기준을 '프로크루스테스의 침대'라고 부른다. 테세우스는 똑같은 방법으로 프로크루스테스를 죽였다. 기원전 5세기의 그림.

있다. 그러나 그렇지 않은 모양이다. 소크라테스가 이 말을 옮겼을 뿐, 델포이 신전의 상인방에도 다음과 같은 글귀가 새겨져 있었다고 한다.

"그노티 세아우톤Gnothi Seauton!"

바로 '너 자신을 알라'는 뜻이다.

자신을 알자면 어떻게 해야 하는가? 자신을 향해 근본적인 의문을 제기하는 경험이 있어야 한다. 이런 의문은 누구나 제기할 수 있다. 그러나 의문을 제기한 다음에는 그 답을 모색하는 경험이 뒤따라야 한다. 의문을 제기하고 그 의문의 답을 모색하는 사람은 신화의 주인공, 자기 삶의 주인공이 된다. 그러나 의문만 제기할 뿐 그 답을 모색하지 않는 사람은 신화의 조연, 자기가 사는 모듬살이의 조연에 머문다.

테세우스도 의문을 제기한다.

"나는 도대체 누구인가? 다른 아이들에게는 다 아버지가 있는데, 나에게는 왜 아버지가 없는가? 나는 도대체 어디에서 왔는가?"

테세우스가 이런 의문을 제기한 것은 그의 나이 열여섯 살 때의 일이다. 테세우스는 혼자 고민하다가 어머니 아이트라에게 자기가 누구의 아들인지, 그 내력을 밝혀줄 것을 요구했다. 어머니 아이트라는 아들을 섬돌 아래로 데리고 가서, 그 무거운 섬돌을 들어 올릴 수 있는지 시험해보았다. 테세우스는 열여섯 살의 소년에 지나지 않았는데도 그 섬돌을 어렵지 않게 들어 올렸다. 섬돌 밑에, 16년 전에 아버지 아이게우스가 감추어둔 칼과 가죽신이 있었음은 물론이다.

이윤기의 그리스 로마 신화 1

도둑 시니스를 죽이는 테세우스
도둑 시니스는 사람을 죽여도 꼭 두 그루 소나무를 휘어 밧줄로 고정하고는 거기에 사람을 묶고 밧줄을 끊음으로써 사람을 찢어 죽였다. 테세우스는 같은 방법으로 시니스를 죽였다.

테세우스는 자기의 신분을 증명해줄 이 칼과 가죽신을 간직하고 아버지를 찾으러 아테나이를 향하여 길을 떠나기로 했다. 외조부의 나라 트로이젠에서 아버지의 나라 아테나이로 가자면 산을 넘고 강을 건너는 육로가 가까웠다. 그러나 육로에는 도둑이 들끓어서, 웬만한 사람들은 시일이 조금 더 걸려도 도둑을 만날 염려가 없어 안전한 배를 타고 오고 갔다. 외조부 피테우스와 어머니 아이트라도 테세우스에게 뱃길로 갈 것을 권했다. 그러나 테세우스는 한마디로 거절했다.

"편안한 뱃길로 아버지를 찾아가는 것은 아버지의 명예를 욕되게 하는 것입니다. 제가 테세우스라는 것을 증명하는 이 칼과 가죽신은 제가 아버지 아이게우스의 아들이라는 것을 증명하는 것이지, 제가

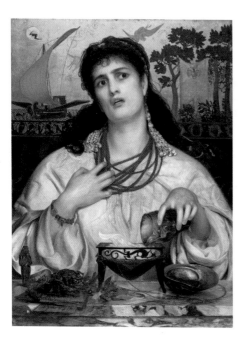

아이게우스 왕의 후처 메데이아

이아손이 여러 가지 시험의 관문을 통과하는 데 도움을 준 공주 메데이아. 이아손을 돕기 위해 조국을 배반하는 것은 물론 제 동생까지 죽인 인물. 당시 메데이아는 이아손을 떠나 아테나이 왕 아이게우스의 아내가 되어 있었다. 19세기 영국 화가 앤서니 프레더릭 샌디스의 그림.

명예로운 아버지의 명예로운 아들이라는 것을 증명하는 것은 아닙니다.”

결국 테세우스는 육로를 잡아 길을 나섰고, 온갖 도둑을 물리친 다음에야 아테나이에 이를 수 있었다. 저 악명 높은 도둑 프로크루스테스도 그런 도둑 중의 하나였다. 프로크루스테스의 집에는 침대가 하나 있었다. 도둑은 나그네가 지나가면 집 안으로 불러들여 이 침대에 눕혔다. 그러나 나그네로 하여금 그냥 그 침대에 누워 쉬어 가게 하는 것이 아니었다. 이 도둑은 나그네의 키가 침대 길이보다 길면 몸을 잘라서 죽이고, 나그네의 키가 침대 길이보다 짧으면 몸을 늘여서 죽였다. '프로크루스테스의 침대'는 여기에서 생겨난 말이다. 자기 생각에 맞추어 남의 생각을 뜯어고치려는 버르장머리, 남에게 해를 끼치면서까지 자기주장을 굽히지 않는 횡포를 '프로크루스테스의 침대'라고 하는 것은 바로 여기에서 유래한 것이다.

테세우스는 이 해괴한 도둑을 죽이되, 도둑이 무수한 나그네를 죽인 것과 똑같은 방법으로 죽이고는 아테나이로 들어섰다.

소문은 원래 소문 주인공의 발걸음보다 빠른 법이다. 테세우스가 아테나이에 당도했을 때, 테세우스가 무수한 도둑을 죽이고 아테나이로 오고 있다는 소문이 좍 퍼져 있었다. 아테나이 왕궁에서 이 소문을 가장 먼저 들은 사람은 아이게우스왕의 아내 메데이아였다. 메데이아가 자기가 낳지도 않은 아들 테세우스를 반길 까닭이 없었다. 테세우스가 출현하면 자기가 낳은 아들들의 위치가 매우 불안해질 것이기 때문이었다. 메데이아는 테세우스를 독살하기 위해 독약을 준비하고 기다리고 있었다.

테세우스가 왕궁으로 들어섰을 때, 아이게우스왕 내외와 신하들은 잔칫상을 마련하고 테세우스를 기다리고 있었다. 다 메데이아가 꾸민 일이었다. 테세우스가 왕궁으로 들어서자, 그 청년이 자기 아들임을 알 리 없는 아이게우스가 이런 말로 테세우스를 맞았다.

"트로이젠의 영웅이여, 피테우스왕께서는 평안하신가? 나도 오래 전에 피테우스왕을 뵙고 나그네 대접하는 법을 좀 배운 사람이네. 그러니 내 나라 궁전에서 편히 쉬시게."

아이게우스왕은 이렇게 말하면서 테세우스에게 술잔을 권했다. 그

미노타우로스를 죽이는 테세우스
고대 신화는 오늘날에도 끊임없이 새로운 이미지로 되살아난다. 사진은 프랑스 파리의 콩코드 광장에 서 있는 조각상.

술잔은 메데이아가 이미 독약을 타놓은 독주 잔이었다. 술잔을 받아든 테세우스는 녹슨 칼집에서 칼을 뽑아 들고는 상에 차려진 양고기를 먹을 만큼 잘랐다. 녹슨 칼집에서 테세우스가 뽑은 그 칼은 16년 전에 아이게우스가 섬돌 밑에다 두고 온 칼이었다. 테세우스가 신고 있는 가죽신을 유심히 살펴본 아이게우스왕은 그 가죽신 또한 자기가 섬돌 밑에다 감추어두고 온 바로 그 가죽신이라는 것을 알아보았다.

아이게우스왕이 테세우스에게 소리쳤다.

"잠깐, 그 술잔의 술을 버려라!"

칼과 가죽신이 신분을 증명해준 덕분에 테세우스는 무사히 아버지 아이게우스를 만날 수 있었다.

테세우스는 크레타의 미궁 속에 살고 있는 괴물 미노타우로스를
쳐죽인 영웅이기도 하다. 크레타의 미궁은 그 속이 어찌나 복잡하게
설계되어 있었던지 들어간 사람은 아무도 살아 나온 적이 없는 곳이
었다. 그러나 테세우스는 크레타에 있던 미노스 왕국의 공주 아리아
드네의 도움으로 그 미궁에서도 무사히 빠져나온 영웅이다. 아리아
드네가 미궁으로 들어가는 테세우스에게 실타래 하나를 건네주었
고, 테세우스는 미궁에 들어서면서부터 이 실타래에서 실을 살살 풀

**테세우스(가운데)와 아리
아드네(왼쪽), 그리고 뒷날
테세우스의 아내가 되는
파이드라**
파이드라는 아리아드네
의 이복 언니다. 베네데
토 제나리 2세의 그림.

어나가다가 나올 때는 그 실을 따라 나왔던 것이다.

테세우스는 헤라클레스와 함께 그리스를 대표하는 영웅이기도 한데, 신분을 증명하는 신표였던 칼과 가죽신이 없었더라면 영웅이 되기는커녕 왕궁에서 메데이아의 독주에 독살당하고 말았을 것이다.

그렇다면 가죽신은 이아손의 신화나 테세우스의 신화에만 등장하는 것일까? 다른 신화나 전설에 등장한다면 그것은 우연의 일치인 것일까?

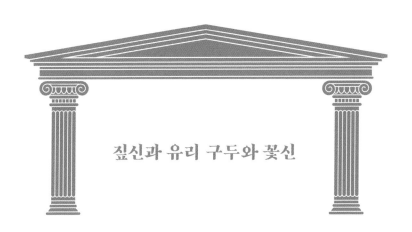

짚신과 유리 구두와 꽃신

〈달마도達磨圖〉라고 불리는 그림이 있다. 수염을 기른 험상궂은 스님을 그린 그림이다. 〈달마도〉에 그려진 스님이 바로 달마대사다. 〈달마도〉에 나오는 달마대사는 눈이 유난히 무섭다. 졸음이 오면 윗눈꺼풀이 내려오는 법인데, 이게 귀찮아서 아예 눈꺼풀을 잘라버려 그렇다고 한다. 〈달마도〉에 그려지는 달마대사의 눈이 유난히 부리부리하고 섬뜩해 보이는 것은 이 때문이다.

달마대사는 6세기에 불교를 전하러 중국으로 건너왔던 남인도南印度 사람이다. 남인도 향지국이라는 나라의 셋째 왕자였다는 전설도 있다. 그는 중국의 소림사에서 도를 닦으면서 산도둑들로부터 스님을 지키기 위해 산짐승들을 보고 무예를 창안했다는데, 이것이 바로 저 유명한 소림사 권법이다.

그런데 〈달마도〉에는 달마대사의 얼굴만 그린 것도 있고 전신을 그린 것도 있다. 전신을 그린 〈달마도〉를 보면 대사의 지팡이에 신발 한 짝이 걸려 있는 것이 보통이다. 달마대사에게도 신발 전설이 따라다닌다.

달마대사의 신발은 무엇으로 만든 신발이었을까? 가죽신은 분명
히 아니었을 것이다. 부처님을 믿는 사람들은 살아 있는 동물을 죽
이지 않을뿐더러, 동물의 가죽으로 만든 물건은 몸에 지니지 않는다.
신발도 동물의 가죽으로 만든 가죽신은 신지 않았을 것이다.

달마대사는 중국의 소림사에서 9년 동안 도를 닦고 큰 깨달음을
얻어 제자들을 가르치다가 528년께에 세상을 떠난 것으로 전해진
다. 대사를 시기하는 사람들에게 독살당했다는 전설도 있다. 당시 중
국의 스님들에게는 화장하는 풍습이 없었던 것일까? 제자들은 달마
대사의 시신을 양지바른 곳에 묻었다.

달마대사가 세상을 떠난 지 3년 뒤, 인도의 월씨국越氏國이라는 나
라를 다녀온 사신이 달마대사를 보았노라고 주장했다. 송운宋雲이라
는 이 중국 사신은 구체적인 증거까지 대어가면서 자기는 분명히 두
눈으로 달마대사를 보았노라고 주장했다.

"월씨국 다녀오는 길에 분명히 달마대사를 뵈었습니다. 대사는 신
발 한 짝만을 들고 조국인 향지국으로 가시면서 저에게 이런 말씀을
하십디다.

'네 나라 임금님이 세상을 떠나셨으니, 어서 돌아가거라.'

이 말씀을 듣고 돌아와 보았더니 과연 황제께서 돌아가신 뒤였습
니다. 그러니까 저는 달마대사의 말씀을 듣고 황제께서 세상 떠나신
것을 미리 알고 있었던 것입니다."

당시의 황제가 송운의 말을 듣고는 웅이산熊耳山에 있던 달마대사

의 무덤을 파보게 했다. 무덤 속에는 신발 한 짝이 남아 있을 뿐, 달마대사의 시신은 흔적도 없이 사라지고 없더라고 한다. 결국 달마대사도 외짝 신 사나이 모노산달로스가 되어 고국으로 돌아간 셈이다.

신발 이야기는 여기에서 끝나지 않는다.

유럽의 옛 동화 신데렐라를 떠올려보자. 신데렐라는 '얼굴에 재가 묻은 부엌데기'라는 뜻이다. 신데렐라는 계모의 박대를 받으면서 구차하게 살고 있던 착한 처녀다. 그런데 이 신데렐라가 선녀의 도움으로 왕실의 무도회에 참석하게 된다. 왕자는 착하고 아름다운 신데렐라에게 첫눈에 반하고 만다. 하지만 신데렐라는 자정이 되기 전에 집으로 돌아가지 않으면 안 된다. 신데렐라는 황급히 무도회장을 빠져나오느라고 유리 구두 한 짝이 벗겨진 것도 모른 채 허둥지둥 호박 마차에 올라 집으로 돌아간다. 신데렐라에게 반한 왕자는 어떻게 하든지 신데렐라를 찾고 싶어 한다. 왕자는 무엇을 단서로 신데렐라를 찾게 되었던가? 신데렐라가 잃어버리고 간 한 짝의 유리 구두다. 보라, 신데렐라 역시 모노산달로스가 아닌가?

이 모노산달로스 이야기는 조선 시대에 씌어진 우리나라의 고전소설 『콩쥐팥쥐』에서도 똑같이 되풀이된다. 신데렐라 이야기에 나오는 왕자는 한 지방의 젊은 원님으로, 유리 구두는 꽃신으로 바뀌어 있을 뿐이다. 콩쥐에게 첫눈에 반해버린 원님은 무엇을 단서로 콩쥐를 찾아내던가? 황급히 잔치 자리를 떠나느라고 콩쥐가 잃어버리고 간 꽃신 한 짝이다. 보라, 콩쥐 역시 모노산달로스가 아닌가?

구약 시대의 모세는 활활 타오르는 신성한 떨기나무 앞에서 신발을 벗어야 했다. 모세가 벗어야 했던 신발은 무엇인가? 혹시 인간 모세의 자아가 아니었을까? 바다나 강물에 뛰어들어 목숨을 끊는 사람들은 오늘날에도 바닷가나 강가에 신발을 벗어놓은 채 물속으로 뛰어든다.

여성의 변심을 우리는 뭐라고 부르는가? '고무신 거꾸로 신기'라고 부르지 않는가? 그리던 임의 예리성曳履聲이 들리면, 즉 신발 끄는 소리가 들리면 어떻게 반기는가? 버선발로 뛰어나간다. 신발을 신을 틈이 없다. 자신의 온 존재를 벗어놓은 채 달려 나가야 온전하게 임의 품에 안길 수 있다.

우리는 우리가 지나온 역사를 한 장의 종이에다 기록하고 이것을 '이력서履歷書'라고 부른다. 신발履 끌고 온 역사歷의 기록書이다.

우리의 신발은 온전한가? 우리는 혹시 신발 한 짝을 잃어버리고 있는 것은 아닌가? 잃어버리고도 잃은 줄을 모르고 있는 것은 아닌가? 잃어버린 신발을 찾아 길을 떠나야 하는 것은 아닌가?

대지와 우리 육신 사이에는 신발이 있다. 신발의 고무 밑창 하나가 우리와 대지 사이를 갈라놓고 있다. 대지는 무엇인가? 인간이 장차 돌아가야 할 곳이다. 그러면 신화는 무엇인가? 옛이야기는 또 무엇인가? 신화는, 옛이야기는 언제 발생한 것인가?

그것은 아무도 모른다. 분명한 것은 우리가 살고 있는 이 시대, 우리가 잘 알고 있는 이 시대와 아득한 선사시대, 우리가 짐작도 할 수 없는 미지의 시대 사이에 신화가 있다는 사실이다.

신화는 어쩌면 우리가 잃어버린 신발 한 짝인지도 모른다.

2장
황당하게 재미있는 세계

GREEK
AND
ROMAN
MYTHOLOGY

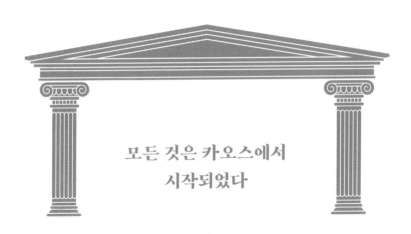

모든 것은 카오스에서
시작되었다

그리스인들은 이 세계와 우주를 어떤 것으로 여기고 있었을까? 그리스인들의 황당한, 그러나 나름대로 이치를 꿰뚫고 있는 세계관과 우주관을 엿보기로 하자.

그리스 신화에 따르면, 처음에 이 세상에는 아무것도 없었다. 온 우주와 온 땅은 그냥 막막하게 퍼진 듯한 펑퍼짐한 모양을 하고 있었다. 이 막막하게 퍼진 것을 '카오스chaos'라고 한다. '혼돈'이라는 뜻이다. 카오스는 형상도 질서도 없는 하나의 덩어리에 지나지 않는다. 생명이 없는 퇴적물, 사물로 굳어지지 못한 모든 요소가 구획도 없이 밀치락달치락하고 있는 하나의 상태일 뿐이다. 이와 반대되는 상태를 '코스모스cosmos'라고 한다. '질서'라는 뜻이다.

그런데 여기에 '자연'이라는 신이 출현한다. 자연은 카오스를 정리한다. 혼돈 상태에 마침표를 찍었다는 뜻이다. 그러나 카오스가 아주 죽은 것은 아니다. 카오스에게서 그윽한 어둠의 신 에레보스, 밤의 여신 뉙스가 태어난다. 에레보스는 그윽한 어둠의 신이기도 하지만 그 말 자체가 '그윽한 어둠'이라는 뜻이다. 뉙스$_{Nyx}$는 밤의 여신이 기도 하지만 그 말 자체가 '밤'이라는 뜻이다. '밤'을 뜻하는 라틴어 '녹스$_{nox}$'는 여기에서 나왔다. '야상곡'을 뜻하는 영어 '녹턴$_{nocturne}$', '밤'을 뜻하는 프랑스어 '뉘$_{nuit}$'도 여기에서 나온 말이다.

에레보스와 뉙스는 엄밀하게 말하면 남매간이다. 하지만 당시에는 남매라는 말이 없었다. 이 둘은 서로 혼인하여 낮의 신 헤메라와 대기의 여신 아이테르를 낳았다. 대기 혹은 푸른 하늘을 뜻하는 '이터르$_{ether}$' 혹은 '에테르'는 이 아이테르에서 나온 말이다.

자연은 하늘에서 땅을 떼어놓았고, 땅에서는 물을 떼어놓았다. 무주룩한 대지에서는 맑은 하늘을 떼어놓았다. 자연은 떼어낼 수 있는

대지의 여신 가이아
그리스 미술의 새벽이라고 할 수 있는 기원전 17세기의 대리 석상.

이윤기의 그리스 로마 신화 1

것들을 모두 떼어놓고는 이들에게 서로 각기 다른 자리를 주어 평화와 조화를 누리게 했다.

자연이 이렇게 하자 무게라는 것이 조금도 없는 하늘의 불과, 사물을 태우는 기운은 가장 높은 하늘로 올라가 거기에 자리를 잡았다. 가볍기로 말하자면 불 다음인 공기는 그 밑에 자리 잡았다. 불과 물보다 밀도가 높은 땅은 단단한 물질을 끌어당겼다. 그러니 무게가 늘어날 수밖에 없었다. 그래서 땅은 아래로 내려왔다. 사방으로 퍼져 있던 물은 맨 나중에 자리를 잡았다. 물은 땅을 감싸 안았다. 그리스인들은 거대한 강인 대양이 땅을 둘러싸고 있다고 믿었다.

흙으로 인간을 빚는 프로메테우스
프로메테우스의 뒤에 서 있는 여신은 이 인간에게 영혼psyche을 불어넣었다는 아테나. 3세기 로마 시대의 석관 돋을새김.

낫을 든 근대판 크로노스
때가 되면 모든 것을 소
멸시키는 신의 모습은 크
로노스 이후로도 계속 확
대 재생산된다. 프랑스 파
리 거리에서 만난, 낫을
든 근대판 크로노스.

가슴이 넓은 대지는 땅이 원래 그렇듯이 스스로 생명을 얻어 여신
이 되었는데, 이 여신이 바로 가이아_{Gaea}다. 이 말은 지금도 '지구'를
뜻하는 말로 쓰인다. 하늘은 곧 하늘의 신 우라노스_{Ouranos}가 되었
다. 스스로 우라노스가 되었다고 믿는 이들도 있고, 대지의 여신 가
이아가 하늘을 하늘의 신으로 만들었다고 믿는 이들도 있다.

자, 위에는 하늘의 신 우라노스가 있고, 아래에는 대지의 여신 가
이아가 있다. 그 사이에는 그윽한 어둠의 신 에레보스가 있고, 밤의
여신 뉙스가 있다. 그윽한 어둠과 밤 사이에는 이들이 낳은 낮의 신
헤메라와 대기의 여신 아이테르가 있다. 하지만 이 세계에는 있어야
할 것이 너무 많았다. 따라서 신들은 계속해서 무엇인가를 낳아 이
세상을 가득 채우지 않으면 안 되었다.

밤의 여신 뉙스는 검은 날개를 퍼덕거려 바람을 일으키고는 이 바

람의 정기를 받아 거대한 알 하나를 낳았다. 이 알에서 또 한 신이 태어났는데, 이 신이 바로 나른한 그리움의 신 에로스Eros 다. 하지만 이 에로스는 우리가 알고 있는 사랑의 신 에로스는 아니다. 나른한 그리움의 신 에로스는 생산하는 신이다. 이 땅에 살아갈 온갖 것들을 낳게 될 에로스가 밤의 여신 뉙스의 자식이라는 것을 잊지 말아야 한다. 이 땅에 살아갈 인간이 밤에 잉태되는 것도 다 이 때문이라는 것도 잊지 말아야 한다.

이치의 여신 테미스
이 여신은 어떤 사물이나 사태를 접할 때마다 그것이 이치에 합당한 것인지 따지고 재판하는 일을 한다. 기원전 3세기의 대리석상.

대지의 여신 가이아는 하늘의 신 우라노스와 교합하여 아들 여섯과 딸 여섯을 낳는다. 가이아와 우라노스가 교합할 때 밤의 여신 뉙스가 밤의 장막으로 이 둘을 가려주었다고 믿는 사람도 있고, 그럴 필요가 없었다고 믿는 사람도 있다. 가이아와 우라노스가 낳은 열두 남매가 바로 '티탄Titan족', 즉 거대한 신들의 족속(거신족)이다. 천하 장사를 뜻하는 '타이탄titan'이 여기에서 나왔으며, 빙산에 부딪쳐 침몰한 거대한 배 '타이타닉Titanic'의 이름도 여기에서 나온 말이다.

땅의 여신 가이아와 하늘의 신 우라노스 사이에서 태어난 여섯 아들 중 맏이는 거대한 바다(대양)의 신인 오케아노스Oceanos다. 바다를 뜻하는 영어 '오션ocean'은 여기에서 유래한 말이다. 둘째 아들은 '하늘 덮개'라는 뜻의 코이오스, 셋째 아들은 휘페리온이다. 휘페리온Hyperion이라는 말은 '높은 곳을 달리는 자'라는 뜻이다. 자, 높은 곳을 달리는 자에게서 아들딸이 태어난다면 그것은 누구이겠는가? 해와 달이 아니겠는가? 실제로 태양신 헬리오스와 달의 여신 셀레네는 휘페리온의 자식들이다. 하지만 이 이야기는 다음에 하기로 하자. 넷째 아들은 크리오스, 다섯째 아들은 이아페토스다. 뒷날의 일이지만, 이 이아페토스에게서 우리가 주목해야 할 두 아들이 태어난다. 즉 '먼저 아는 자'라는 뜻을 지닌 프로메테우스Prometheus와 '나중 아는 자'라는 뜻을 지닌 에피메테우스Epimetheus가 바로 이들이다. 이 두 단어의 접두사 '프로pro'와 '에피epi'는 머리말을 뜻하는 '프롤로그prologue'와 끝말을 뜻하는 '에필로그epilogue'라는 말에 고스란히 남아 있다. '로그logue'는 '말'이라는 뜻이다. 여섯째 아들의 이름은 크로노스_{Cronos}, 즉 '시간'이라는 뜻이다. 그리스 신화에 등장하는 12신으로 유명한 올림포스 신들은 모두 이 크로노스의 자손들이다.

대지의 여신 가이아와 하늘의 신 우라노스가 낳은 여섯 딸 중 첫째는 테이아다. 별로 중요한 여신이 아니었던지, 신화는 이 테이아에 대해 별로 기록하고 있지 않다. 둘째는 레아, 즉 '동물의 안주인'이라는 뜻이다. 셋째는 므네모쉬네_{Mnemosyne}, 즉 '기억'이라는 뜻이다. 역시 먼 뒷날의 일이지만, 이 므네모쉬네에게서 우리가 뮤즈_{Muse}라고 부르는 예술의 여신들인 무사이_{Mousai} 아홉 자매가 태어난다. 이어서 포이베, 테튀스 그리고 테미스가 태어나는데, 이 중에서 우리가 주목해야 할 여신이 바로 테미스다. 테미스는 '이치'라는 뜻이다. 이 여신은 어떤 사물이나 사태를 접할 때마다 그것이 이치에 합당한 것인지 따지고 재판하는 일을 하는 매우 중요한 여신이다.

대지의 여신 가이아와 하늘의 신 우라노스는 거대한 신들인 티탄 열두 남매만 낳은 것은 아니다. 거대한 외눈박이들인 퀴클롭스 삼형제, 팔이 1백 개나 달린 거인들인 헤카톤케이레스를 낳은 것도 바로 이들이다. 퀴클롭스_{Cyclops}라는 말은 '퀴클_{cycle}'과 '옵스_{ops}'라는 말로 이루어져 있다. 퀴클은 '둥글다'는 뜻으로 영어의 '서클_{circle}'과 같은 말이다. 옵스는 '눈'이라는 뜻이다. 이 말은 오늘날에도 눈 및 시각과 밀접한 관계가 있는 '옵티컬_{optical}' 따위의 영어에 그대로 남아 있다. 그렇다면 퀴클롭스는 무슨 뜻이겠는가? '둥그런 눈'이라는 뜻이다. 이들은 이마 한복판에 둥그런 외눈알이 하나 박혀 있어서 이렇게 불렸다고 한다.

퀴클롭스 삼 형제 중 맏이의 이름은 브론테스, 즉 '천둥'이라는 뜻이다. 둘째의 이름은 스테로페스, 즉 '번개'라는 뜻이다. 셋째는 아르게스, 즉 '벼락'이라는 뜻이다. 뒷날 이 삼 형제가 힘을 합해서 제우스에게 무시무시한 무기를 만들어주는데, 그것이 바로 제우스의 불벼락이다.

헤카톤케이레스 삼 형제는 각각 팔이 1백 개씩 달려 있어서 헤카톤케이레스, 즉 '백수 거인百手巨人'이라고도 불린다. 맏이의 이름은 코토스, 즉 '돌진하는 자'라는 뜻이다. 둘째의 이름은 브리아레오스, 즉 '강한 자'라는 뜻이다. 그리고 막내의 이름은 귀게스, 즉 '손을 함부로 놀리는 자'라는 뜻이다.

거신 열두 남매는 그렇지 않은데, 이 외눈박이 거인 삼 형제와 백수 거인 삼 형제는 이름만 보아도 짐작할 수 있듯이, 걸핏하면 행패

거대한 낫으로 아버지 우라노스를 거세하는 크로노스
배경의 천구도天球圖와 낫은 각각 하늘의 신 우라노스와 때가 되면 모든 것을 소멸시키는 크로노스의 신격을 암시한다. 16세기 이탈리아 화가 조르조 바사리의 그림.

이윤기의 그리스 로마 신화 1

를 부리는 망나니들이었다. 이들은 저희들끼리 싸우는 것은 물론이고 형들과 누나들인 거신 열두 남매에게 행패를 부리는 것도 서슴지 않았다. 그러자 하늘의 신 우라노스가 이들의 행패와 망나니짓을 보다 못해 이들 여섯을 대지 가장 깊은 곳에 있는 '타르타로스'에 가두어버렸다. 타르타로스는 '무한 지옥無限地獄'이라는 뜻이다. 따라서 이들은 바로 무한 지옥에 갇힌 셈이다.

그렇다면 대지의 가장 깊은 곳은 어디일까? 바로 대지의 여신 가이아의 뱃속이다. 가이아는 이들이 무한 지옥 안에서 벌이는 소동을 견딜 수가 없었다. 그래서 혼자 이런 생각을 했다.

'……외눈박이 삼 형제와 백수 거인 삼 형제는 내가 바라지 않던 자식들이다. 내가 바라지도 않던 자식을 낳게 한 것이 누구인가? 바로 하늘의 신 우라노스다. 우라노스를 그대로 두면 또 나에게 이런 자식의 씨를 뿌릴지도 모르는 일……. 후환을 없애자면 근본부터 잘라버리는 수밖에 없다.'

대지의 여신 가이아는 몸속을 흐르는 무쇠의 맥에서 무쇠 덩어리를 하나 꺼내어 낫 한 자루를 만들었다. 그러고는 거신 열두 남매를 불러들였다. 가이아 여신이 아들딸들에게 말했다.

"너희들의 아버지는 나로 하여금 내가 바라지도 않던 자식들을 낳게 했다. 너희들에게도 종종 행패를 부리는 외눈박이 거인 삼 형제와 백수 거인 삼 형제가 바로 이들이다. 이들은 지금 내 뱃속에 갇혀 있다. 이들이 소동을 부리는 통에 내가 견디지 못하겠다. 나는 지금 너희들의 아버지 우라노스에게 한 가지 조처를 취하고자 한다. 너희들 아버지를 죽일 수는 없다. 하늘의 신이 죽으면 하늘이 없어지기 때문이다. 어찌하였으면 좋겠느냐?"

막내아들인 크로노스가 대답했다.

"저에게 좋은 생각이 있습니다. 그 낫을 저에게 주십시오."

크로노스는 어머니 가이아와 은밀하게 말을 맞춘 다음 낫을 품고서 낮의 신 헤메라가 떠나고 밤의 여신 뉙스가 오기를 기다렸다. 말하자면 낮이 저물고 밤이 오기를 기다렸던 것이다.

이윽고 밤이 되자 하늘의 신 우라노스가 자기 몸으로 대지의 여신 가이아의 몸을 덮었다. 그런 지 오래지 않아 우라노스가 자식의 씨를 뿌리는 '거시기'가 팽팽하게 부풀었다. 크로노스는 아버지 우라노스가 어머니 가이아의 몸에 또 한 생명의 씨를 뿌리기 직전에 아버지의 '거시기'를 왼손으로 거머쥐었다. 그러고는 품속에서 낫을 꺼내어 '거시기'를 싹둑 잘라 등 뒤로 던졌다.

우라노스는 비명을 지르면서 이렇게 말했다.

"내 '거시기'에서 피가 솟게 했으니, 이것은 예삿일이 아니다."

과연 우라노스의 피는 예사 피가 아니었다. 그것은 피의 정기와 사랑의 정기가 함께 서려 있는 피였다. 피 가운데 피의 정기는 가이아의 몸 위로 떨어졌고, 사랑의 정기는 가이아의 몸을 감싸고 있던 바다에 떨어졌다.

우라노스의 피 중에서도 피의 정기만 온몸에 뒤집어쓴 가이아는 그 정기로 뜻하지 않던 자식들을 줄줄이 얻었다. 에리뉘에스 자매들과 기간테스 형제들이 바로 이때 얻은 정기로 가이아 여신이 낳은 자식들이다.

에리뉘에스는 복수의 여신들이다. 신들이나 인간들이 해서는 안 될 짓을 하면 달려오는 여신들이 바로 이 에리뉘에스 여신들이다. 기간테스Gigantes는 외눈박이 거인이나 백수 거인과 다를 바가 없는, 괴상한 짓만 골라서 하는 거인들이다. 단수는 기가스Gigas, 즉 '가이아의 자식'이라는 뜻이다. 복수일 경우는 기간테스다. '거인'을 뜻하는 영어의 '자이언트giant'는 바로 기간테스에서 나온 말이다.

그렇다면 우라노스의 피에 서려 있던 사랑의 정기는 어떻게 되었을까? 그 피의 정기는 바다에 떨어져 거품이 되어 떠돌다가 뒷날 퀴

복수의 여신 에리뉘에스 세 자매
이들은 맹세를 어기거나 부모에게 해코지한 인간은 절대로 용서하지 않는다. 기원전 3세기의 석관 돋을새김.

프로스섬에서 한 아름다운 여신을 빚어낸다. 사랑의 여신 아프로디테가 바로 이 여신이다. 아프로디테aphrodite라는 말은 '거품aphros에서 태어난 여신'이라는 뜻이다.

사랑의 여신 아프로디테가 거품에서 탄생한 사건은 무엇을 뜻하는 것일까? 사랑은 거품처럼 덧없는 것이라는 뜻일까? 하지만 아프로디테는 크로노스가 낫을 들고 설치는데도 아랑곳하지 않고 이 세상을 사랑으로 가득 채운다. 크로노스가 무엇인가? 시간의 신, 즉 세월의 신이다. 아프로디테가 크로노스를 비웃으며 인간들에게 육체적인 사랑의 기쁨을 가르쳤다는 것은, 사랑은 세월을 초월해서 존재할 수 있다는 뜻이 아닐까?

대지의 여신 가이아와 하늘의 신 우라노스 사이에 이런 일이 벌어지고 있을 동안, 그윽한 어둠의 신 에레보스와 밤의 여신 뉙스는 줄기차게 자식들을 낳아 세상에 퍼뜨렸다. 어둠의 신과 밤의 여신 사이에서는 어떤 자식들이 태어났을까? '노쇠'의 신 게라스, '비난'의 신 모모스, '고뇌'의 신 오이쥐스, '애욕'의 신 필로테스, '불화'의 여신 에리스, '거짓말'의 신 아파테가 이때 태어난 신들이다. 타나토스라는 이름의 신도 이들의 형제다. 타나토스Thanatos는 죽음의 신이자 이 말 자체가 '죽음'이라는 뜻이다. 잠의 신 휘프노스도 이들의 형제인데 '잠'을 뜻하는 휘프노스Hypnos는 '최면술'을 뜻하는 영어 '힙노티즘hypnotism'에 남아 있다. 불면증을 영어로는 '인솜니아insomnia'라고 하는데, 이 말은 휘프노스의 라틴어 이름 '솜누스Somnus'에서 나

인간의 영혼을 저승으로 나르는 타나토스와 휘프노스
타나토스(오른쪽)와 휘프노스(왼쪽)의 날개를 보면 알 수 있듯이 잠의 신 휘프노스는 죽음의 신 타나
토스보다 급수가 낮다. '잠'은 '작은 죽음'이라는 뜻일까? 18~19세기 영국 화가 존 플랙스먼이 그
린 『일리아스』의 삽화.

왔다. 꿈의 신 모르페우스Morpheus도 이들의 형제다. 모르페우스라는
말은 '모양을 빚는다'는 뜻이다. 꿈은 그러니까 모르페우스가 빚은
형상이다. 휘프노스와 모르페우스는 형제간이 아니고 부자간이라고
믿는 사람도 있다. 중요한 것은 죽음의 신, 잠의 신, 꿈의 신이 서로
밀접한 관계가 있는 신들이라는 점이다.

운명의 여신 모이라이 세 자매도 어둠의 신과 밤의 여신이 낳은
자식들이다. 세 자매 중 맏이의 이름은 클로토, 즉 '베를 짜는 여신'
이라는 뜻이다. 둘째의 이름은 라케시스, 즉 '나누어주는 여신'이라
는 뜻이다. 맏이가 운명의 베를 짜면 둘째는 미래의 실마리를 풀어
신들과 인간들에게 은혜를 나누어준다는 뜻이다. 셋째의 이름은 아

트로포스, 즉 '거역할 수 없는 여신'이라는 뜻이다. 이 여신은 만이 클로토가 짠 운명의 베를 자르고, 라케시스가 나누어준 것을 거두어 들이는 직분을 맡는다. 이 아트로포스의 뜻은 제우스 신조차도 거역할 수 없다.

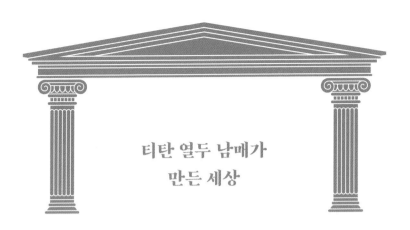

티탄 열두 남매가
만든 세상

티탄, 즉 거신들 열두 남매 중 맏이인 대양의 신 오케아노스는 그 누이 되는 테튀스를 짝으로 삼는다. 근친상간이기는 하다. 하지만 이 근친상간을 해괴하게 여길 것은 없다. 그 사이에서 태어나는 자식들이 비록 신들이기는 하나 오늘날에는 추상명사에 지나지 않는다. 그리스 신화의 무대가 '추상명사의 시운전장試運轉場' 또는 '관념의 시운전장'이라고도 불리는 까닭이 여기에 있다. 이 근친상간에서 강의 신 3천 형제, 강의 요정 3천 자매가 태어난다.

지혜의 여신 메티스와 행운의 여신 튀케도 이들의 딸이다. 메티스 여신은 뒷날 아테나 여신의 어머니가 된다. 튀케의 로마식 이름은 '포르투나Fortuna'인데, 행운을 뜻하는 영어 '포춘fortune'은 여기에서 나왔다.

이들의 자식들 중에서 가장 주목할 만한 신은 저승 앞을 흐르는 강의 여신 스튁스Styx다. 이 이름은 '스튀게인(증오)'이라는 말에서 나온 것으로 전해진다. 저승의 강은 곧 증오의 강이었던 셈이다. 저

행운의 여신 튀케
이 여신의 로마식 이름은 '포르투나'. '행운'을 뜻하는
영어 포춘fortune은 여기에서 나왔다. 기원전 3세기
로마에서 만든 복제품.

승을 흐르는 이 강의 여신 스튁스와 지혜의 신 가운데 하나인 팔라
스 사이에서 태어나는 자식들을 살펴보자. 질투의 여신 젤로스Zelos,
승리의 여신 니케Niche가 이들의 딸이다. 젤로스의 이름은 '질투'를
뜻하는 영어 '젤러시jealousy'에 그대로 남아 있다. 니케의 영어식 발
음은 '나이키'다. 스포츠 제품을 생산하는 한 회사가 상표를 '나이키
Nike'로 삼은 까닭이 여기에 있다. 그런데 질투의 여신과 승리의 여신
이 자매간인 까닭은 독자들이 스스로 헤아리기 바란다.

둘째 아들 코이오스의 이름은 '하늘 덮개'라는 뜻이다. 코이오스는
누이 포이베와 짝을 지어 아스테리아Asteria와 레토Leto 두 딸을 얻는
다. 아스테리아는 '별이 빛나는 하늘'이라는 뜻이다. 레토는 뒷날 태
양의 신 아폴론과 달의 여신 아르테미스의 어머니가 된다.

이윤기의 그리스 로마 신화 1

셋째 아들 휘페리온의 이름은 '높은 곳을 달리는 자'라는 뜻이다. 높은 곳을 달리는 자는 과연 어떤 자식을 낳게 될까? 휘페리온은 누이 테이아와 짝을 지어 삼 남매를 낳는다. 그중의 맏이가 태양의 신 헬리오스다. 헬리오스는 '태양'이라는 뜻이다. 이 말의 뿌리인 '헬리오helio'는 오늘날에도 '헬리오폴리스Heliopolis(태양의 도시)', '헬리오크롬heliochrome(천연색 사진)', '헬리올로지heliology(태양학)' 따위의 말에 남아 있다. 헬리오스의 별명은 '포이보스'인데, 이 말은 '빛나는 자'라는 뜻이다. 뒷날 아폴론이 '포이보스 아폴론'이라고 불리는 경우가 있는데, 이것은 헬리오스의 별명이 그대로 아폴론에게도 따라

승리의 여신 니케
유명한 스포츠 브랜드명 '나이키'는 니케의
영어식 발음이다. 파리 루브르 박물관.

붙었기 때문이다. 달의 여신 셀레네, 새벽의 여신 에오스도 휘페리온의 딸들이다. 휘페리온의 아들딸인 헬리오스와 셀레네가 각각 태양의 신과 달의 여신을 맡은 기간은 그리 길지 않다. 머지않아 아폴론과 아르테미스 남매가 탄생하면 이 남매에게 태양의 신 자리와 달의 여신 자리를 물려주게 되기 때문이다.

넷째 아들 크리오스는 여신 에우뤼비아와 혼인하여 별들의 신 아스트라이오스와 지혜의 신 팔라스를 낳는다. 팔라스라는 말은 '지

불을 훔쳐오는 프로메테우스
프로메테우스는 신들의 불을 훔쳐다가 인간에게 전해준다. 얀 코시에르의 그림. (왼쪽)
독수리에게 간을 파먹히는 프로메테우스
제우스를 속인 프로메테우스는 카우카소스산에 묶여 독수리에게 간을 파먹히는 형벌을 받는다. 독수리는 제우스의 신조神鳥. 귀스타브 모로의 그림. (오른쪽)

혜'라는 뜻이다. 뒷날 지혜의 여신 자리를 물려받는 아테나가 '팔라스 아테나'라고 불리는 것도 아폴론의 경우와 마찬가지다.

다섯째 아들 이아페토스는 이치의 여신 테미스와 짝을 지어 세 아들을 낳는다. 그 맏이가 저 유명한 프로메테우스다. 프로메테우스라는 말은 '먼저 아는 자'라는 뜻이다. 진흙으로 최초의 인간을 만든 것으로 전해지는 신, 신들의 불을 훔쳐 와 인간에게 준 것으로 전해지는 신이 바로 이 프로메테우스다. 나중에 새로 신들의 아버지로 등장한 제우스 신을 속였다가 머나먼 카우카소스산에 묶인 채 독수리에게 간을 파먹히는 끔찍한 형벌을 받은 신도 바로 이 프로메테우스다.

프로메테우스가 인간에게 불을 가져다주자 신들의 아버지 제우스는 화가 났다. 그래서 대장장이 신 헤파이스토스에게 여성을 창조하게 했는데, 바로 이 대목에서 우리는 그리스 남성들의 부정적인 여성관을 보게 된다. 그들은 여성을 모든 재앙의 근원으로 보고 있었음에 분명하다. 헤파이스토스가 여성을 만들자 아름다움의 여신 아프로디테는 이 여성에게 아름다움을 선사했고, 상업의 신 헤르메스는 남성을 설득하는 데 필요한 기지를 선사했다. 천상천하에 만들지 못할 것이 없는 헤파이스토스는 아름다운 장신구를 잔뜩 만들어 선사했고, 신들의 아버지 제우스는 상자를 하나 선사하면서 어떤 일이 있어도 열어보지 말 것을 신신당부했다. 신들에게서 온갖 선물을 받고 인간 세상으로 내려온 이 여자가 바로 판도라다. 판도라는 '온갖 선물을 다 받은 여자'라는 뜻이며, 판도라가 제우스에게서 받은 상자가 바로 그 유명한 '판도라의 상자'다.

선물 상자를 든 인류 최초의 여성 판도라
판도라는 '온갖 선물을 다 받은 여자'라는 뜻이다. 단테 가브리엘 로제티의 그림. (왼쪽)
판도라의 상자에 남은 '헛된 희망'
판도라가 황급히 뚜껑을 닫는 바람에 미처 빠져나가지 못하고 상자 속에 남게 된 '헛된 희망'을 19
세기 화가 조지 프레더릭 와츠가 형상화했다. (오른쪽)

　프로메테우스, 즉 '먼저 아는 자'에게는 에피메테우스라는 아우가
있었다. 에피메테우스는 '나중 아는 자'라는 뜻이다. 프로메테우스는
카우카소스산으로 쫓겨 가기 전에 아우 에피메테우스에게, 제우스
가 가까운 장래에 선물을 줄 것이나 절대로 받아서는 안 된다고 당
부한 적이 있다. 하지만 에피메테우스는 '나중 아는 자'여서 형의 당
부를 잊고 판도라를 아내로 맞았다.

　판도라는 제우스가 선사한 상자 속에 무엇이 들어 있는지 여간 궁
금하지 않았다. 하지만 그 상자의 뚜껑을 열어서는 안 된다는 신들

의 아버지 제우스의 당부가 있지 않았던가? 판도라는 호기심과 제우스의 당부 사이에서 어지간히 갈등했을 법하다. 하지만 신들의 아버지 제우스도 호기심 앞에서는 그 권위를 지켜내지 못했다. 판도라는 궁금증을 견디지 못하고 그 상자의 뚜껑을 열었다. 호기심이 승리하는 순간인가? 그렇지 않다. 제우스는 자신의 당부가 간곡하면 간곡할수록 판도라의 호기심과 궁금증은 그만큼 더 커진다는 사실을 미리 알고 있었다. 따라서 뚜껑을 열지 말라는 당부는 사실 어서 빨리 뚜껑을 열어보라는 재촉과 다를 것이 없었다.

판도라가 상자의 뚜껑을 여는 순간, 제우스가 인간 세상에 내려 보내려고 준비해둔 질병, 가난, 불행 같은 재앙들이 빠져나오기 시작했다. 판도라는 기겁하여 뚜껑을 닫았다. 하지만 상자에 남은 것은 미처 빠져나오지 못한 '헛된 희망' 하나뿐이었다. 인간이 헛된 희망 하나에 매달려 이 세상을 사는 것은 바로 판도라가 이것 하나만을 상자에 가둘 수 있었기 때문이라고 한다.

에피메테우스의 아우, 즉 셋째 아들인 아틀라스는 제우스에게 저항했다가 하늘의 축을 짊어지고 있어야 하는 끔찍한 형벌을 받았다. 후세 사람들은 아프리카 북단에 있는 웅장한 산의 모양에서 아틀라스의 운명을 떠올리고는, 그 산 아래에서 출렁거리는 쪽빛 바다를 '아틀랜틱 오션Atlantic Ocean(아틀라스의 바다)'이라고 불렀다. 오늘날 우리가 '대서양'이라고 부르는 바다가 바로 이 언저리에서 북아메리카 동부까지 이르는 바다다.

우라노스의 여섯째 아들은 크로노스다. 크로노스가 누구던가? 어머니 가이아의 사주를 받고는 낫으로 우라노스의 '거시기'를 잘라버린 신이다. 이 크로노스는 누이인 레아를 아내로 맞아 하데스, 포세이돈, 헤스티아, 데메테르, 헤라, 이렇게 오 남매를 차례로 낳았다. 하지만 거대한 낫을 하나 들고 다니는 이 크로노스에게는 참으로 괴상한 버릇이 있었다. 그것은 아내인 레아가 자식을 낳으면 낳는 족족 삼켜버리는 버릇이었다.

크로노스는 왜 낫을 가지고 다녔던 것일까? 크로노스는 왜 아내가 자식을 낳는 족족 삼켜버렸던 것일까? 크로노스는 '시간', 즉 세월이

낫을 든 크로노스
크로노스는 '시간'이라는 뜻이다. 이 크로노스는 한 손에는 모래시계, 다른 한 손에는 낫을 들고 있다. '시간은 이 세상에 태어나는 모든 것을 소멸시킨다'라는 메시지를 전하고 있는 듯하다. 18세기 독일의 조각가 프란츠 귄터의 작품.

라는 뜻이다. 크로노스의 모습이 종종 모래시계와 함께 그려지는 것은 바로 이 때문이다. 이 신의 이름 크로노스는 시간과 밀접한 관계가 있는 단어 '크로니클chronicle(연대기)', '크로노미터chronometer(시계)', '크로노메트리chronometry(시간 측정법)' 등에 아직까지도 남아 있다. 크로노스가 자식을 삼킨다는 것은, 세월은 이 땅에 태어나는 모든 것을 삼켜버린다는 잔혹한 자연의 진리를 상징한다. 크로노스가 큰 낫을 들고 다니는 것도 마찬가지다. 크로노스는 시작이 있는 모든 것을 끝나게 한다. 크로노스가 들고 다니는 거대한 낫은 크로노스가 지닌, 시작이 있는 모든 것을 끝나게 하는 자연의 법칙을 상징한다.

크로노스의 아내 레아가 여섯 번째 아이, 즉 제우스를 잉태하고 있

크로노스와 레아
삼킬 아기를 요구하는 크로노스에게 아기 제우스 대신 강보에 싼 돌덩어리를 내미는 레아. 기원전 4세기의 돋을새김.

을 때의 일이다. 레아로서는 여간 걱정스러운 것이 아니었다. 아기를
낳으면 또 지아비인 크로노스가 삼켜버릴 것이기 때문이었다. 고민
끝에 레아는 대지의 여신 가이아에게 하소연을 했고, 가이아 여신은
레아에게 방법을 알려주었다.

마침내 레아가 제우스를 낳자 가이아 여신은 아기만 한 바윗덩어
리를 하나 강보에 싸 가지고 와서는 이 바윗덩어리와 아기를 바꿔치
기한 뒤 제우스를 안고 어디론가 사라져버렸다.

"저것이 무엇이오?"

어린 제우스를 보살피는 산의 요정들
제우스는 아말테이아라는 요정의 손에서 자라났다는 전설도 있는데, 아말테이아는 '산양'이라는
말에서 나온 이름이다. 이 그림은 제우스가 아말테이아의 손에서 자라났다는 전설은 산양의 젖을
먹고 자라났다는 전설에서 와전된 것임을 암시하고 있다. 17세기 화가 니콜라 푸생의 그림.

이윤기의 그리스 로마 신화 1

크로노스는 아내 레아 곁에 놓여 있는 강보에 싸인 것을 가리키면서 물었다.

"대지의 속살입니다."

지아비의 말에 레아가 대답했다.

크로노스는 더 물어보지 않고 강보에 싸인 것을 삼켜버렸다. 크로노스는 '대지의 속살'이라는 말을 듣고 레아가 말장난을 하고 있다고 생각했는지도 모른다. 크로노스야 레아가 낳은 아기인 줄 알고 삼켰겠지만, 사실 그것은 아기가 아니라 강보에 싸인 바윗덩어리였다. 그러나 레아가 지아비 크로노스에게 거짓말을 한 것은 아니었다. 바윗덩어리가 무엇인가? 바로 대지의 속살이 아닌가?

그렇다면 가이아가 안고 한밤중에 사라져버린 막내 제우스는 어떻게 되었을까? 가이아는 제우스를 안고 어느 산으로 가서, 그 산의 동굴에 살고 있던 요정 아말테이아에게 맡겨 기르게 했다. 하지만 아기 제우스를 기르기는 쉽지 않았다. 울음소리가 너무나 우렁찼기 때문이다. 아말테이아는 아기 제우스의 울음소리가 귀 밝은 크로노스에게 들릴까 봐 산신들로 하여금 동굴 밖에서 방패를 두들기게 했다. 아기 제우스는 크로노스가 모르는 사이에 무럭무럭 자라났다.

제우스가 청년이 되는 시대에 이르면 신들의 이야기 마당은 인간들이 사는 무대로 내려온다. 말하자면 무한한 시공에서, 숲이 우거지고 강이 흐르고 인간과 짐승이 어울려 사는 이 땅으로 옮겨 오게 되는 것이다.

청년이 되어서야 자기의 내력을 알게 된 제우스는 테미스 여신을 찾아갔다. 테미스 여신은 '이치'를 주관하는 여신이다. 테미스 여신이 있기 전의 세상은 여전히 '카오스(혼돈)'의 덩어리였는데, 이 여신이 이 땅에 내린 뒤부터는 모든 자연이 '코스모스(질서)'를 되찾게 되는 것이다. 제우스가 테미스 여신을 찾아간 것은 아버지 크로노스가 삼킨 오 남매를 되살려내기 위해서였다. 제우스가 방도를 묻자 테미스 여신은 시키는 대로 하라면서 형들과 누나들을 되찾을 방법을 일러주었다.

제우스는 그 길로 어머니 레아를 찾아가 크로노스의 시중꾼으로 써줄 것을 청했다. 어머니 레아는 대지의 여신 가이아의 귀띔이 있

제우스와 레토 그리고 아폴론과 아르테미스 남매
아르테미스 신전이 있는 그리스의 브라브로나 박물관이 보관하고 있는, 희귀한 돋을새김이다.

이윤기의 그리스 로마 신화 1

었기 때문에 제우스의 정체를 알아보았다. 그러나 아들인 줄 알면 크로노스가 또 삼키려 들까 봐 겉으로는 짐짓 모르는 체했다.

신들이 먹는 음식을 '암브로시아ambrosia(신찬)'라고 하고, 신들이 마시는 술을 '넥타르nectar'라고 하는데, 제우스는 크로노스에게 이 신찬과 신주 드리는 일을 자청하고 나선 것이다. 제우스는 크로노스에게 신찬과 신주를 드릴 때마다 거기에다 은밀하게 토제吐劑, 즉 토하게 하는 약을 넣었다. 처음 몇 번은 끄떡도 없었지만 제우스가 줄기차게 토제를 넣자 마침내 크로노스도 견디지 못하고 삼킨 것들을 토하기 시작했다. 일찍이 하데스, 포세이돈, 헤스티아, 데메테르, 헤라를 삼킨 적이 있는 크로노스는 이들을 먼저 토해내었다. 마지막으로 삼킨 바윗덩어리는 맨 마지막으로 토해내었다. 바윗덩어리를 토해내고 나서야 크로노스는 제우스의 정체를 알아보고는 이렇게 탄식했다.

"어리석어라. '대지의 속살'이 바윗덩어리라는 것을 알지 못했구나. 삼킨 것을 토해냈으니 나는 이제 시간의 신이 아니다. 네 마음대로 처분하려무나."

제우스가 아버지 크로노스를 대지의 깊은 곳에 있는 타르타로스(무한 지옥)에 가두었다는 전설도 있고, 세계의 끝으로 보내어 거기에서 살게 했다는 전설도 있다. 뒷날의 로마 사람들은 이 크로노스를 '사투르누스'라고 불렀다. 오늘날의 동지에 해당하는 로마 명절에 '사투르날리아Saturnalia(동지제 지내는 날)'라는 명절이 있는데, 그리스식으로 말하면 '크로노스의 날'이라는 뜻이다.

크로노스가 삼킨 자식들은 제우스보다 먼저 태어난 만큼, 엄밀하

사투르누스와 유노
제우스의 강성과 함께 그리스 신
화 무대에서 사라지는 크로노스
는 로마 신화에서 '사투르누스'
라는 이름으로 되살아난다. 왼쪽
에 있는 여신은 그리스의 헤라에
해당하는 로마의 유노. 16세기
화가 파올로 베로네제의 그림.

게 말하면 제우스의 형과 누나들이다. 그러나 크로노스로 하여금 토해내게 할 당시, 제우스는 다 자란 청년이었으나 이들은 갓난아기나 다를 것이 없었다. 나중에 저승의 신이 되는 하데스, 바다의 신이 되는 포세이돈, 부엌의 여신이 되는 헤스티아, 곡식의 여신이 되는 데메테르, 제우스의 아내이자 결혼의 여신이 되는 헤라가 먼저 태어났으면서도 제우스의 아우들, 누이들이 되는 것은 다 이 때문이다. 제우스는 이로써 '나중 태어났지만 가장 먼저 자란 만이'가 되었다.

크로노스가 오 남매를 토해낸 사건은 신들의 시대에 일어나는 세대 교체의 신호탄이 된다.

포세이돈 신전
그리스 남부, 수니온곶에 있는 포세이돈 신전. (왼쪽)
아르테미스 신전
그리스 남부 브라브로나에 있는 아르테미스 신전. 샘을 끼고 있는, 그리스에서는 흔치 않은 신전이다. (오른쪽)

델포이의 아폴론 신전

아폴론의 도시라고 할 수 있는 델포이의 아폴론 신전, 델포이에는 이 신전 이외에도 극장, 경기장 등의 유적이 잘 보존되어 있다. (왼쪽)

코린토스의 아폴론 신전

빛의 도시 코린토스에 있는 태양신 아폴론의 신전. (오른쪽)

헤라 신전

그리스의 올림피아에 있는 헤라 신전. 올림픽 성화를 채화하는 곳으로 유명하다.

이윤기의 그리스 로마 신화 1

아테나 신전

델포이는 아폴론 신전으로 유명한 곳이지만 아테나 신전도 있다. 기둥 3개밖에 남지 않았으나 이
기둥들이 그려내는 아름다움이 고졸하다.

헤파이스테이온 또는 테세이온

고대 도시 아테네의 정치, 문화, 산업의 중심지 아고라(시장, 광장)에 서 있는 헤파이스테이온(헤파이
스토스 신전). 하지만 이곳의 돌을새김은 대부분 영웅 테세우스의 행적을 새긴 것이어서 '테세이온
(테세우스를 모신 곳)'이라고도 불린다.

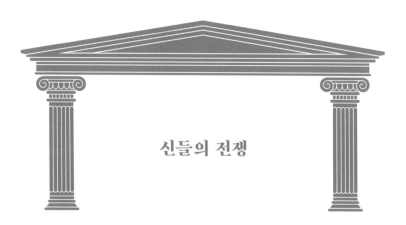

신들의 전쟁

　제우스는 '먼저 태어났지만 나중 자란' 아우와 누이들을 데리고 올림포스산 꼭대기에다 천궁을 지었다. 당시 오트리스산 꼭대기에 웅거하고 있던 티탄, 즉 거신들은 하루가 다르게 커가는 제우스 형제들의 세력을 불안한 눈으로 지켜보고 있었다. 조만간 건곤일척의 한판 전쟁이 불가피한 상황이었다.

　세상 이치를 주관하는 테미스 여신이 제우스 신에게 물었다.

　"그대는 크로노스의 아들딸 육 남매 중 가장 나중에 태어났지만 가장 먼저 자랐으니 맏이와 다름이 없습니다. 티탄이 그대들을 공격할 것 같습니까?"

　"그럴 것이라고 생각합니다."

　먼저 태어났지만 나중 자란 아우들을 지켜야 하는 제우스가 대답했다.

　"만일에 전쟁이 터진다면 어느 편이 정의롭습니까?"

　"티탄들은 우리 세력이 커가는 것을 경계하고자 합니다. 새로운

　　　　　　　　　　　　　이윤기의 그리스 로마 신화 1

삼지창을 던지는 포세이돈
금속제 창은 사라지고, 창을 던지는 자세만
남아 있다. 그리스 국립 박물관.

세대로부터 저희 세대의 주도권을 지켜야 하는 티탄들은 자기네들
이 정의롭다고 할 것입니다. 하지만 그 세대가 날뛰던 시대는 갔습
니다. 이제 우리 세대가 전면으로 나서야 하는 시대입니다. 이제 우
리는 아버지 크로노스의 뒤를 이어서 티탄 세대의 신들이 하던 일을
물려받지 않으면 안 됩니다. 따라서 우리 또한 정의롭다고 주장하지
않을 수 없습니다. 평화롭게 이루어졌으면 좋겠지만 세대교체라는
것은 주도권과 밀접한 관계를 맺고 있는 일이 아닙니까? 아무래도
평화롭게 끝나지는 않을 것 같습니다."

"티탄이 쳐들어오면 맞서 싸울 전략은 마련되어 있습니까?"

"뾰족한 수가 없습니다."

"내가 한 수 가르쳐드리지요. 그대는 그대의 조부 되시는 하늘의

아테네에 있는 제우스 신전

신 우라노스가 외눈박이 거인 삼 형제와 백수 거인 삼 형제를 저 무한 지옥 타르타로스에 가둔 것을 기억하겠지요?"

"전설을 들어서 잘 알고 있습니다."

"그대의 아버지 크로노스는 우라노스 신의 주도권을 빼앗았지요?"

"그렇습니다."

"그렇다면 외눈박이 거인들과 백수 거인들은 무한 지옥에서 풀려나야 마땅하지 않은가요?"

"그렇군요."

"그분들도 티탄에 속하는 신들입니다. 티탄이 세계를 다스릴 때도

이윤기의 그리스 로마 신화 1

그들은 무한 지옥에서 풀려나지 못했습니다. 모르기는 하지만 그들은 무한 지옥에서 이를 갈고 있을 것입니다. 티탄들에 대한 앙갚음을 하겠다고 잔뜩 벼르고 있을 것입니다. 이제 내 말을 잘 들으세요. 이들을 구해내세요. 이들을 구해내는 일은 잘못된 일을 바로잡는 일입니다. 잘못된 일을 바로잡음으로써 그대는 정의로운 신이 됩니다. 하지만 정의롭다고 해서 반드시 전쟁에 이기는 것은 아니지요. 전쟁에 이기자면 좋은 무기가 있어야 합니다. 외눈박이 삼 형제가 이 세상에서 손재주가 가장 좋은 거신들이라는 것은 알고 있지요?"

"알고 있습니다."

왕좌에 앉아 있는 올림포스 신들의 왕 제우스
제우스는 신이나 인간을 향해 벼락을 던지는 신으로 유명하다. 고대 그리스의 대리석 조각.

하늘을 들고 있는 아틀라스

아틀라스는 티탄에 속하는 신이다. 티탄과의 전쟁에서 승리한 제우스는 올림포스 신들에게 도전한 첫값으로 아틀라스에게 하늘을 들고 서 있게 했다. '아틀라스'라는 말은 지도책을 뜻하기도 한다. 그리스 시대의 대리석상. 나폴리 국립 고고학 박물관.

"백수 거인 삼 형제는 각각 손이 1백 개씩 달린 티탄들이라는 것도 알고 있지요?"

"알고 있습니다."

"외눈박이 거인 삼 형제가 힘을 합하면 이 세상에 만들지 못할 물건이 없습니다. 이들을 풀어 그대 형제들이 쓸 무기를 만들게 하세요. 백수 거인 삼 형제의 손을 모두 합하면 3백 개가 됩니다. 이들을 구해낸다는 것은 150명의 거신들을 상대할 힘을 얻는 것이나 다름이 없습니다. 명분과 실리가 무엇인지 알고 있지요?"

"명분은 도덕적으로 마땅히 지켜야 하는 도리이며, 실리는 이로써 얻는 실제적인 이익입니다."

"명분과 실리, 이 두 가지를 한꺼번에 얻는 것은 쉬운 일이 아닙니다. 하지만 그대가 내 말을 따른다면 마땅히 지켜야 하는 도리도 지키는 셈이 되고, 일손을 얻게 되니 실제적인 이익도 보는 셈입니다."

"그렇지만 그들을 구하려면 무한 지옥인 타르타로스에 내려가야 하는데, 저는 어떻게 내려가야 하는지 모릅니다. 세상 이치를 주관하시는 여신께서는 한 수 가르쳐주시는 김에 좀 더 가르쳐주십시오."

"타르타로스는 대지의 뱃속에 있습니다. 대지이자 대지의 여신이 누구입니까? 바로 그대의 할머니 여신입니다. 무한 지옥 타르타로스

전령신 헤르메스와 어린 디오뉘소스
그리스의 올림피아 박물관에 있는 이 대리석상은 기원전 4세기의 명장名匠 프락시텔레스의 작품으로 알려져 있다. 올림피아에는 그의 작업실까지 잘 보존되어 있다.

는 바로 가이아 여신의 뱃속에 있습니다. 가이아 여신이라면 거기에 이르는 길을 잘 알고 있을 것입니다."

제우스 신은 가이아 여신에게 달려갔다. 가이아 여신은 무한 지옥으로 내려가는 길을 설명했다.

"깊기로 소문난 템페 골짜기를 아느냐? 그 골짜기에는 아래로 파인 동굴이 있다. 무한 지옥은 그 템페 골짜기에서 모루가 아흐레 동안 떨어질 만한 깊이에 있다."

모루가 무엇인가? 대장장이들이 쓰는 망치받이다. 대장장이들은 불에 달군 쇠붙이를 이 모루에다 얹어놓고 망치로 두들겨 모양을 만

삼지창을 든 포세이돈
바다의 신 포세이돈은 이 삼지창으로 파도를
일으킨다. 18세기 프랑스 조각가 랑베르 시지
스베르 아담의 대리석상. 파리 루브르 박물관.

90   이윤기의 그리스 로마 신화 1

든다. 이 모루, 즉 망치받이는 무쇠 덩어리여서 매우 무겁다. 이 무거운 모루가 아흐레 동안이나 계속해서 떨어져야 무한 지옥에 이른다고 하니, 얼마나 깊은 곳에 있는지 짐작조차 되지 않는다.

제우스는 가이아가 시키는 대로 외눈박이 거인 삼 형제와 백수 거인 삼 형제를 구해내어 올림포스산으로 돌아왔다. 저 무한 지옥에서 이승으로 올라오는 데는 얼마나 걸렸을까? 모루가 아흐레 동안 떨어져야 닿을 만큼 깊은 곳이었으니, 아마 몇 달을 올라와야 했을 것이다. 하지만 무대가 어디인가? 신들이 놀던 신화의 세상이 아닌가? 신화는 이런 것을 수학적으로 셈하지 않는다. 셈할 필요도 없다. 티탄에 속하는 외눈박이 거인과 백수 거인은 자유자재로 하늘을 난다. 제우스 또한 공간 이동이 자유롭다. 만화의 세계가 그렇듯이, 신화의 세계에서는 안 되는 일이 없다.

올림포스의 지배자 제우스는 이들을 위해 성대한 잔치를 베풀었다. 불로초, 불사약과 다를 것이 없는 신들의 음식 암브로시아와 신들의 술인 넥타르가 넉넉하게 차려졌다. 무한 지옥에서 올라온 거인들은 암브로시아와 넥타르를 배불리 먹고 힘을 차렸다.

세상의 이치를 두루 헤아리는 테미스 여신이 그 자리에서 말했다.

"나는 이치를 주관하는 여신입니다. 이제부터 티탄들에게 맞서 싸울 방책을 일러드리지요. 이 전쟁에서 이기자면 제우스 형제들에게는 무기가 있어야 합니다. 손재간이 좋은 외눈박이 거인 삼 형제는 제우스 형제들에게 무기를 만들어드리세요. 티탄을 물리치면, 앞으로는 제우스 형제들이 이 세상을 다스려야 합니다. 나중 났으나 먼

저승의 신 하데스
기원전 4세기 그리스의 술병에 새겨진 그림.

저 자라 맏이가 된 제우스 신은 장차 신들의 왕이 되어, 이 높디높은 올림포스산에서 이 세계를 다스리게 될 것입니다. 먼저 났으되 나중 자라 막내가 된 하데스는 저승을 다스리게 될 것입니다. 포세이돈이 여, 그대는 삼 형제 중 중간입니다. 그대가 중간에 있는 까닭을 알겠 지요? 올림포스는 하늘의 궁전이니 마땅히 맏이인 제우스가 다스려 야 합니다. 저승은 땅 밑에 있으니 마땅히 막내인 하데스가 다스려 야 합니다. 그 중간에 있는 것이 무엇인가요? 바다입니다. 포세이돈, 그대는 바다를 다스리세요. 이것은 내가 명하는 것이 아닙니다. 세상 돌아가는 이치가 이렇게 되어 있는 것입니다. 자, 이제 손재간 좋은 외눈박이 거인 삼 형제는 이들에게 무기를 만들어드리되, 싸울 때도 쓸 수 있고 전쟁 뒤에도 쓸 수 있는 무기를 만들어드리세요."

외눈박이 삼 형제는 이렇게 해서 제우스 형제들에게 무기를 만들어주게 된다.

신들의 새로운 왕의 이름 '제우스'는 '광명'이라는 뜻이다. 외눈박이 삼 형제는 제우스에게, 던지기만 하면 이 세상에 태우지 못할 것이 없는 벼락을 만들어주었다. 제우스는 바로 이 벼락으로 올림포스는 물론이고 인간 세상까지 다스리게 된다.

외눈박이 삼 형제가 포세이돈에게 만들어준 것은 '트리아이나 Triaina' 또는 '트리덴트Trident'라는 무기다. '트리tri'는 '셋'이라는 뜻이며, '덴트dent'는 '이빨'이라는 뜻이다. 트리덴트는 이빨이 3개 달린 창, 말하자면 음식 먹을 때 쓰는 포크와 비슷한 삼지창이다. 그러나 여느 삼지창과는 다르다. 이 삼지창만 있으면 구름과 비와 바람을 마음대로 부를 수 있다. 파도를 일으키는 것도 바로 이 포세이돈의 삼지창이다. 포세이돈은 어디를 가든 늘 이 삼지창을 가지고 다닌다. 바닷가에서 벌어지는, 오늘날의 우리나라 풍어 굿판을 유심히 보라. 그리스의 무당이 아닌 한국의 무당인데도 삼지창을 하나 들고 있다. 직접적인 관련성은 없겠지만 포세이돈의 삼지창을 보는 것 같아서 묘한 느낌이 들고는 한다.

막내이자 장차 저승의 신이 될 하데스를 위해 외눈박이 거인들이 만들어준 것은 '퀴네에Kynee'라는 투구다. 그러나 여느 투구와는 다르다. 누구든 이 투구를 쓰기만 하면 살아 있는 것들의 눈에는 그 형체가 보이지 않는다. 하데스의 이름은 '하이데스haides'라는 말에서 나왔다고 하는데, 이 말은 '보이지 않는 자' 또는 '보이지 않게 하는 자'라는 뜻이다. 저승의 신 하데스는 늘 이 투구를 쓰고 다니기 때문에 우리 눈에는 보이지 않는다. 세상을 떠나는 영혼도 이 투구를 쓰고 떠나기 때문에 죽음도 영혼도 우리의 눈에는 보이지 않는다.

 큰 싸움을 말할 때 잘 쓰이는 말 중에 '건곤일척乾坤—擲의 한판 싸움'이라는 말이 있다. 하늘과 땅의 운명이 걸린 한판 싸움이라는 뜻

티탄 신들과 올림포스 신들의 전쟁
티탄은 '거대한 신들'을 뜻한다. 제우스는 티탄들을 무찌르고 올림포스 신들의 시대를 열었다. 티탄의 영어식 발음은 '타이탄'인데, 침몰한 호화 여객선 타이타닉호의 이름이 여기서 나왔다. 17세기 네덜란드 화가 요아힘 브테바엘의 그림.

이다. 티탄들과 올림포스 신들의 싸움을 표현하는 데 이 건곤일척이라는 말보다 더 잘 어울리는 말이 있겠는가? 하지만 이 건곤일척의 한판 싸움은 의외로 간단하게 끝난다. 그럴 수밖에 없는 것이, 어차피 이 싸움은 제우스의 손을 들어줌으로써 세대교체를 기정사실화하는 싸움이었기 때문이다.

제우스는 올림포스를 공격하려고 오트리스산을 내려오는 티탄들에게 연거푸 벼락을 던졌다. 티탄들은 산꼭대기로 잠시 몸을 피했다.

그러나 이때 그 산 위의 하늘에는 백수 거인 삼 형제가 거대한 바윗덩어리를 들고 기다리고 있었다. 팔과 손이 1백 개씩 달려 있는 백수 거인 삼 형제가 바윗덩어리를 들고 기다리고 있었으니, 대체 몇 개나 들고 기다리고 있었겠는가? 백수 거인들은 산꼭대기로 몸을 피한 티탄들에게 바윗덩어리를 떨어뜨렸다. 우박처럼 떨어진 바윗덩어리는 티탄 무리를 산 채로 묻어버렸다. 곧 저승의 신이 될 하데스가 바윗덩어리를 치우고 이들을 꺼냈다. 하데스는 곧 주석 사슬로 이들을 묶어, 지옥의 한 모퉁이인 무한 지옥 타르타로스에 가두었다. 제우스는 이렇게 가두고도 마음이 놓이지 않았던지 아우 포세이돈을 불러 저승의 방비를 단단히 하라고 일렀다. 포세이돈은 강을 끌어들여 저승 주위를 흐르게 했다. 죽어서 저승 가는 것을 강 건너는 일에다 견주는 것은 고대인들이 저승 주위로 강이 흐른다고 믿었기 때문이다.

티탄과의 싸움은 이렇게 해서 끝난다. 올림포스 신들과 티탄 신들의 싸움을 '티타노마키아Titanomachia'라고 하는데, 이는 '티탄들과의

태양신 아폴론
사자가 끄는 수레 위의 아폴론을 그린 그림은 희귀하다. 19세기 화가 브리턴 리비에르의 그림.

싸움'이라는 뜻이다.

　제우스가 아버지 크로노스로 하여금 형제들을 토하게 하고부터 티타노마키아가 끝나기까지는 아주 기나긴 세월이 흘렀다. 바야흐로 올림포스산에는 신들이 들끓었고, 산 아래 마을에는 사람들이 들끓었다.

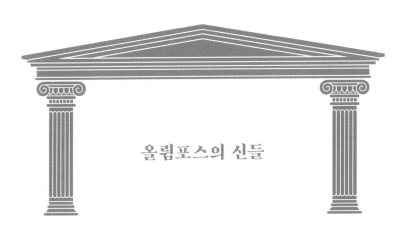

올림포스의 신들

    올림포스산은 그리스 반도의 북부에 있다. 그러나 신들이 사는 집을 말할 때의 올림포스는 물리적인 산이라기보다는 상징적인 산을 말한다. 따라서 당시에 이미 용감한 등산가가 있어서 올림포스산의 등정에 성공했다고 하더라도 신들을 만날 수는 없었을 것이다.

    올림포스산에는 신들의 궁전이 무수히 있다. 무수한 궁전 한가운데엔 큰길이 하나 툭 터져 있는데, 이 길은 밤중이면 땅에 사는 인간의 눈에도 보인다. 이 길의 이름이 바로 '비아 락테아Via Lactea', 즉 '젖의 길'이라는 뜻이다. 비아 락테아는 영어로 '밀키 웨이Milky Way'이며, 우리말로는 '은하수'가 된다. 신들의 궁전은 바로 이 비아 락테아 좌우로 좍 펼쳐져 있다.

    이 '젖의 길'이 생기게 된 내력이 재미있다. 헤라클레스는 제우스의 아들이지만 제우스의 본처인 헤라의 몸에서 태어난 것은 아니다. 인간인 여성의 몸에서 태어난 것이다. 헤라클레스는 인간의 몸에서 태어난 남성 가운데 가장 힘이 세다. 헤라는 인간에게서 태어난 아

올림포스의 신들
제우스를 중심으로 시계방향으로 헤파이스토스, 아테나, 아폴론, 헤르메스, 아르테미스, 포세이돈, 에로스, 아프로디테, 아레스, 디오뉘소스, 하데스, 헤스티아, 데메테르, 헤라다. 18세기 프랑스 화가 니콜라 앙드레 몽시오의 판화.

기 헤라클레스에게 젖을 물린 적이 있다. 그런데 헤라클레스가 어찌나 세게 빨았던지, 헤라클레스가 입을 뗀 뒤에도 계속해서 젖이 흘러나와 '젖의 길'이 되었다는 것이다. 하지만 이것은 앞뒤가 좀 맞지 않는 전설이다. 헤라클레스가 태어나기 전에도 '젖의 길'이 있었다는 증거가 많이 발견되고 있기 때문이다.

어쨌든 이 올림포스의 가장 큰 신은 제우스다. 그래서 대신大神이라고 불린다. 이 대신 제우스 밑에는 세 종류의 신들이 있다. 주신主神과 아신亞神과 종신從神이 그것이다.

은하수의 기원

라틴어 '비아 락테아'는 '젖의 길', 즉 '은하수'라는 뜻이다. 〈은하수〉라는 제목이 붙는 틴토레토의 이 그림은 은하수의 기원을 잘 설명해주고 있다. 그림에 그려져 있는 공작은 헤라 여신을 상징하는 새다. 따라서 여기에 그려진 여신이 헤라 여신이고, 헤라 여신의 젖을 빨고 있는 아기는 헤라클레스다.

주신은 '으뜸 신'이라는 뜻이다. 제우스는 대신인 동시에 으뜸 신이기도 하다. 으뜸 신은 모두 12명이다. 대신인 제우스, 제우스의 아내이자 신성한 결혼의 수호 여신인 헤라, 바다의 신이자 곧 바다인 포세이돈, 저승을 다스리는 저승의 신 하데스, 곡식을 다스리는 여신 데메테르, 헤라 여신을 도와 인간의 가정과 부엌일을 돕는 헤스티아도 여기에 속한다. 지금까지 말한 여섯 신은 모두 제우스와는 형제간 아니면 남매간이다.

　그리고 으뜸 신 중 나머지 여섯은 제우스의 아들딸이다. 태양과 음악과 의술을 관장하는 아폴론, 달과 사냥의 여신인 아르테미스, 제우스의 심부름을 도맡아 하는 천상의 심부름꾼이자 상업의 신인 헤르메스, 만들지 못할 것이 없는 대장장이 신 헤파이스토스, 지혜와 정의로운 전쟁의 여신 아테나, 무지막지한 전쟁의 신 아레스는 모두 제우스의 아들딸이다. 사랑과 애욕과 아름다움의 여신 아프로디테만은 제우스의 자식이 아니다. 그래서 아프로디테는 열두 으뜸 신에 꼽힐 때도 있고 그렇지 못할 때도 있다. 아프로디테가 열두 으뜸 신

아르테미스 여신
화살통을 짊어진 모습으로 그려지는 달의 여신 아르테미스는 사냥의 여신이자 동물의 수호 여신이기도 하다. 파리 루브르 박물관.

베스타를 섬기는 신녀들

불씨와 부뚜막의 여신 헤스티아는 맡고 있는 역할이 크지 않은데도 불구하고 그리스에서는 매우 중요한 여신이다. 로마 시대에 이르면 헤스티아는 베스타로 불리게 되는데, 로마에서는 국가적인 규모로 이 여신에 대한 제사를 지냈다. 그림은 베스타를 섬기는 신녀들인데, 이들은 평생 순결을 지켜야 했다.

에 꼽힐 때는 가정과 부엌의 여신 헤스티아가 빠진다. 이게 무슨 뜻이겠는가? 사랑과 애욕에 눈이 먼 여성에게는 종종 가정과 부엌이 잘 안 보이게 된다는 뜻일까? 포도주의 신 디오뉘소스가 으뜸 신으로 꼽힐 때도 가정과 부엌의 여신이 으뜸 신 자리에서 빠진다. 술에 취하면 가정과 부엌이 잘 안 보이게 된다는 뜻일까?

제우스는 스스로 신들의 왕이 되어, 티탄들이 맡고 있던 소임을 올림포스 신들에게 나누어주었다.

아우 포세이돈에게는 이치의 여신 테미스가 귀띔한 대로 바다의 신 자리를 맡겼다. 따라서 이때부터 티탄 계열에 속하는 바다의 신 오케아노스는 뒷전으로 물러앉고, 포세이돈이 온 세상의 바다와 강을 다스리게 된다. 하지만 지배자가 포세이돈으로 변한 뒤로도 바다는 여전히 티탄 시대 바다의 신이었던 오케아노스의 이름으로 불리게 된다.

태양의 신 아폴론
바티칸 박물관에 있는 〈벨베데레 아폴론〉. 〈밀로스섬의 아프로디테〉가 여성의 아름다움을 이상화한 것이라면, 이 작품은 남성의 아름다움을 이상화한 것이라고 할 수 있다.

이윤기의 그리스 로마 신화 1

제우스는 원래 헬리오스와 셀레네가 맡고 있던 태양의 신과 달의 여신 자리를, 이때 이미 다 자라 있던 아들 아폴론과 딸 아르테미스에게 각각 맡게 했다. 태양신 헬리오스의 별명은 '포이보스', 즉 '빛나는 자'였다. 아폴론은 이 별명을 물려받아 포이보스 헬리오스가 물러난 뒤로도 '포이보스 아폴론'으로 불린다. 이 말은 '빛나는 아폴론'이라는 뜻이다. 아폴론과 아르테미스는 각각 태양의 신과 달의 여신 자리를 맡기 전에는 함께 놀 수도 있고 함께 사냥도 다닐 수 있었지만, 이 자리를 맡은 뒤에는 그럴 수가 없었다.

태양의 신 아폴론은 수금 타기의 명수인 음악의 신인가 하면, 활쏘기의 명수여서 활의 신이기도 하다. 수금의 모양을 상상해보라. 활과 너무나 흡사하지 않은가? 달의 여신 아르테미스는 사냥의 여신이기

파르테논 신전
아테나 여신의 신전 파르테논은 아테네 한복판에 우뚝 솟은 아크로폴리스 위에 있다. 파르테논은 '처녀 신의 신전'이라는 뜻이며, 아크로폴리스는 '우뚝 솟은 곳'이라는 뜻이다.

아름다움과 기품을 두루 갖춘 아테나 여신
지혜의 여신이자 정의로운 전쟁의 여신인 아테나가 '왜들 그렇게 싸우세요?' 하고 묻는 듯한 몸짓을 하고 있다. 파리 루브르 박물관.

도 하고, 활쏘기의 명수이기도 하다. 차고 기우는 달의 모양을 보라. 활과 너무나 흡사하지 않은가? 또 아르테미스는 임신하는 여성, 출산하는 여성을 별로 좋아하지 않는 여신이기도 하다. 임신한 여성의 배를 상상해보라. 차고 기우는 달의 모양, 팽팽하게 당겨진 활시위와 너무나 흡사하지 않은가?

제우스는 아내이자 누이인 헤라에게는 결혼의 여신 자리를 맡겼다. 이때부터 헤라는 신성한 결혼의 여신으로서, 정식으로 결혼도 하지 않고 은밀하게 교제하는 남자와 여자에게는 모진 벌을 주게 된다. 헤라가 이때부터 지아비 제우스의 애인들에게 매우 잔인하게 구는 것도 다 신성한 결혼을 보호해야 하는 의무를 지고 있기 때문이다.

이마에 초승달이 있는 아르테미스
파리의 로댕 박물관에 전시되어 있는 이 아르테미스의 이마
에도 초승달이 그려져 있다.

으뜸 신들 아래에는 아신들이 있다. 아신은 '버금 신'이라는 뜻이
다. 이들이 이렇게 불리는 것은 으뜸 신들에 버금가기 때문이다. 올
림포스에는 어떤 버금 신들이 살고 있을까?

올림포스는 천성天城이라고도 불린다. 하늘의 성이라는 뜻이다. 천
성 앞에는 구름 문이 하나 있다. 이 구름 문에는 세 자매로 이루어진
호라이 여신들이 있다. '계절'의 여신들이라는 뜻이다.

대신 제우스가 소집하면 신들은 모두 제우스 신의 천궁에 모여야
한다. 올림포스에 살고 있는 신들은 물론이고 땅 위, 물 밑 신들까지
모여야 한다. 저승의 신들만 이 소집에서 면제될 뿐이다. 신들은 천

달의 여신 아르테미스
아르테미스는 사냥의 여신이자 명궁名弓이기도 한데, 이마에 초승달 장식을 단 모습으로 자주 새겨
지고 그려진다. 티치아노의 그림.

궁에 모이면 잔치를 벌인다. 이때 신들에게 불로주 넥타르를 따르
는 여신이 있다. 바로 제우스와 헤라의 딸 헤베다. '청춘'이라는 뜻을
지닌 헤베는 늙는 법이 없는 만년 소녀인 버금 여신이다. 헤베의 로
마식 이름은 유벤타Juventa인데, '청소년'을 뜻하는 영어 '주브닐리티
juvenility'는 여기에서 유래한 말이다.

　신들이 넥타르에 취하면 음악의 신 아폴론은 이따금씩 수금을 연
주해 좌중을 즐겁게 한다. 므네모쉬네(기억) 여신의 딸들로 이루어
진 무사이 아홉 자매는 그 소리에 맞추어 노래도 부르고 시도 읊는

이윤기의 그리스 로마 신화 1

다. 이들은 므네모쉬네의 딸들다워서 이들의 기억에는 무궁무진한 노래가 내장되어 있다. 예술의 여신들인 이들 무사이를 영어로는 뮤즈Muse라고 하며, 뮤즈 또는 무사이들이 사는 신전을 그리스어로는 '무사이온mousaion', 라틴어로는 '무사에움musaeum', 그리고 영어로는 '뮤지엄museum'이라고 한다. 이들은 지금 이 순간에도 뮤지엄이라고 불리는 박물관에 살고 있을지도 모르는 일이다.

신성한 결혼의 수호 여신 헤라의 발치에는 버금 여신 에일레이튀이아가 있다. 이 여신은 출산을 주관한다. 따라서 이 여신이 돌아앉

청춘의 여신 헤베
이 여신의 올림포스 천성에서 신들에게 술을 따르는 일을 한다. 헤라 여신의 딸이기도 한 이 헤베는 뒷날 영웅 헤라클레스의 아내가 된다. 안토니오 카노바의 작품.

연습 중인 세 무사이
아홉 무사이 중의 세 무사이, 멜포메네, 에라토, 폴리힘니아. 17세기 화가 라 쉬에르의 그림.

아 있으면 세상의 여성들은 아기를 낳을 수 없다. 그 옆에는 버금 여신 이리스가 있다. 이리스는 '무지개'라는 뜻이다. 헤라 여신의 버금 여신 이리스는 어떤 직분을 맡고 있는 여신인지 상상해보라. 심부름의 여신이다. 아름다운 일곱 색 무지개를 타고, 하늘의 뜻을 인간 세상에 전하는 일을 하는 여신이다.

세 자매로 이루어진 카리테스 여신들도 버금 신들이다. 이 여신들은 으뜸 신들의 몸치장을 돕는 일을 한다. 맏이의 이름은 아글라이아, 즉 '광휘'라는 뜻이다. 둘째의 이름은 에우프로쉬네, 즉 '기쁨'이라는 뜻이다. 그리고 셋째의 이름은 탈리아, 즉 '활짝 핀다'는 뜻이다. 카리테스 여신들 주위에는 호라이 세 자매, 즉 옳은 것만 편드는

이윤기의 그리스 로마 신화 1

카리테스 세 여신
버금 신에 해당하는 이 여신들은 으뜸 신들의
몸치장을 돕는 일을 한다.

정의의 여신 디케, 화목한 것만 좇는 평화의 여신 에이레네, 아름다
운 것만 지키는 미풍양속의 여신 에우노미아가 앉는다. 한편 화목의
여신 이름은 하르모니아다. '조화'를 뜻하는 '하모니'라는 말은 바로
이 여신의 이름이다.

이 하르모니아가 들어오면 슬며시 자리를 피하는 여신도 있다. 바
로 에리스 여신이다. 에리스는 '불화'라는 뜻이다. 신들은 잔치를 벌
이면서도 이 에리스만은 초대하지 않는다. 그러나 에리스가 빠지는
일은 거의 없다. 잔치가 벌어지는 것을 어떻게 아는지, 늘 불청객으
로 참석하기 때문이다.

세 자매로 이루어진 버금 여신들 중에서 가장 주목할 만한 여신들
이, 앞에서 소개한 적이 있는 모이라이 여신들이다. 모이라이는 '운

명'이라는 뜻이다. 인간 세계의 여성이 아기를 낳을 때가 되면 출산의 여신 에일레이튀이아는 꼭 이 모이라이 세 여신을 데리고 온다.

여성이 아기를 낳으면 모이라이 세 자매 중 맏이인 클로토(베를 짜는 여신)는 이렇게 말한다.

"내가 너의 운명을 짜리라."

둘째인 라케시스(나누어주는 여신)는 이렇게 말한다.

"미래의 실마리를 풀어 은혜를 나누어주리라."

막내인 아트로포스(거역할 수 없는 여신)는 가위를 보여주면서 이렇게 말한다.

"내가 아무개 달 아무개 날에 너의 운명을 거두어 갈 것인즉, 네가 거역하지 못하리라."

모이라이 세 여신
맨 오른쪽의 가위를 든 모습으로 그려진 '아트로포스'는 '거역할 수 없는 여신'이라는 뜻이다. 프란시스코 고야의 그림.

이윤기의 그리스 로마 신화 1

인간의 운명을 주관하는 세 자매 여신 모이라이
맏이인 클로토가 운명의 베를 짜면, 둘째인 라케시스가 미래의 실마리를 풀어 은혜를 나누어준다.
그리고 막내인 아트로포스는 클로토가 짠 운명의 베를 자르고, 라케시스가 나누어준 것을 거두어
들인다. 19~20세기 영국 화가 존 스트루드위크의 그림.

　　약간 으스스한 여신들도 있다. 에리뉘에스 세 자매가 바로 그런 여
신들이다. 복수의 여신들인 이들은 말수가 적지만 한번 움직였다 하
면 잔인하기가 견줄 데 없다. 이들은 맹세를 어긴 인간, 부모를 해코
지하는 인간을 두고 보지 못한다. 어디어디에 부모 해친 자식이 있
다는 소식이 제퓌로스西風에 묻어오면 이들은 가닥가닥이 뱀인 머리
카락을 휘날리며 횃불을 들고 당사자를 찾아간다. 그러고는 울면서
그 죄인을 붙잡아 저승의 신 하데스에게 넘겨버린다. 그런데 이들이
왜 우는가? 누군가를 대신해서 복수할 수 있다는 것이 너무 좋아 눈
물을 흘리는 것이다.

　　이들 밑으로 또 무수한 종신從臣들이 있다. 종신은 '딸림 신'이라는

뜻이다. 여신일 경우 이들은 '신녀'라고 불리기도 한다. 이들의 이름과 역할은 나오는 족족 소개하기로 한다.

상상해보라. 고대 그리스인들은 이렇게 많은 으뜸 신과 버금 신과 딸림 신들이 올륌포스 천성에서 저희들을 내려다보고 있는 것으로 믿었다. 좋은 일을 하면 운명의 여신 모이라이 세 자매가 내려와 축복하고, 나쁜 일을 하면 에리뉘에스 세 자매가 횃불을 들고 내려오는 것으로 믿었다. 그들은 신들이 인간으로 변장하고 도시 국가 아테나이 거리 한복판을 어슬렁거리고 다니는 것으로 믿었다.

티타노마키아, 즉 티탄과의 전쟁이 있기 전에 제우스는 많은 아들딸을 낳고 기른다. 이 중에는 정식 부인인 헤라에게서 태어난 아들딸도 있고, 제우스가 헤라의 눈을 피해 다른 여신으로 하여금 낳게 한 아들딸도 있다. 이 무수한 신들이 연출하는 드라마는 뒷날 인간 세상에서 그대로 되풀이된다. 신화를 아는 일은 인간을 미리 아는 일이다. 신화가 인간 이해의 열쇠가 되는 것은 이 때문이다.

그리스에 신전이 유달리 많은 까닭, 신들의 모습을 새긴 석상이 유난히 많은 까닭을 상상해보라. 인간 이해의 열쇠가 신화라면 신화 이해의 열쇠는 무엇일까? 상상력이다. 상상력의 빗장을 풀지 않으면 그 문은 열리지 않는다.

3장
사랑의 두 얼굴

GREEK
AND
ROMAN
MYTHOLOGY

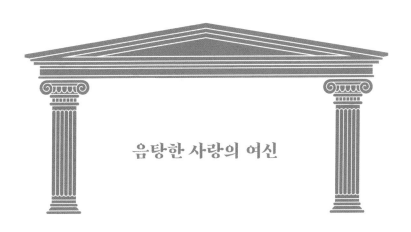

음탕한 사랑의 여신

그리스 본토에서 멀리 떨어져 있는 지중해 동쪽에 퀴프로스라는 섬이 있었다. 오늘날 '사이프러스'라고 불리는, 튀르키예 남쪽의 섬이 바로 이 섬이다. 사이프러스 사람을 영어로는 '사이프리언Cyprian'이라고 한다. 이 말은 '음탕한 여자', '웃음 파는 여자'라는 뜻으로도 더러 쓰인다.

왜 그럴까? 15세기 이탈리아 화가 보티첼리의 작품 중에 〈비너스의 탄생〉이라는 걸작이 있다. 비너스는 로마 신화에 나오는 여신의 이름인 '베누스Venus'의 영어식 발음이다. 그러면 베누스는 누구인가? 바로 아프로디테다. 로마 신화는 고유명사만 바뀌었을 뿐 그리스 신화와 다를 것이 하나도 없다. 이 그림의 중앙에는 거대한 조개 껍데기를 밟고 선, 벌거벗은 금발 미녀가 있다. 이 미녀가 바로 비너스, 즉 아프로디테다. 미녀의 왼쪽에는 날개 달린 사내 하나가 역시 벌거벗은 미녀를 껴안은 채 하늘에 떠 있다. 이 사내는 볼을 잔뜩 부풀린 채 아프로디테를 불고 있다. 왜 아프로디테를 불고 있을까? 이 사내가 바로 서풍, 즉 서쪽에서 불어오는 바람의 신 제퓌로스다. 아프로디테 오른쪽에는 또 하나의 아름다운 여성이 옷을 들고 다가온다. 벌거벗은 아프로디테에게 옷을 입힐 모양이다. 누구일까? 독자는 호라이 세 자매 여신들을 기억 할 것이다. 호라이는 '계절' 또는 '때'라는 뜻이다. 이 호라이 세 자매 중 봄의 여신인 맏이의 이름은 탈로, 즉 '꽃피우는 여신'이라는 뜻이다. 아프로디테에게 옷을 입히고 있는 여신은 바로 호라이의 맏이 탈로인 것이다.

보티첼리의 걸작 〈비너스의 탄생〉은 '아프로디테 우라니아_{Aphrodite Ourania}'가 탄생하는 순간을 그리고 있는 것이다. '아프로디테 우라니아'는 '우라노스의 딸 아프로디테', 즉 '하늘의 딸'이라는 뜻이다.

독자는 시간의 신 크로노스가 낫으로 자기 아버지인 하늘의 신 우라노스의 '거시기'를 싹둑 잘라버린 사건을 기억할 것이다. 이때 우라노스의 '거시기'가 뿜어낸 피 중의 일부는 대지의 여신 가이아에게로 튀었고, 일부는 대지를 둘러싸고 있던 바다에 떨어졌다.

그런데 이 피에서 이상한 일이 일어난다. 피라는 것은 바닷물에 풀려 흔적도 없이 사라져야 마땅하다. 그런데 이 피만은 한 덩어리의 거품이 되어 오랜 세월 바다 위를 떠다니게 된 것이다. '거품'을 뜻하는 고대 그리스어는 '아프로스'. 말하자면 우라노스의 피는 아프로스 상태로 오랜 세월 바다를 떠다니게 된 것이다.

그런데 어느 날 이 거품, 즉 아프로스에서 아름다운 여신이 솟아올랐다. 바다의 신은 거대한 조개껍데기 하나를 밀어 올려 이 여신을 태웠다. 서풍의 신 제퓌로스는 여신이 타고 있는 조개를 해변으

116 이윤기의 그리스 로마 신화 1

아프로디테의 탄생
사랑과 아름다움의 여신 아프로디테의 탄생을 그린 명작 〈비너스의 탄생〉. 비너스는 아프로디테의
영어식 이름이다. 아프로디테와 함께 있는 조개와 거품을 눈여겨볼 필요가 있다. 15세기 이탈리아
화가 산드로 보티첼리의 그림.

로 밀어 한 섬에 상륙하게 했다. 여신이 상륙할 당시에도 거품은 여
신이 탄 조개껍데기 주위를 떠다니고 있었다. 마침 이 섬에 있던 호
라이 세 자매 여신의 맏이 탈로는 이 여신에게 옷을 입혀주고는 '거
품에서 태어난 여신'이라고 해서 아프로디테라고 이름을 붙였다. 아
프로디테가 상륙한 섬이 바로 퀴프로스다. 이때부터 이 섬은 아프로
디테 여신의 섬이 된다.

여성과 조개는 밀접한 관계가 있다. 아프로디테만 조개에 실려 해
변으로 밀려온 것은 아니다. 중국의 민담에 등장하는 '패희(조개 계

집)'도 조개에서 태어났고, 우리나라의 옛 이야기에 등장하는 '나희(고등 계집)'도 조개와 아주 흡사한 소라고둥에서 태어났다.

그렇다면 아프로디테의 섬 퀴프로스가 음란의 상징이 되는 까닭은 무엇일까? 퀴프로스섬 여성들까지 음란한 여성, 웃음을 파는 여성으로 불리는 까닭은 무엇일까? 그것은 아프로디테가 음란했기 때문이다. 아프로디테가 지닌 많은 별명 중의 하나인 '아프로디테 포르네'는 '음란한 아프로디테'라는 뜻이다. '포르네'는 '음란한 영화나 사진'을 뜻하는 '포르노그래피pornography'의 '포르노'와 같은 의미를 지닌다. 그렇다면 아프로디테가 '음란한 아프로디테'라고 불리는 까닭은 무엇인가?

아름다움의 여신 아프로디테
얼굴의 반이 훼멸되고 없어도 아름다운
자태가 돋보이는 아프로디테.

거품 위에 뜬 거대한 조개껍데기를 타고 섬에 상륙한 아프로디테는 호라이 여신을 따라 올림포스로 올라갔다. 비록 한적한 섬 연안에서 태어났다고는 하나 아프로디테는 하늘의 신 우라노스의 딸이었기 때문이다. 제우스는 아름답기 그지없는 여신 아프로디테에게 히메로스라는 신녀神女를 붙여주었다. 신녀란 격이 가장 낮은 여신, 따라서 으뜸 신들이나 버금 신들을 섬기는 하급 여신이다. 히메로스라는 말은 '나른한 그리움'이라는 뜻이다.

자, 아름다운 아프로디테에게 '나른한 그리움'이라는 신녀까지 따라붙었으니 올림포스의 신들이 얼마나 군침을 삼켰겠는가? 제우스는 형제들과 자식들에게 아프로디테에게 군침 삼키지 말라고 엄중하게 명령하면서도 아프로디테를 힐끔거리며 군침을 삼켰다.

바다의 신 포세이돈이 제일 먼저 아프로디테의 연고권을 주장했다.

"조개껍데기를 타고 바다 저편의 거품에 실려 왔으니 아프로디테는 마땅히 나의 애인이 되어야 한다."

활의 신이자 음악의 신 아폴론도 가만히 있지 않았다.

"나는 아름다운 수금 소리로 여신의 환심을 살 자신이 있습니다. 연고권을 주장할 것이 아니라 여신의 마음을 사는 신이 여신을 차지하기로 합시다."

전쟁의 신 아레스도 나섰다.

"내 동의 없이 여신을 차지하는 신이 있으면 이 올림포스를 불바다로 만들고 말겠소."

제우스의 심부름꾼이자 도둑의 수호신이며, 꾀주머니 상업의 신인 헤르메스도 가만히 있지 않았다.

"저 여신의 아름다움 앞에서는 현명한 사람도 그 지혜를 도둑맞는 줄을 모른다는 말이 있습니다. 하지만 이 헤르메스는 저 여신을 훔쳐내고야 말겠습니다."

아프로디테가 얼마나 아름다운 여신이었는지 구체적으로 말할 필요는 없다. 아프로디테는 사랑의 여신, 아름다움의 여신인 동시에 사랑과 아름다움의 화신이기도 하기 때문이다. 하지만 사랑과 아름다움에는 항상 불화가 따르는 법이다. 불화의 여신 에리스가 나른한

아프로디테 칼리퓌게스
칼리퓌게스는 '엉덩이가 아름다운 여신'이라는 뜻이다.

이윤기의 그리스 로마 신화 1

그리움의 여신 히메로스와 함께 늘 아프로디테 주위를 서성거리는 것은 이 때문이다.

제우스는 아프로디테의 짝을 찾아주지 않으면 안 되었다. 그대로 두면 머지않아 형제들과 아들들의 불화로 올림포스 천궁에서 대판 싸움이 벌어질 것이 너무나 분명해 보였기 때문이다.

제우스는 신들을 모아놓고 다음과 같이 말했다.

"아프로디테를 업신여겨서 하는 말은 아니오만, 아프로디테 때문에 우리 올림포스 신들의 우애에 금이 가서는 안 되지요. 그래서 나와 헤라는 곰곰이 생각해보았어요. 올림포스의 이 천궁과 신전을 지은 신이 누군가요? 이 옥좌와 방패와 태양신의 태양 마차를 만든 신

갓 목욕을 끝낸 듯한 아프로디테
이 여신은 주로 벗은 모습으로 그려지거나 새겨진다.
파리 루브르 박물관.

이 누군가요? 아폴론의 활을 만든 신, 아르테미스의 창을 벼린 신이 누군가요? 바로 헤파이스토스랍니다. 여러분은 헤파이스토스가 아직까지도 아내 없이 혼자 살고 있다는 것을 잘 아시지요? 나는 아프로디테에게 헤파이스토스의 아내가 될 것을 명합니다. 이것은 나와 헤라가 원하는 바이기도 합니다."

이렇게 해서 이 세상에서 가장 아름다운 사랑의 여신 아프로디테는, 올림포스에서는 물론이고 인간 세상에서까지 추남으로 이름 높은 절름발이 헤파이스토스의 아내가 된다.

헤파이스토스는 어떤 신인가? 헤파이스토스는 헤라의 아들이다. 헤라의 아들이면 마땅히 제우스의 아들이기도 해야 하는데, 헤파이스토스는 제우스의 아들이 아니다. 어떻게 된 일일까?

제우스는 여성이나 여신의 몸을 빌리지 않고 딸을 낳은 일이 있다. 그런 일이 어떻게 가능할 것인가 싶지만, 오늘날 우리가 보면 불가능하다 싶은 일도 곧잘 일어나는 데가 신화의 무대다. 제우스는 자기 일에 사사건건 간섭해서 나무라기도 하고 충고하기도 하는 여신 메티스를 삼켜버린 적이 있다. 메티스는 '지혜로운 충고'라는 뜻이다. 제우스가 이렇게 한 것은 성가신 메티스를 제거하는 동시에 메티스의 지혜를 자기 것으로 만들고 싶어서였다. 그런데 어느 날 제우스가 갑자기 머리를 싸쥐고 방바닥을 뒹굴었다. 제우스가 머리를 싸쥐고 뒹구는 까닭을 제일 먼저 짐작한 신은 올림포스의 꾀주머니 헤르메스였다. 헤르메스는 대장장이를 불러 제우스의 두개골을 조금 까내게 했다. 그러자 투구를 쓰고 창과 방패로 무장한 여신이 함성을 지르면서 튀어나왔다. 이 여신이 바로 지혜와 정의로운 전쟁의 여신 아테나다.

제우스의 아내 헤라의 기분이 좋았을 리 없다. 그래서 헤라도 제우스는커녕 어떤 신이나 남성의 씨도 받지 않고 아들을 낳았는데, 이 아들이 바로 헤파이스토스다. 헤라가 아테나를 좋아하지 않았으니,

제우스의 머리에서 태어나는 아테나
대신 제우스의 머리에서 완전 무장한 모습으로 벼락 같은 함성을 지르며 튀어나오는 아테나 여신.

제우스도 이 헤파이스토스를 좋아했을 리 없다.

어느 날 제우스와 헤라가 토닥토닥 입씨름을 하고 있었다. 제우스는 걸핏하면 여신이나 여성을 건드려 아기를 낳게 했는데, 헤라는 이것이 못마땅했다. 그래서 둘 사이에는 입씨름이 잦았다. 그 자리에 헤파이스토스가 있었다. 헤파이스토스는 손재간이 좋아서 만들지 못하는 물건이 없었다. 그런 헤파이스토스가 옆에서 가만히 듣고 있다가 제 어머니 헤라의 편을 든 것이 화근이었다. 헤파이스토스는 헤라 혼자서 낳은 자식이다. 그렇지 않아도 꼴 보기 싫은 판인데, 제 어머니 역성까지 들었으니 제우스가 가만히 있었을 리 없다. 제우스는 화가 난 나머지 헤파이스토스를 걷어차버리고 말았다.

제우스가 여느 신이던가? 올림포스 천성의 최고 신이다. 헤파이스토스는 제우스의 어마어마한 힘이 실린 발길질에 차여 천궁에서 떨어졌다. 그가 떨어진 곳은 렘노스섬이었다. 인간 같으면 제우스의 발길질에 차이는 순간에 절명하고 말았을 것이다. 그러나 헤파이스토스는 신이어서 죽지는 않았다. 렘노스섬에 떨어지는 순간 두 다리가 부러지고 얼굴이 일그러졌을 뿐 목숨을 잃지는 않았다. 그는 곧 그 좋은 손재주로 다리를 만들어 붙였다. 완벽한 다리는 못 되어 절름발이 신세가 되기는 했지만 세상을 살아가는 데는 별 지장이 없었다.

헤라는 아들이 지상에서 어떻게 살고 있는지 궁금했지만 제우스의 부아를 돋울까 봐 찾을 마음을 먹지 못했다. 그런데 어느 날 한 여신이 목에 걸고 있는 장신구를 가만히 보고 있자니, 그 만든 솜씨가 여느 인간의 솜씨가 아니었다. 그래서 헤라가 그 여신에게 물어보았다.

"그 목걸이는 어디에서 났나요? 도저히 인간의 솜씨라고는 믿어지지 않는군요."

그러자 그 여신이 대답했다.

"렘노스섬에 사는 한 절름발이 대장장이가 만들었지요. 어쩌다 절름발이가 되었느냐고 물었더니 올림포스 천성에서 땅으로 떨어지는 바람에 그렇게 되었다지만, 인간 세상에 허풍쟁이가 좀 많아요?"

헤라는 렘노스섬에 산다는 그 절름발이가 바로 아들 헤파이스토스가 분명하다는 것을 알고는 그를 찾아서 다시 올림포스로 불러올렸다.

헤파이스토스는 추남인 데다 절름발이여서 그렇지, 팔심이 좋고 손재주가 빼어나서 마음만 먹으면 만들지 못할 물건이 없었다. 그는 물건을 잘 만들었을 뿐만 아니라 스스로 움직이는 힘을 부여하는 재간도 있었다. 그가 한때 정성을 기울여 금 바퀴가 세 개 달린 탁자를 하나 만든 일이 있다. 발_{podo}이 셋_{tri}이라고 해서 '트리포도스_{Tripodos}'라고 불린 이 탁자는 만든 이의 마음을 읽을 수 있을 뿐만 아니라 올림포스 신전 어디로든 혼자 굴러갈 수도 있었다.

이렇게 손재주가 좋아서 올림포스에서는 대장장이 신 노릇을 하고 있었는데도 불구하고 헤파이스토스에게는 아내가 없었다. 워낙 볼품없이 생긴 데다가 두 다리까지 부러져 의족을 달고 다니는 절름발이였기 때문이다.

제우스는 올림포스에서 가장 못생긴 헤파이스토스에게 천하에서 가장 아름다운 아프로디테를 아내로 삼게 한 것이다. 말하자면 올림

헤파이스토스의 대장간에 들른 아폴론
그림 속 월계관을 쓴 신이 아폴론이다. 아폴론 앞의 대장장이가, 키가 작고 절름발이였다는 헤파이
스토스인 듯하다. 17세기 스페인 화가 디에고 벨라스케스의 그림.

포스와 인간 세상을 통틀어 가장 어울리지 않는 한 쌍이 탄생한 것
이다. 이 둘의 결합을 두고 '미녀와 야수' 이야기의 원조라고 부르는
학자도 있다. 그러나 이들의 결혼 생활은 행복하지 못했다. 헤파이스
토스가 대장간 일이 바쁘다는 핑계로 천하의 미녀 신 아프로디테를
본 척도 하지 않았기 때문이다.

상상해보라. 미스 유니버스가 어쩔 수 없어서 가난하고 못생긴 절
름발이 대장장이와 결혼한다. 그런데 대장장이는 일이 바쁘다는 핑
계로 이 미스 유니버스를 거들떠보지도 않는다…… 용감한 미남 청

이윤기의 그리스 로마 신화 1

년이 나타나 이 미스 유니버스를 꾀거나 미스 유니버스가 재벌 아들을 하나 꾈 만하지 않는가?

아프로디테가 누구인가? 사랑의 여신, 그중에서도 육체적인 사랑의 여신이다. 이 여신은 단 하루도 육체적인 사랑이 없이는 보내지 못한다. 그리고 이 여신의 유혹에 걸리면 신이든 인간이든 이 유혹에서 빠져나가지 못한다. 여기에는 이유가 있다. 아프로디테에게는 '케스토스 히마스', 즉 '마법의 띠'라는 허리띠가 있기 때문이다. 아프로디테가 이 허리띠를 매고 하는 유혹은 어떤 신도 인간도 헤어날 길이 없었다.

전쟁의 신 아레스가 여기에 걸려든다. 아레스는 누구인가? 아레스는 용감할 뿐만 아니라 잘생기기까지 한 전쟁신이다. 아레스라는 말은 '잡아간다' 또는 '쳐부순다'는 뜻이다. 전쟁신 아레스는 두 아들을 항상 부하로 거느리고 다닌다. 포보스와 데이모스가 바로 이들이다. 포보스$_{Phobos}$라는 말은 '공포'라는 뜻이다. '공포증'을 뜻하는 영어의 '포비아$_{phobia}$'는 여기에서 나온 말이다. 물을 두려워하는 증세인 '하이드로포비아$_{hydrophobia}$(공수병)', 높은 곳을 두려워하는 증세인 '아크로포비아$_{acrophobia}$(고소공포증)'의 '포비아'도 여기에서 유래한 말이다. 또 한 아들의 이름 데이모스$_{Deimos}$는 '걱정'이라는 뜻이다.

지구에서 가까운 행성인 화성의 이름은 마르스$_{Mars}$인데, 이것은 그리스 신화의 전쟁신 아레스의 라틴어 이름이다. 화성에는 두 개의 위성이 있는데, 이 두 위성의 이름은 각각 포보스와 데이모스다.

하여튼 자식이 둘씩이나 있는 이 전쟁신 아레스가 아프로디테를 벌건 대낮에 산속으로 꼬여내었다. 자식이 있는 아레스와 지아비가 있는 아프로디테의 밀회는 태양신의 눈에 띄기까지 계속된다.

태양신은 이 둘의 밀회 현장을 차마 눈 뜨고 내려다볼 수 없어서 어느 날 헤파이스토스에게 밀고한다. 헤파이스토스는 며칠 동안이나 대장간에 들어박혀 무엇인가를 만들었다. 신들이 말을 건넸지만 헤파이스토스는 귀라도 먹었는지 들은 척도 하지 않고 만드는 일에만 정신을 기울였다.

〈밀로의 비너스〉
이 8등신의 미녀 신상이 〈밀로의 비너스〉 혹은 〈미로의 비너스〉라고 불리는 것은 멜로스섬에서 발견되었기 때문이다. 제대로 부르자면 〈멜로스의 아프로디테〉여야 한단다. '8등신 미녀'는 흔히 '얼굴 길이:키'의 비례가 1:8인 것으로 잘못 알려져 있지만, 원래는 '발 길이:키'의 비례라고 한다(서양미술사학자 노성두 박사).

　　　　　　　　　　　　　　　이윤기의 그리스 로마 신화 1

며칠 뒤 헤파이스토스는 무엇인가를 두 손에 받쳐 들고 대장간을 나왔다. 두 손을 보면 무엇인가를 받쳐 든 것 같지만, 막상 그가 받쳐 든 물건은 눈에 보이지 않았다. 그가 며칠 동안 온 정신을 기울여서 만든 것은 눈에 보이지 않는 그물이었다. 그는 청동을 늘여서 가늘기가 거미줄 같은 실을 만들고, 이 실로써 정교한 그물을 짠 것이다.

헤파이스토스는 아내 아프로디테의 침대에다 그 그물을 쳤다. 그 그물은 여신인 아프로디테의 눈에도 보이지 않았다. 바로 그날 헤파이스토스는 아내에게 렘노스섬에 다녀와야겠다면서 올림포스에서 어디론가 사라졌다. 아프로디테에게 절호의 기회가 온 셈이었다. 아프로디테는 지아비가 집을 비우기가 무섭게 늘 데리고 다니던 히메로스(나른한 그리움)를 아레스에게 보냈다. 히메로스를 보는 순간 그리움을 견딜 수 없게 된 아레스는 두 아들을 떼어놓고 득달같이 아프로디테의 집으로 달려갔다. 히메로스가 아레스에게 전한 소식은 간단했다.

"헤파이스토스, 렘노스섬에 내려갔음. 며칠 걸릴 예정이라고 함."

헤파이스토스가 집을 비웠다면 산속에서 밀회할 필요가 없는 일이었다. 아레스와 아프로디테는 집주인이 거미줄처럼 가느다란 청동실로 짠 그물을 쳐놓은 것도 모르고 밤새도록 밀회를 즐겼다.

새벽이 되자 문고리가 달그락거렸다. 아레스와 아프로디테는 새벽의 여신 에오스가 문고리를 달그락거리는 것이려니 생각했다. 하지만 그것은 에오스가 아니라 헤파이스토스였다. 헤파이스토스 혼자 온 것도 아니었다. 헤파이스토스 뒤에는 제우스를 비롯해 헤르메스,

전쟁신 아레스와 아프로디테의 밀회

꼬마 신들이 아레스의 머리에서 투구를 벗기고 방패를 받아들고 있다. 17세기 프랑스 화가 니콜라 푸생의 그림.

아폴론, 포세이돈 같은 신들이 서 있었다.

알몸으로 자고 있던 아레스와 아프로디테가 후닥닥 침대에서 일어났다. 하지만 청동실 그물 때문에 일어날 수가 없었다. 둘은 그물에서 헤어나려고 발버둥을 쳤지만, 그럴수록 그물은 점점 사나운 기세로 몸을 옥죌 뿐이었다.

"잘 논다."

벌거벗은 채 그물을 쓰고 누운 아레스와 아프로디테를 내려다보면서 제우스가 말했다.

"자네, 헤파이스토스가 부러운가, 아니면 아레스가 부러운가?"

아폴론이 헤르메스에게 물었다.

"무슨 뜻이지요?"

헤르메스가 되물었다.

"질투하는 헤파이스토스가 부러운가, 무안당하는 아레스가 부러운가, 그 말이야."

"둘 다 부럽소."

"자네도 저 그물에 한번 갇혀보고 싶다, 그 말인가?"

"그물이 세 곱절쯤 질겨서 영원히 저렇게 갇혀 있을 수 있으면 좋겠소."

전쟁신 아레스
그리스의 전쟁신 아레스는 로마 시대에는 '마르스'로 불린다. 사진은 로마인들이 제작한 마르스의 대리석상. 그리스인들은 아레스의 이미지를 별로 다루지 않았지만 로마인들에게 마르스는 인기 있는 신이었다.

전쟁신 아레스는 힘이 천하장사였다. 하지만 헤파이스토스가 만든 튼튼하고도 정교한 그물은 힘으로 어떻게 해볼 수 있는 것이 아니었다. 보기가 민망해진 신들은 헤파이스토스에게 어서 이 둘을 풀어주라고 말했지만, 헤파이스토스는 씩씩거리고 서 있을 뿐 그물을 풀어주려고 하지 않았다.

포세이돈이 나서서 헤파이스토스에게 애원했다. 헤파이스토스는 아레스에게서 사과와 보상의 약속을 받아주겠다는 포세이돈의 말을 듣고서야 마지못해 그물을 풀어주었다.

서기 1세기 로마의 작가 푸블리우스 오비디우스 나소는 『변신 이야기Metamorphoses』에서 처녀 레우코토에의 입을 빌려 이 사건을 다음과 같이 노래한다. 이 책에 나오는 로마식 고유명사는 모두 그리스식으로 바꾸었다.

아프로디테와 아레스가

은밀하게 사랑을 나누는 현장을 엿본 분도 바로 이 태양신.

태양신의 눈에는 보이지 않는 것이 없는 법……

이들의 괴망한 짓을 괘씸하게 여기신 태양신,

아프로디테의 지아비인 헤파이스토스에게 밀고했다.

헤파이스토스가 누구인가?

헤라 여신의 아들이자 아프로디테의 지아비가 아닌가?

헤파이스토스를 보라.

아내가 다른 신과 간통한다는 소식을 들었으니 하늘이 노래질 수밖에.

헤파이스토스는 충격을 받고 만다.

이 소식을 듣는 순간, 벼리고 있던 연장을 다 떨어뜨렸다니까.

곰곰 생각하던 헤파이스토스,

즉시 청동을 두들겨, 눈에 보이지도 않을 만큼 가는 실을 만들고,

이 실로 사슬과 그물과 올가미를 만든다.

헤파이스토스가 손수 베틀에 걸어 짠 이 그물은,

천장의 들보에 매달린 거미줄보다 더 가늘고 정교했다.

건드리기만 해도 탁 걸려들게 되어 있었다.

헤파이스토스는 이렇게 만든 사슬과 그물과 올가미를

자기 침대에다 쳐놓고는,

자기 아내가 다른 신을 불러들이기만을 기다렸다.

그런 줄도 모르는 아프로디테,

또 한 번 아레스를 그 침대로 꾀어들여 사랑을 나눈다.

헤파이스토스가 손수 만들었는데 여부가 있을 리 없지.

남의 지아비를 탐낸 아프로디테와 남의 아내를 탐낸 아레스는

꼼짝없이 이 사슬과 그물과 올가미에 걸리고 말았다.

렘노스의 신 헤파이스토스,

옳다구나 하고, 신들을 모두 불러다놓고 침실 문을 열었다.

발가벗은 채 서로 껴안고 있는 아프로디테와 아레스의 모습,

신들에게는 참으로 볼 만한 구경거리였을 터.

신들 중 한 분이 하신 말씀,

"치욕을 당해도 좋으니,

나도 발가벗은 채로 아프로디테와 한번 저렇게 갇혀보았으면……."

신들은 이 둘의 꼴을 보고는 배를 잡고 웃었는데,

이게 천궁에서는 두고두고 이야깃거리로 신들의 입에 올랐더란다.

그물에서 풀려나자 아레스는 제 신전이 있는 트라키아로 도망쳤
고, 아프로디테는 처녀의 샘이 있는 퀴프로스섬으로 갔다. 당시 퀴프
로스에는 몸을 담그기만 하면 처녀성을 잃은 여성도 처녀로 거듭나
게 해주는 처녀의 샘이 있었던 것으로 전해진다. 그런 샘이 그 섬에
실제로 있었다면 여성의 정조 관념도 다소 희박해질 수밖에 없었을
것이다. 퀴프로스 여성들이 음란한 여성, 웃음을 파는 여성으로 불렸
던 것은 바로 퀴프로스에 그런 샘이 있었기 때문일까?

그물에 걸린 채 알몸으로 버둥거리는 아레스와 아프로디테를 내
려다보면서 헤르메스가 했던 말을 기억해둘 필요가 있다.

"그물이 세 곱절쯤 질겨서 영원히 저렇게 갇혀 있을 수 있으면 좋
겠소."

헤르메스는 아프로디테의 유혹을 받게 될 날을 진심으로 기다렸
던 것임에 분명하다.

헤르메스는 재간 덩어리, 꾀주머니 신이다. 그는 제우스의 아들인

데도 불구하고 헤라의 아들은 아니다. 말하자면 제우스가 다른 데서 낳아 온 자식인 것이다. 하지만 헤르메스는 질투심 많기로 유명한 헤라의 귀여움을 독차지한 특이한 신이다. 그만큼 재주가 많고 꾀가 많다.

원래 헤르메스는 제우스의 심부름을 도맡는 전령신傳令神이다. 제우스는 헤르메스를 전령신으로 삼으면서 지팡이 하나와 날개가 달린 가죽신을 내렸다. 지팡이는 신이든 인간이든 건드리기만 해도 잠이 들게 하는 마법의 지팡이, 가죽신은 하루에 만 리 길을 너끈하게 달릴 수 있게 하는, 말하자면 축지법을 가능하게 하는 마법의 신발이었다. 올림포스의 신들 중에서 제우스의 심부름으로 이승과 저승을 자유자재로 오르내리는 신은 헤르메스밖에 없다. 또 헤르메스는 말솜씨가 좋고 거짓말을 표 안 나게 잘해서 상업, 도박, 돈놀이 같은 것을 주관하기도 한다. 그리스에는 신들의 석상이 많다. 신들의 대리 석상이 손에, 뱀이 감고 오르는 지팡이를 들고 있으면 그것은 의술의 신 아스클레피오스나 전령신 헤르메스의 석상일 가능성이 크다. 날개 달린 가죽신을 신고 있는 신의 석상은 모두 헤르메스의 석상이라고 보아도 무방하다.

아프로디테는 이 헤르메스와도 사랑을 나누었다. 누가 유혹했을까? 아프로디테에게는 마법의 띠 '케스토스 히마스'가 있다. 아프로디테가 이 띠를 매고 유혹하면 신이든 인간이든 그 유혹에서 벗어날 수 없다. 하지만 헤르메스에게 있는 것은 마법의 지팡이와 마법의 신발뿐이다. 따라서 아프로디테가 유혹했을 가능성이 커 보인다.

아프로디테와 헤르메스 사이에서 두 아들이 태어난 것을 보면, 이들이 잠깐 밀회를 즐겼던 것도 아닌 모양이다. 먼저 낳은 아들의 이름은 헤르마프로디토스Hermaphroditos, 나중에 낳은 아들의 이름은 에로스인데, 헤르마프로디토스의 이름이 심상치 않다. 헤르메스Hermes와 아프로디테Aphrodite의 이름을 합성한 이름이 바로 헤르마프로디토스다.

이 헤르마프로디토스는 열다섯 살 때 해괴한 봉변을 당하는데, 『변신 이야기』에서 그 대목을 여기에 옮겨본다.

열다섯 살이 되던 해, 헤르마프로디토스는

자기를 키워준 정든 이다산을 떠나

세상 구경, 낯선 산수 구경하러 나그넷길에 올랐다.

말이 산수 구경이지 나그네 노릇이 좀 어려운가?

하지만 헤르마프로디토스에게 그런 것은 문제가 안 되었다.

워낙 세상 구경에 미쳐 있어서,

꽤 멀리까지 갔다.

뤼키아 아니면 뤼키아에서 가까운 카리아까지 갔다.

길 가는 도중에 헤르마프로디토스는 호수 하나를 만났다.

물이 어찌나 맑은지 바닥까지 훤히 들여다보이는 호수.

호수에는 갈대도 없었고,

열매 맺는 물풀, 잎사귀 끝이 뾰족한 골풀도 없었다.

둑에만 싱싱한 잔디, 늘 푸른 풀이 자라 있었을 뿐…….

물은 수정같이 맑았다.

호수에는 요정이 살고 있었다.

이름은 살마키스.

사냥도 할 줄 모르고, 활도 쏠 줄 모르고,

달음박질에도 재주가 없는 요정 살마키스.

발빠른 사냥의 여신 아르테미스가 누군지 모르던 요정은

이 호수의 요정뿐이었다.

**헤르마프로디토스를 유혹
하는 요정 살마키스**
헤르마프로디토스는 헤
르메스와 아프로디테 사
이에서 태어난 아들이
다. 16세기 화가 바르톨로
메우스 슈프랑거의 그림.

다른 요정들이 살마키스에게 하는 말,

"살마키스야,

너도 창이나 알락달락한 화살통을 들고 나오너라.

우리랑 뜀박질도 겨루고 활쏘기도 겨루자.

운동이 되는 것은 물론이고, 시간 죽이기에도 좋은 놀이다."

하지만 살마키스는 창도 안 잡았고,

화살통도 안 들었고,

뜀박질 겨루기에도 참가하지 않았다.

그런 짓으로 시간 보내는 게 마음에 안 들었던 살마키스,

틈만 나면 회양목으로 만든 빗으로 머리를 빗고

수면을 거울 삼아 내려다보면서

머리 모양을 이렇게도 해보고 저렇게도 바꿔보고는 했다.

그러다 재미없으면

알몸이 비치는 옷을 입은 채

부드러운 풀밭에 드러누워 하늘을 보기도 했다.

이따금씩은 꽃도 꺾었다.

꽃을 꺾다가 살마키스는 헤르마프로디토스를 보았다.

소년을 보는 순간 살마키스는 견디기 어려운 욕정을 느꼈다.

껴안고 싶다는 욕망 같은 것.

살마키스는 금방이라도 달려가고 싶었지만

초면에 그럴 일이 아니어서

마음이 가라앉을 때까지 기다리기로 했다.

울렁거리는 가슴도 가라앉히고, 표정도 예쁘게 지어보면서…….

이러면서 자신의 가장 예쁜 모습을 보여줄 준비를 했다.

준비가 끝난 살마키스,

헤르마프로디토스에게 다가가 말을 붙였다.

"여보세요.

혹시 신이 아니신지 모르겠네요.

신이시면 에로스 신이실 테지요?

신이 아니고 인간이시라면,

그대의 부모 형제들은 복 받은 분들.

누이들이 있다면 역시 복 받은 분들.

그대에게 젖을 빨린 유모가 있다면 그분도 큰 복 받은 분.

하지만 이들이 받은 복을,

그대와 결혼을 약속한 처녀,

그대가 장차 아내로 삼을 처녀가 받을 복에 어찌 견줄 수 있을까요?

그런 처녀가 있다면 말이지요.

그런 처녀가 있으면,

그 처녀 몰래 가만히라도 좋으니 나를 좀 만나 사랑해주세요.

없으면 나를 애인 삼아주면 이보다 좋은 일이 없을 테지요.

없으면 나를 사랑해주세요, 나와 결혼해주세요."

요정의 말을 들은 소년,

얼굴이 새빨개졌다.

소년은 사랑이 무엇인지 알지 못했다.

새빨개진 소년의 뺨은,

해 잘 드는 과수원 나무에 매달린 잘 익은 사과 색깔,

빨간 물감을 칠한 상아 색깔,

일식 때의 달 색깔,

아무리 놋쇠 바라를 울리며 악마를 쫓아도 자꾸만 새빨개지는

일식 때의 달 색깔.

살마키스는 뺨에 입이라도 맞추어주려고

누나처럼 다가가 소년의 목을 껴안았다.

소년은 비명을 질렀다.

"놓지 않으면 뿌리치고 말겠어요."

뜻밖의 반응에 놀란 살마키스,

"그럼 내가 가겠어요.

그대를 귀찮게 하려고 이러는 것은 아니니까."

살마키스는 가려는 듯 돌아섰다.

버즘나무 숲에 숨어 엿보는 살마키스의 눈에

소년이 보였다.

소년은 풀밭 위를 좀 거닐다가 물에다 발끝을 넣었다.

조금 뒤에는 발목이 잠길 만큼 넣었다.

그러다 소년은 물에 들어갔다.

옷을 벗은 것을 보면, 보는 눈이 없겠거니 했던 모양.

소년의 아름다운 몸매가 드러났다.

그걸 엿보고 있는 살마키스의 기분이 어땠을까?

살마키스의 몸은 불덩어리같이 뜨거웠을 터.

살마키스의 눈은 태양신의 얼굴같이 이글거렸다.

살마키스는 더 견딜 수가 없었다.

바라고 바라던 사랑의 순간을 더 이상 미룰 수 없었다.

그런데도 살마키스는 참았다.

흐트러지는 마음을 가누려고 무진 애를 썼다.

소년은 손바닥으로 알몸을 찰싹찰싹 때리면서 물속으로 뛰어들었다.

그러고는 한참을 첨벙거린 뒤에 물에서 나왔다.

물에 젖은 몸은 반짝거렸다.

투명한 병 속에 넣어 둔 상아, 아니면 백합 같았다.

바깥에 나와 있던 소년은 곧 다시 물로 들어갔다.

소년을 바라보면서 요정은 중얼거린다.

"이제 됐다. 그대는 이제 내 것이다."

요정은 옷을 벗고 소년을 따라 호수 한가운데로 뛰어들어 갔다.

소년은 기겁을 하고

요정의 접근을 막으려고 했다.

하지만 요정은 소년을 붙잡고,

앙탈을 부리는 소년에게 입을 맞추었다.

손으로 소년의 가슴과 등을 쓰다듬으며 그 몸에 달라붙었다.

이쪽으로 피하면 저쪽에서 달라붙고

저쪽으로 피하면 이쪽에서 달라붙고…….

소년은 한사코 달아나려고 했다.

그러나 소년이 요정의 집요한 공격을 어찌 피할 수 있으랴.

이 둘은 결국 한 덩어리가 되고 말았다.

새들의 왕 독수리 부리에 물려 공중으로 올라간 뱀을 보라.

독수리 부리에 물린 뱀은

몸으로는 독수리의 머리와 발톱을 감고,

꼬리로는 독수리의 날갯짓을 방해한다.

소년은 독수리, 요정은 뱀.

아니, 요정은 나무 둥치를 감고 올라가는 담쟁이덩굴,

깊은 바다에서 열 개의 다리로 먹이를 사방에서 죄는 문어.

소년은 힘을 다해 저항하면서,

요정이 그렇게 집요하게 요구하는 사랑의 쾌락을 거절했다.

요정은 온몸으로 부딪쳐 오면서, 달라붙으면서 이렇게 외쳤다.

"몸부림칠 테면 쳐봐요.

내게서 빠져나갈 수는 없을걸.

오, 신들이시여, 이대로 있게 하소서.

이 소년이 영원히 저에게서,

제가 이 소년에게서 떨어지지 않게 하소서."

신들이 요정의 기도를 들었던 모양.

잠시 붙어 있던 이 둘의 육체를 하나 되게 하였으니.

그래, 신들은 이 두 개의 육체를 하나로 만들었다.

정원사들은 잘 안다.

가지 두 개가 맞붙어 자라다 한 덩어리가 되는 수가 있다는 것을.

한 덩어리가 된 소년과 요정의 몸이 꼭 이런 가지 같았다.

하지만 이들의 몸은 곧

붙은 자국도 보이지 않는, 진짜 하나가 되었다.

남성이라고 할 수도 없고 여성이라고 할 수도 없는 하나의 육체,

남성이 아니라고 할 수도 없고 여성이 아니라고 할 수도 없는,

그러니까 남성과 여성을 두루 갖춘 하나의 육체가 되었다.

헤르마프로디토스는 수면에 비친 제 모습을 보았다.

그러고는 물에 들어올 때는 남성이었던 자신의 육체가

반남성, 반여성의 육체로 변해 있는 걸 알았다.

몸이 얼마나 연약해졌는지 불면 날고 쥐면 꺼질 것 같았다.

헤르마프로디토스는 팔을 벌리고 기도했다.

물론 그 목소리는 더 이상 남성의 우렁찬 목소리가 아니었다.

"아버지시여, 어머니시여.

두 분의 이름을 받은 이 아들의 간절한 기도가 이루어지게 하소서.

이 호수에 뛰어드는 자는 남녀추니로 나오게 하시고,

이 호수의 물에 닿는 자는 그 힘과 살을 잃게 하소서."

헤르마프로디토스의 부모는 이 기도를 듣고,

남녀추니, 어지자지가 된 아들의 소원을 이루어주더라.

사람 중에는 남성과 여성의 성징을 함께 가지고 있는 사람이 있다. 이런 사람을 신화에서는 '양성구유자' 또는 '양성공유자', 즉 두 개의 성을 두루 갖추고 있는 사람이라고 부른다. 우리말로는 '남녀추니',

남녀추니가 된 헤르마프로디토스
여성의 젖가슴을 가진 헤르마프로디토스. 하지만 사타구니에는 남성의 성기가 달려 있다. 파리 루브르 박물관.

순수한 우리말로는 '어지자지'라고 한다. 의학적으로는 '앤드로자인 androgyne, 또는 '허머프로다이트hermaphrodite'라고 한다. 앤드로자인은 그리스어 '안드로귀노스'에서 온 말이고, 허머프로다이트는 '헤르마프로디토스'를 영어식으로 발음한 데 지나지 않는다.

앞의 이야기는 아프로디테의 아들 헤르마프로디토스와 관련이 있는 이야기일 뿐, 아프로디테와는 직접적인 관련이 없다. 그러나 아프로디테의 사랑도 맹목적이라는 점에서는 살마키스의 사랑과 비슷하다.

아프로디테가 벌인 사랑의 행각은 여기에서 끝나지 않는다. 아프로디테는 신이 아닌 인간 안키세스를 유혹해서 동침한 적도 있다. 안키세스의 자식으로 아프로디테가 낳은 아들이 바로 아이네이아스다. 이 아이네이아스는 먼 훗날 로마인의 조상이 된다.

육체적인 사랑의 접촉이 있는 곳에는 반드시 아프로디테가 있다. 더러 '음란한 아프로디테'라고도 불리는 것에서 알 수 있듯이 아프로디테가 고무하고 격려하는 사랑이 반드시 도덕적인 사랑이 아닌

조국을 배반하고 애인 이아손을 도와 금양모피를 가지고 귀향하는 메데이아
사랑에 눈이 먼 메데이아는 조국을 배반하고 이아손을 도왔지만 결국 이아손과 행복을 누리지 못한다.

것도 사실이다. 그러나 아프로디테의 '음란함'이 도덕적으로 비난받아야 할 음란함은 아니다. 태초의 인류를 생각해보라. 근친상간, 즉 가까운 친척 간의 비윤리적인 사랑이 없었다면 인간이 멸종하지 않고 짐승과 수적인 경쟁을 벌일 수 있었겠는가? 그러므로 음란한 아프로디테가 허리에 매고 있는, 어떤 남성이든 유혹할 수 있는 마법

아프로디테 여신(왼쪽)과, 인간 세상의 애인이었던 안키세스(가운데), 그리고 그 사이에서 태어난 아이네이아스
이 장면은 아들 아이네이아스가, 아버지 안키세스를 둘러매고 잿더미가 된 트로이아를 떠나는 순간을 그린 것이다. 카를 반 루의 그림.

의 띠 '케스토스 히마스'는 음란함의 상징이 아니라 자식의 생산을 촉발하는 번식력의 상징일 수도 있는 것이다.

　로마 시대의 시인 오비디우스는 아프로디테 때문에 벌어진 해괴한 사랑놀이를 이렇게 노래했다.

　　사랑으로 가려 눈을 멀게 하지 않나.

　　욕정으로 몰아 사악한 사랑을 하게 하지 않나.

　　아프로디테 때문에 사랑에 눈이 먼 처녀 메데이아는

　　아버지의 나라를 애인에게 바쳤고

　　아프로디테 때문에 사랑에 눈이 먼 처녀 아리아드네는

　　미궁의 비밀을 적국의 청년에게 누설했다.

　　유부녀 헬레네가 지아비 손님에게 홀딱 반하여

　　제 나라를 떠난 것도 아프로디테 때문

　　참, 해괴하다고 하지 않을 수 없구나.

　　아프로디테의 장난은.

유부녀 헬레네와 사랑에 빠진 트로이아의 왕자 파리스

헬레네와 파리스의 사랑은 결국 파리스의 조국 트로이아를 불태워버린다. 19세기 화가 리처드 웨스틸의 그림.

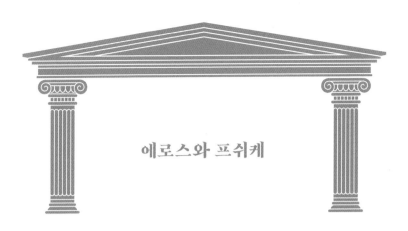

에로스와 프쉬케

'에로스Eros'라는 말이 무슨 뜻인지 모르는 독자는 없을 것이다. 에로스는 바로 '사랑'이다. 에로스는 사랑과 아름다움의 여신 아프로디테의 아들이다. '사랑'의 아들인 또 하나의 '사랑'이다.

아프로디테의 사랑이 그랬듯이 에로스의 사랑 또한 육체적인 사랑이다. '에로틱erotic'이라는 말은 '에로스적', 즉 '성적'이라는 뜻이다. 성적이라는 말은 성적인 욕망을 자극한다는 분위기를 풍긴다.

하지만 지금부터 소개하는 에로스 이야기를 보라. 사랑에는 육체적인 사랑만 있는 것이 아니다. 믿음이 없는 곳에는 깃들일 수 없는 것……. 이것이 사랑이 지닌 또 하나의 얼굴이다.

히브리 성경에서 인간을 만든 이는 누구인가? 하나님이다. 그리스 신화에서 인간을 만든 이는 프로메테우스다. 프로메테우스라는 말은 '먼저 아는 자'라는 뜻이다. 선각자先覺者, 즉 먼저 깨달은 자와 선견자先見者, 즉 먼저 본 자라는 뜻이다. 프로메테우스는 장차 올 세상을 먼저 깨달아 알고 인간을 만들었던 모양이다.

프로메테우스가 인간을 만들 때 만물의 씨앗이 두루 들어 있는 흙
을 썼는지, 자신의 몸을 이루는 것과 같은 물질을 썼는지 그것은 분
명하지 않다. 하지만 신화는 프로메테우스가 흙에다 물을 부어 이기
고 신들의 형상과 비슷한 인간을 빚어 이를 이레 동안 볕에다 말리
고 여기에다 생명을 불어넣었다는 기록을 남기고 있다. 그런데 여기
에 재미있는 이야기 한 꼭지가 따라붙는다. 그가 흙으로 빚은 인간
에게 생명을 불어넣으려고 하는 찰나, 지혜의 여신 아테나가 지나가
다가 나비 한 마리를 날려 보냈다는 것이다. 신화에 따르면 이 나비
는 프로메테우스가 흙으로 빚은 인간의 콧구멍 속으로 들어갔다.

그리스어로 나비는 '프쉬케psyche'다. 그러면 진흙 인간의 콧구멍

속으로 들어간 프쉬케는 무엇인가? 영어 '사이크psyche'에 그 흔적이 남아 있다. 이 말은 '정신' 또는 '마음'과 밀접한 관계가 있다. '사이콜로지psychology'가 무엇인가? 심리학이다. '사이키어트리psychiatry'가 무엇인가? 분석심리학이다. '사이코어낼리시스psychoanalysis'가 무엇인가? 정신 분석이다. '그 사람, 사이코 아닌가' 할 때의 '사이코'라는 속어는 무슨 뜻인가? 정신이 약간 이상한 사람이다.

사랑과 마음을 염두에 두고 에로스와 프쉬케의 이야기를 읽기 바란다. 이 이야기는 기원전 2세기의 로마 작가 루키우스 아풀레이우스가 쓴 『황금 당나귀』에 처음으로 등장한다. 고대 그리스 시대부터 전해 내려오는 이야기를 아풀레이우스가 쓴 것인지, 기원진 2세기에 그가 지어서 쓴 것인지는 분명하지 않다.

옛날 어느 나라에 딸 셋을 둔 왕이 살고 있었다. 왕이 어질다는 소문과 딸들이 아름답다는 소문이 산을 넘고 바다를 건넜던 것을 보면 참 살기 좋은 나라였던 모양이다. 세 딸 중 맏이와 둘째도 예사 미인이 아니었다. 그러나 셋째이자 막내인 프쉬케는 이 세상의 가난한 언어로는 도무지 다 그려낼 수 없을 정도로 빼어나게 아름다웠다. 이 막내가 아름답다는 소문이 널리 퍼지자 먼 나라 가까운 나라를 불문하고 수많은 나라의 왕자들이 다 몰려와 막내의 아름다움을 한 번 보고 가기를 소원했다.

왕자들뿐만이 아니었다. 그 나라 국민들에게도 막내 공주를 한 번만이라도 보는 것이 소원 중에서도 큰 소원이었다. 어렵게 어렵게 막내 공주를 본 사람이면 누구나 최상급의 찬사를 공주에게 바쳤다. 공주가 받은 찬사는 사랑과 아름다움의 여신 아프로디테 아니고는 받아본 적이 없는 찬사였다.

　사람들이 이렇듯 공주에게 정신이 팔려 있다 보니 신들이 살던 신전에도 발걸음이 뜸해질 수밖에 없었다. 아프로디테 신전을 찾는 사람도 현저하게 줄어들었다. 날이 감에 따라 신전 출입하는 사람이 줄어들다가 급기야는 제단조차 돌보는 이 없게 되어 향불은 꺼지고 제단에는 먼지가 쌓이기에 이르렀다.

아들 에로스와 함께 서 있는 아프로디테
날개 달린 꼬마 신 에로스는 사랑의 신이다. 로마 바티칸 박물관.

신들은 최고의 경의와 최상급의 찬사는 신들에게나 바쳐져야 마땅하다고 생각한다. 그런데 그런 경의와 찬사가, 때가 되면 죽고 죽으면 썩어야 할 팔자로 태어난 인간에게 거누어지는 것을 보았으니, 아름다움의 여신 아프로디테의 자존심이 얼마나 상했을까? 더욱이 아름답기로 말하자면 저 헤라와 아테나까지 이기고 '미스 그리스'에 뽑힌 적이 있는 아프로디테가 아니던가.

잠깐, 아프로디테가 '미스 그리스'에 뽑혔던 이야기를 하고 넘어가자. 영국의 작가 로즈메리 섯클리프의 『트로이아 전쟁과 목마』에서 이 대목을 옮겨본다.

아득한 옛날, 사람이 신들과 어깨를 나란히 할 정도로 영웅스럽던 시절, 뮈르미돈의 왕 펠레우스는 발이 아름다워서 '은빛 발'이라는 별명으로 불리던 바다의 요정 테티스를 아내로 맞이하게 되었다. 이들의 혼인 잔치에는 사람들은 물론이고 저 높은 올림포스산의 신들도 초대되었다.

잔치가 한창 무르익어가는 참인데, 그 잔치에 초대되지 않은 손님 하나가 불쑥 그 자리에 나타났다. 누구인가 하면 불화의 여신 에리스였다. 에리스가 초대되지 않은 것은 불화의 여신이라서 어디에서든 불화를 일으키기 때문이었다. 그런 에리스가 그 자리에 나타나 험상궂은 얼굴을 하고, 자기가 당한 모욕을 복수하겠노라고 벼르는 것이었다.

그러나 복수하겠노라고 으름장을 놓은 에리스가 한 일은 겨우 잔 칫상을 향하여 사과 한 알을 던진 것밖에 없었다. 따라서 별것 아닌 것 같기도 했다. 사과 한 알을 던진 에리스는 손님들을 향해 날숨을 크게 한 번 쉬고는 사라져버렸다.

에리스가 던진 사과는 과일 무더기와 포도주 잔 사이에 놓여 있었 다. 손님 중 하나가 허리를 구부리고 그 사과를 집었다. 사과 한 귀퉁 이에는 이런 글귀가 새겨져 있었다.

"가장 아름다운 그리스 여신에게."

이렇게 되자 여신 중에서도 가장 고귀한 세 여신이 그 사과가 자 기 것이라고 주장했다.

헤라 여신이 맨 먼저 이런 뜻을 내비쳤다.

"나는 신들의 아버지 제우스 신의 아내이자, 모든 신의 왕후 되는 여신인 만큼 이 사과는 마땅히 내 것이 되어야 하지 않겠어요?"

아테나 여신도 이런 뜻을 내비쳤다.

"내가 지닌 지혜의 아름다움은 다른 모든 신이 지닌 지혜의 아름 다움을 앞서는 것인 만큼 이 사과는 내 것이 되어야 하는 것이 아닐 까요?"

아프로디테도 가만히 있지 않았다.

"아름다움의 여신 말고 누가 그 사과를 차지할 수 있겠어요?"

세 여신은 입씨름을 벌였고, 이 입씨름은 말싸움으로 발전했다. 말 싸움은 시간이 흐를수록 치열해졌다. 세 여신은 거기에 모인 손님들 에게, 그 사과가 누구의 것이 되어야 마땅한지 심판해줄 것을 요청

했다. 그러나 손님들은 심판해주기를 거절했다. 어느 여신을 편들어주든, 나머지 두 여신으로부터 원한을 살 가능성이 있기 때문이었다.

결국 세 여신은 이 문제를 해결하지 못한 채 신들의 궁전이 있는 올림포스산으로 돌아갔다. 신들 중에는 이 여신을 편드는 신들이 있는가 하면 저 여신을 편드는 신들도 있었다. 신들은 이렇게 편이 갈린 채로 오래오래 서로 싸웠다. 얼마나 오래 싸웠는가 하면, 이 말싸움이 시작되던 당시 인간 세상의 도시 국가 트로이아에서 태어난 아

파리스의 심판
왼쪽부터 아테나, 아프로디테 그리고 헤라. 파리스 뒤에 헤르메스가 서 있다. 16~17세기 벨기에 화가 페테르 파울 루벤스의 그림.

기가 자라 전사나 목동이 될 때까지 싸웠다. 신들은 모두 불사신들이라서, 때가 되면 죽는 운명을 타고난 인간의 세월은 알지 못한다.

그러던 어느 날, 여전히 그 황금 사과를 두고 아옹다옹하던 질투심 많은 세 여신이 올림포스산에서 인간 세상을 내려다보다가, 이다산 기슭에서 목동 노릇을 하는 헌칠한 청년을 보게 되었다. 이 청년이 바로, 사과를 사이에 두고 올림포스 신들 사이에 말싸움이 시작될 당시에 태어난 그 아기다.

세 여신은 모르는 것이 없는 신들이라서 한눈에 청년이 트로이아의 왕 프리아모스의 아들이라는 것을 알아보았다. 그러나 청년은 자기 정체를 모르고 있었다. 세 여신은 문득 그 청년이 자기네 세 여신의 정체도 모를 것이라고 생각했다. 여신의 정체를 모른다면 보복당할 것을 두려워하지 않고 공정하게 심판할 수 있을 터였다. 세 여신이 황금 사과를 두고 입씨름을 벌이는 데도 염증을 느끼고 있을 즈음의 일이었다.

세 여신은 그 사과를 청년에게 던졌다. 파리스는 엉겁결에 손을 내밀어 그 사과를 받았다. 세 여신은 풀잎 하나 구부러지지 않을 정도로 사뿐히 땅 위로 내려서서는 파리스에게, 누가 가장 아름다워서 그 황금 사과의 주인이 될 만한지 셋 중에서 고르게 했다.

먼저 눈부신 갑옷을 차려입은 모습의 아테나 여신이 앞으로 나서서, 칼날 같은 잿빛 눈으로 파리스를 바라보며, 자기에게 그 황금 사과를 던져주면 어느 누구에게도 뒤지지 않을 지혜를 주겠노라고 약속했다.

다음으로는 헤라 여신이 신들 궁전의 왕후에 어울리는 차림으로 나서서, 자기에게 그 황금 사과를 던져주면 어마어마한 재물과 권력과 명예를 주겠노라고 약속했다.

마지막으로 눈이 깊은 바다처럼 파란 아프로디테가, 꼬아놓은 금실 같은 타래 머리를 하고 달콤한 미소를 지으면서 앞으로 나서서, 자기에게 그 황금 사과를 던져주면 자기만큼 아름다운 아내와 짝을

파리스와 헬레네의 사랑
아프로디테는 자신을 '미스 그리스'로 뽑아준 파리스에게 인간 중에서 가장 아름다운 여자인 헬레네를 짝지어준다. 다비드의 그림.

지어주겠노라고 약속했다.

파리스는 그 여신만큼 아름다운 아내라는 말을 듣는 순간, 지혜와 권력을 주겠다는 두 여신의 약속을 잊고 말았다. 그러고는 그 황금 사과를 아프로디테에게 던졌다.

그 순간 아테나와 헤라는 자기들에게 황금 사과를 던져주지 않은 파리스에게 앙심을 품었다. 잔칫날 손님들이 예측했던 그대로였다. 두 여신은 아프로디테에게도 앙심을 품었다. 그러나 이렇게 해서 '미스 그리스'가 된 아프로디테는 만족스러워하면서 왕자인 그 목동에게 한 약속을 지키기로 마음먹고는 그 자리를 떠났다.

뒷날 아프로디테는 이 파리스에게 인간 세상에서 가장 아름다운 여자 헬레네를 짝지어주는데, 이 때문에 전쟁이 터지고 파리스의 조국 트로이아는 불바다가 된다.

이런 아프로디테인데, 사람들이 막내 공주를 칭송하느라고 신전에 오던 발길을 끊었으니 얼마나 화가 났겠는가? 그 향기로운 머리카락이 올올이 곤두서리만큼 화가 난 아프로디테는 송곳니가 멍석니 되도록 이를 갈았다.

"가당찮구나. 이 아프로디테의 명예가 저 인간의 계집 하나에 빛을 잃어? 파리스의 판정을 제우스 대신까지 승인하지 않았던가? 제

네메시스의 신녀
네메시스는 앙갚음의 여신이다.

우스 대신이 보는 앞에서, 헤라와 아테나가 보는 앞에서 파리스는 종려 화관과 '미스 그리스'라는 명예를 바치지 않았던가? 오냐, 내기어이 저 계집에게 앙갚음을 해서, 분수에 넘치는 영광을 앙갚음의 여신 네메시스가 어떤 눈으로 보는지 가르쳐주리라."

아프로디테는 아들 에로스를 불러들였다. 에로스는 그렇지 않아도 장난이 치고 싶어 근질거리던 참이었다. 이 개구쟁이 꼬마 신 에로스에게는 화가 잔뜩 나 있는 어머니의 모습도 재미있게 느껴졌다.

"저기 저 계집을 좀 내려다보아라. 제 방에서 잠을 자고 있는 계집이 보이느냐? 프쉬케라는 계집이 보이느냐?"

아프로디테는 프쉬케를 가리키며 아들에게 물었다.

"프쉬케라면 나비가 아닌가요? 나비를 보고 계집이라뇨?"

에로스가 딴청을 부리자 아프로디테는 아들을 꾸짖었다.

"잘 들어라. 저 계집아이는 분수에 맞지 않게 아름답다. 저 계집아이때문에 어미가 마음의 상처를 입었으니 네가 이 어미의 한을 풀어주어야 한다. 저 계집아이가 받을 고통과 입을 상처가 크면 클수록이 어미의 기쁨 또한 클 것이다. 어쩌려느냐? 납 화살을 쏘아 미움과 원망으로 한 세상을 살다 가게 할 테냐? 아니면 금화살을 쏘아 이 세상에서 가장 비천한 수컷을 그리워하다 상사병으로 죽게 하려느냐?"

"에로스의 일은 에로스에게 맡기세요. 다그친다고 되나요?"

에로스는 밖으로 달려 나갔다. 아프로디테의 신전 앞뜰에는 단물이 솟는 샘과 쓴 물이 솟는 샘이 있었다. 단물은 없는 것을 있게 하고, 모자라는 것을 넘치게 하고, 빈 것을 차게 하는 물이었고, 쓴 물은 있는 것을 없게 하고, 넘치는 것을 모자라게 하고, 찬 것을 비게 하는 물이었다.

에로스는 두 개의 병에다 각각 쓴 물과 단물을 넣어 화살통에 매달고는, 금빛 날갯짓도 가볍게 왕국의 도성으로 날아 내려갔다.

프쉬케는 깊이 잠들어 있었다. 어찌나 깊이 잠들었는지 숨도 쉬지 않는 것 같아서 에로스는 날개의 깃 하나를 뽑아 프쉬케의 코에 살며시 대어보았을 정도였다.

에로스는 쓴 물 두어 방울을 프쉬케의 입술에 떨어뜨렸다. 이로써 프쉬케의 입술은 어떤 사내의 얼굴도 붉히게 할 수 없었다. 난생처음으로 가엾다는 생각을 했으나, 그런 느낌에 버릇 들어 있지 않은 에로스는 금방 잊어버리고 프쉬케의 어깨에 금화살촉을 살며시 갖다 대었다. 너무 거리가 가까워 화살을 활시위에 메울 필요도 없었다.

　프쉬케는 화살촉을 느껴서 그랬던지 그 큰 눈을 뜨고 에로스 쪽을 바라보았다. 제 모습이 프쉬케 눈에 보일 턱이 없는데도 에로스는 프 쉬케가 눈을 뜨자 마치 어둡던 세상이 활짝 밝아진 것 같았다. 에로 스는 한편으론 놀라고 또 한편으론 하도 황홀해서 무심결에 프쉬케 를 찌르지 못한 화살을 치운다는 것이 그만 제 손을 찌르고 말았다.

아들의 도움을 받으며 거울을 보는 아프로디테
이때의 에로스는 아기의 모습을 하고 있다. 17세기 화가 디에고 벨라스케스의 그림.

에로스가 프쉬케의 그 큰 눈에 정신을 빼앗기지 않았더라면 쓴 물한 방울로 제 손에 난 상처의 독을 뺄 수 있었으리라. 그러나 에로스는 그 생각은 못 했다. 프쉬케가 가엾다는 느낌이 다시 일었기 때문이다. 그래서 에로스는 제 손으로 벌인 장난을 거두어들인다고 프쉬케의 머리카락에 단물을 뿌려, 그 아름다움을 거두기는커녕 한층 더아름답게 해주었다.

프쉬케의 침실에서 돌아온 순간부터 에로스는 이미 그 전의 에로스가 아니었다. 금화살에 찔린 상처 때문에 프쉬케를 그리워하기 시작한 것이다. 에로스는 원래 나이를 먹지 않는다. 하지만 안테로스(사랑의 상대)가 나타나면 달라진다.

프쉬케는 머리에 단물 방울이 묻은 날부터 나날이 아름다움을 더해갔다. 그러나 입술에 묻은 쓴 물 방울 때문에 나날이 더해가는 아름다움으로도 아무 은혜를 누리지 못했다.

사람들의 눈이란 눈은 모조리 프쉬케의 아름다움을 좇고, 입이란입은 남김없이 프쉬케의 아름다움을 칭송했다. 그러나 왕자나 귀족은커녕 하찮은 시정배들조차 지나가는 말로나마 청혼하는 일이 없었다. 위로 두 공주는 왕자들과 혼인하여 차례로 왕국을 떠났지만, 프쉬케만은 까닭도 모른 채 빈방을 지키며 꽃 같은 세월을 하는 일없이 앞세우고 살았다.

왕은 자기가 모르는 사이에 혹 프쉬케가 신의 노여움을 사거나 시기를 입지 않았는지 모르겠다고 생각하고는 아폴론 신전이 있는 델포이로 사람을 보냈다.

아폴론은 태양의 신, 음악의 신이기도 하지만 때로는 운명을 점치는 예언의 신이기도 하다. 아폴론은 델포이에 있는 아폴론 신전에다 한 인간 한 인간의 운명이 어떻게 될 것인지 자기 뜻을 맡겨놓는다. 이 맡겨놓은 뜻을, 신이 맡겨놓은 뜻이라고 해서 신탁 또는 탁선이라고 부른다.

아폴론 신전에서 아폴론의 뜻을 전하는 예언자는 이런 말을 했다.

"이 처녀는 인간의 아내가 될 팔자가 아니다. 보아라, 올림포스 신들도 인간도 그 뜻을 거스를 수 없는 요사스러운 괴물이 산꼭대기에서 처녀를 기다리고 있구나. 어쩌다가 이 지경이 되었느냐? 아름다움이란 비와 같아서 모자라면 가뭄이라 하고 넘치면 홍수라 하지 않더냐."

아폴론의 뜻을 전해들은 왕의 걱정은 이만저만이 아니었다. 아버지는 딸을 불러다놓고 한숨을 쉬며 탄식했다.

"얘야, 이 일을 장차 어쩌면 좋겠느냐? 나는 곧 이 세상을 하직할 것이다만 이 땅에 오래 머물러야 하는 너는 장차 어쩌려느냐?"

그러나 프쉬케는 오히려 아버지를 위로했다.

"아버지, 저도 상심하지 않을 테니, 아버지도 제 팔자 때문에 상심하지 마세요. 아폴론 신의 뜻이라면 피할 수 없는 운명입니다. 저 바위산 꼭대기에 사는 괴물의 아내가 될 운명이라니, 제 발로 가렵니다."

왕은 눈물을 머금고 신하들에게 명하여 공주를 바위산 꼭대기로 데려갈 준비를 하게 했다. 공주를 데리고 바위산으로 가는 행렬은,

혼례 행렬이기보다는 장례 행렬에 가까웠고, 신부 프쉬케가 입은 옷은 공주가 결혼식 날 입는 대례복이기보다는 죽은 사람에게 입히는 수의에 가까웠다.

이윽고 행렬은 산꼭대기에 이르렀다. 하지만 괴물이라는 신랑의 모습은 어디에도 없었다. 공주를 모시고 왔던 사람들은 괴물이 두려웠던지 손가락 한 번 퉁길 시간도 기다리지 못하고 산을 내려가버렸다. 프쉬케는 산꼭대기에 혼자 남았다. 제 발로 온 셈이기는 하지만 나이 어린 프쉬케에게도 괴물 만나기는 무서운 일이었다. 프쉬케는 오돌오돌 떨면서 바위에 몸을 기대고 한동안 그렇게 서 있었다.

그러자 인정 많은 서풍의 신 제퓌로스가 다가왔다. 제퓌로스는 조개껍데기를 밟고 서 있던 아프로디테를 퀴프로스섬 해변으로 데려다준 바로 그 바람의 신이다. 제퓌로스는 프쉬케를 가볍게 들어 골짜기로 데려다주었다. 꽃이 참 흐드러지게도 핀 골짜기였다.

꽃향기 덕분에 마음을 가라앉힐 수 있게 된 프쉬케는 풀이 무성하게 자라 있는 둑에 앉아 잠시 눈을 붙여서 기운을 차리고는 주위를 찬찬히 둘러보았다. 멀지 않은 곳에 키 큰 나무가 울울창창 들어서서 보기 좋은 숲이 있었다.

프쉬케는 숲으로 들어갔다가 뜻밖에도 엄청나게 크고 웅장한 궁전을 보았다. 어디로 보나 인간의 손으로 만든 여느 구조물 같지가 않았다. 프쉬케의 눈에 그 궁전은 올림포스의 딸림 신들이 세운 궁전으로 보였다. 프쉬케는 차 한 잔 끓일 시간 동안 넋을 놓고 궁전을 올려다보며 이런 생각을 했다.

이윤기의 그리스 로마 신화 1

'내 형편이 지금보다 더 나빠질 수 있을까? 물러서려고 해봐야 물러설 곳도 없다. 나를 지켜줄 수 있는 것은 이제 나밖에 없다. 오냐, 더 물러설 곳이 없으니 차라리 용기를 내서 들어가보자.'

프쉬케는 용기를 내어 궁전 안으로 들어갔다. 들어간 것은 잘한 일이었다. 그 안에 있는 것, 그 안에서 보이는 것 가운데 프쉬케의 마음을 기쁘게 하지 않는 것, 가슴을 두근거리게 하지 않는 것은 하나도 없었다. 둥근 천장을 받치고 있는 것은 황금 기둥이요, 황금 기둥이 놓인 바닥은 설화석고였다. 이루 헤아릴 수 없이 많은 방에는 이루 헤아릴 수 없이 많은 보물이 쌓여 있었다.

프쉬케가 정신을 놓고 사방을 살피는데 어디에선가 귀에 선 목소리가 들려왔다. 둘러보아도 소리 임자의 모습은 보이지 않았다.

"왕비님이시여, 보시는 것은 모두 왕비님의 재물이며, 들으시는 것은 힘을 다하고 정성을 다하여 왕비님을 받들 하인의 목소리입니다. 우선 안방으로 드시어 부드러운 거위 깃털 침대에서 쉬시고, 혹 내키시면 가까이에 있는 욕실을 찾아 몸을 닦으세요. 목욕을 마치시면 식탁은 정자에다 마련하면 어떠할까 합니다. 왕비님께서 괜찮으시다면 그리 모실까 합니다."

프쉬케는 목소리만 들리는 시종의 말대로 깃털 침대에서 쉬고 욕실에서 몸을 씻은 뒤 정자로 건너갔다. 정자에는 차린 맵시와 맛이 두루 산해진미라고 할 만한 음식이 있었고, 그 맛과 향이 두루 근심을 잊게 하는 술이라고 할 만한 음료가 있었다. 보이지 않는 음악가가 빚는 가락도 있었다. 누군가가 나직이 노래를 부르자 또 누군가

에로스와 프쉬케

프쉬케의 머리 위를 날고 있는 나비(프쉬케)에 주목할 것. 18세기 프랑스 화가 프랑수아 제라르의
그림.

가 수금을 탔으며, 마지막에는 여럿이 한목소리로 잘 어울리는 화음으로 노래했다.

프쉬케는 괴악하고 요사스러운 괴물이라던 신랑을 한 번도 보지 못한 채 그 궁전에서 신혼을 보냈다. 신랑은 늘 한밤중에 들어왔다가 날이 새기 전에 나가버렸기 때문이다. 그러나 눈으로 본 적은 없어도 손끝으로 가늠한 바는 없지 않았다. 신랑은 프쉬케가 더듬어 알기에 요사스러운 괴물은 아닌 듯했다.

어느 날 프쉬케는 신랑에게 오래 망설이던 말을 했다.

"제 지아비가 어둠이라면 보아도 보이지 않고 만져도 손끝에 걸리지 않을 테니 보려고 하지 않겠습니다. 하지만 손끝에 더듬어지는데 보지 못하는 제 심정을 헤아리실 수 있으신지요?"

신랑의 음성이 들려왔다.

"더듬어 알 수 있되 보지 못하는 자를 우리는 장님이라고 하고, 보되 들을 수 없는 자를 우리는 귀머거리라고 하지요. 성한 사람도 장님이 되고 귀머거리가 되어야 할 때가 있는 법이지요."

남편의 음성은 뜻밖에도 앳되었다.

"모습을 보이시지 않는 까닭이 있으면 그거라도 가르쳐주세요. 시중드는 이들에게 부끄럽지 않게 까닭이라도 가르쳐주세요."

"내가 좋아서 이러는 것이니 굳이 내 모습을 보려 하지 마세요. 나는 그대를 사랑하는데 내 사랑이 믿어지지 않는 건가요? 믿어지지 않으면 내 곁을 떠나세요. 의심이 자리 잡은 마음에는 사랑이 깃들이지 못해요. 내가 그대에게 모습을 보이지 않는 까닭은, 그대가 나

기고만장한 에로스
소년의 모습이 완연한 에로스.
이탈리아 화가 카라바조의 그림
이다.

를 사랑하기를 바랄 뿐이지 삼가거나 섬기기를 바라지는 않기 때문
이에요."

프쉬케는 이 말에 힘을 얻어 본마음을 되찾고 얼마간은 더 행복을
누릴 수 있었다. 그러나 그 기간은 오래가지 않았다. 신랑에 대한 의
심은 사라졌으나 딸이 행복하게 살고 있다는 것을 알지 못한 채 눈
물로 세월을 보내고 있을 부모 생각, 동생이 행복을 누리고 있다는
것을 알지 못한 채 한숨으로 세월을 보내고 있을 언니들 생각이 프
쉬케를 괴롭혔기 때문이다.

어느 날 프쉬케는 또 오래 망설이던 말을 했다.

"저는 행복합니다. 다만 마음 한구석이 허전할 뿐입니다. 시집 간 제 언니들에게 제가 누리고 있는 행복을 한 자락이라도 보일 수 있다면 좋겠습니다. 언니들은 저 때문에 한숨으로 세월을 보내고 있을 것입니다."

"사랑의 그릇은 무엇을 넣음으로써 채우는 것이 아니라 비워냄으로써 채우는 것이라는 이치를 알아야 합니다. 나는 그대의 언니들이 그대 사랑의 그릇을 줄여놓는 것을 바라지 않을 뿐이에요."

프쉬케는 신랑의 반허락이 떨어지자 서풍의 신 제퓌로스에게 소식을 전해줄 것을 부탁했다. 제퓌로스는 산을 넘고 물을 건너가 프

프쉬케와 사랑에 빠진 에로스
사랑에 빠진 에로스는 성인 남성의 모습이다. 안토니오 카노바의 조각 (부분).

쉬케가 잘 살고 있다는 소식을 전했다. 뿐만 아니라 어떻게 사는지 꼭 한번 보고 싶다는 언니들을 궁전으로 데려오기까지 했다.

프쉬케는 언니들과 오래 나누지 못한 정을 나누었다. 두 언니는 프쉬케의 시중을 알뜰살뜰 들어주는 보이지 않는 하인들, 집 안을 음악으로 가득 채우는 보이지 않는 악사들, 방방에 넘쳐나는 엄청난 재물에 혀를 내둘렀다.

'이것이 도대체 무슨 수로 이런 호사를 누리고 있는 것일까? 프쉬케에게 견주면 우리가 살고 있는 곳은 오두막이 아닌가?'

언니들에게 질투하는 마음이 일었다. 그러나 언니들은 그런 마음을 꾹 누르고 막내에게 이것저것 닥치는 대로 물었다. 뽐내고 싶은 사람에게 질문만큼 기다려지는 것은 없는 법이다. 프쉬케는 궁전살이에 대해 언니들이 묻는 말에 시원시원하게 대답했다. 언니들의 질문은 넘어서는 안 될 선을 넘고는 했다.

"신랑은 뭘 한대?"

"사냥 다녀."

"자주 봐?"

"응."

"밤늦게 사냥터에서 돌아오고 날 새기 전에 사냥터로 돌아간다면, 그 모습을 네가 자주 보았을 리 없잖아?"

"……."

두 언니의 이런 질문에는 프쉬케도 시원하게 대답하지 못했다. 의심의 가닥 하나를 잡은 뒤부터 언니들이 하는 질문과 추궁은 집요했

이윤기의 그리스 로마 신화 1

다. 착한 프쉬케는 유도 심문에 걸린 셈이었다. 결국 프쉬케에게서 신랑을 한 번도 본 적이 없다는 실토를 받아낸 언니들은 막내의 가슴에 의혹의 맞불을 놓아 저희 가슴에 인 질투의 불길을 잡으려 했다.

"아폴론 신께서 저 신전의 예언자에게 맡겼던 뜻을 네가 설마 잊은 것은 아닐 테지? 이 골짜기 사람들은 네 신랑이 '괴악하고 요사스러운' 뱀이라고 하더라. 좋은 음식과 좋은 포도주를 넉넉하게 먹여 너를 살찌운 연후에 너를 잡아먹을 것이라고 하더라. 그러니까 여러 말 하지 말고 등잔과 잘 드는 낫을 구하여 네 신랑 눈에 띄지 않을 곳에 숨겨두어라. 그리고 네 신랑이 잠든 사이에 살며시 일어나 등잔에 불을 켜서 골짜기 사람들 말이 옳은지 그른지 네 눈으로 확인해보아라. 그리고 사람들 말이 사실이거든 추호도 망설이지 말고 낫으로 그 목을 도려버려라. 그래야만 네가 살 수 있다."

처음에 프쉬케는 두 언니의 과격한 말에 쓴웃음만 지었다. 마음에 와닿지 않았기 때문이다. 그러나 마음이라는 것은 나그네의 옷 같은 것, 마음에 이는 의심은 나그네의 옷에 내리는 가랑비와도 같은 것이다. 꿈길을 가는 것이 아닌 한 오래 맞으면 아무리 가랑비라도 마침내는 젖고 마는 것이다. 두 언니는 프쉬케의 마음속에다 의심의 가랑비를 내려놓고는 산을 내려갔다. 가랑비가 나그네의 옷을 적시듯이, 의심하는 마음은 프쉬케의 마음을 적시기 시작했다.

'이래서는 안 된다, 이래서는 안 된다……. 신랑은 나에게 그러지 않았는가? 의심이 자리 잡은 마음에는 사랑이 깃들이지 못한다고…….'

프쉬케는 신랑이 하던 말을 떠올리며 의심을 삭이려 했다. 하지만 의심을 삭이려는 노력이 번번이 성공을 거두는 것은 아니었다. 의심은 프쉬케의 마음이 조금만 헐거워지면 불쑥 고개를 들고는 했다.

'의심이 고개를 들면 그 고개를 누르는 것이 가장 좋은 방법이기는 하다. 하지만 의심의 뿌리는 그런다고 사라지는 것이 아니다. 어떻게 하면 의심의 뿌리를 캐내어버릴 수 있을까? 그렇다. 사실인지 아닌지 확인해보면 된다. 사실이 아닌 것으로 확인되는 순간 의심은 뿌리째 뽑힌다.'

의심은 오래지 않아 호기심으로 바뀌었다.

'신랑의 살갗은 보드라웠다. 신랑의 음성은 앳되었다. 대체 어떻게 생긴 분일까……'

호기심은 상사병과 같은 것이다. 상사병이 식욕을 떨어뜨리듯이 죄 없는 호기심 또한 채워지지 않으면 입맛을 떨어지게 한다. 프쉬케는 먹는 재미를 잃고 나날이 여위어갔다.

'내가 이 호기심을 채우지 못하고 나날이 여위어가면 신랑에게도 좋을 것이 없다. 그래, 확인해보자. 신랑이 어떤 분인지 확인해보자. 이것은 나에게도 좋은 일이고 결국은 신랑에게도 좋은 일이다.'

마침내 이렇게 결심한 프쉬케는 언니들이 가르쳐준 대로 등잔과 낫을 준비하고는 신랑이 돌아오고 밤이 오기를 기다렸다. 사냥 나갔던 신랑은 밤이 이슥해질 녘에야 밤이슬에 젖어서 돌아왔다. 둘은 잠자리에 들었지만 프쉬케는 잠을 이룰 수가 없었다. 프쉬케는 한밤중에 살며시 일어나 등잔을 켜 들고 신랑의 얼굴에 비추어 보았다.

이윤기의 그리스 로마 신화 1

산으로 올라오고는 처음 켜본 등이었다.

　그러나 신랑은 뱀이기는커녕 금빛 고수머리가 흡사 양털 같고 이목구비가 반듯하며 피부가 눈처럼 흰 미소년이었다. 어깨에는 밤이슬에 젖은 날개도 달려 있었다. 그 날개의 은빛 깃은 봄에 피는 꽃잎만큼이나 보드라웠다.

　프쉬케는 신랑의 풍채에 넋을 놓고 있다가 등잔의 뜨거운 기름 한 방울을 그만 에로스의 어깨에 떨어뜨리고 만다. 에로스가 프쉬케의

프쉬케를 떠나는 에로스
의심이 자리 잡은 마음(프쉬케)에는 사랑(에로스)이 깃들이지 못한다. 19세기 프랑스 화가 프랑수아 에두아르 피코의 그림.

머리카락에 단물 방울을 떨어뜨렸듯이 그렇게 떨어뜨리고 만 것이다.

　아, 그렇다. 그가 바로 사랑의 신 에로스였다. 에로스는 퍼뜩 눈을 뜨고 프쉬케를 노려보더니 검다 희다 말 한마디 없이 그 흰 날개를 펴고는 창문을 통해 밖으로 날아가버렸다.

　프쉬케는 에로스를 잡으려고 창 쪽으로 달려갔다가 그만 보람 없이 창틀에서 바닥으로 떨어지고 말았다. 에로스는 잠시 날갯짓을 멈추고 흙투성이(!)가 되어 쓰러진 프쉬케를 내려다보며 내뱉듯이 말했다.

　"어리석어라, 프쉬케여. 내 사랑에 대한 보답이 겨우 이것이오? 사랑에 대한 보답이 겨우 파국이오? 내가 내 모습을 보여주지 않았던 것은 어머니의 뜻을 거스르고 그대를 사랑했기 때문이오. 사랑의 그릇은 채움으로써 채우는 것이 아니라 비움으로써 채우는 것이라던 내 말의 이치가 그렇게 알아듣기 힘들던가요? 가세요. 그대에게 따로 벌을 내리지는 않겠어요. 사랑이 남아 있다면 영원한 이별보다 더 큰 벌은 없을 테니까……. 우리는 오로지 영원히 헤어져 있을 따름이오. 의심이 자리 잡은 마음에는 사랑이 깃들이지 못한다는 말을 알아듣기가 그렇게 힘들던가요? 그래요. 의심이 자리 잡은 그대 '프쉬케(마음)'에게 나 '에로스(사랑)'는 깃들일 수 없다는 뜻이었소."

　에로스가 밤하늘에 한 줄기 빛을 그으며 날아가버린 뒤 프쉬케는 한동안 땅을 치며 울었다. 울다가 정신을 차려보니 손끝에 닿는 바닥은 설화석고가 아니라 땅이었다. 프쉬케는 이상하게 여기며 주위를 둘러보았다. 궁전은 흔적도 보이지 않았고 자신은 어느새 황야의

수심에 잠긴 에로스
에로스는 주로 아기의 모습을 하고 있지만, 프쉬케를 만날 즈음에는 이런 청년이었을 듯하다.

맨땅 위에 엎드려 있었다.

　프쉬케는 두 언니를 찾아가 자기가 겪은 그간의 일을 하나도 빠짐없이 얘기하면서 오직 자기 자신의 어리석음을 탓했다. 두 언니는 함께 후회하고 슬퍼해주는 척하면서도 속으로는 각기 딴 마음을 먹었다.

　'오냐, 그것이 과분한 분복이라고 하는 것이다. 너는 이제 화를 입었으니 내가 그 복을 다시 지어보아야겠다.'

　두 언니는 날이 밝자마자 앞을 다투어 프쉬케가 살던 바위산을 기어올랐다. 산꼭대기까지 오른 두 언니는 제퓌로스를 불러 프쉬케가 살고 있던 그 궁전까지 실어다 달라고 부탁했다. 그러고는 제퓌로스가 고개를 끄덕이기도 전에 벼랑 위에서 뛰어내렸다. 제퓌로스가 있

던 자리에서 비켜버리자 자매는 천길 벼랑에서 떨어져 그 의롭지 못
한 삶을 좀 일찍 끝내고 말았다.

프쉬케는 한동안 정을 붙이고 살았던 신랑 에로스를 찾아서 온 그
리스 땅을 다 누볐다. 하지만 사람들은 에로스가 신인지라 그 행방
을 알지 못했다. 신들은 알 테지만 프쉬케로서는 신들을 만날 수 없
었다.

그러던 어느 날 프쉬케는 산을 넘다가 산꼭대기에 자리 잡고 있는
신전 앞을 지나게 되었다. 누구의 신전인지 짐작할 도리도 없었다.
프쉬케는 신전 앞에서 이런 생각을 했다.

'어느 신의 신전인지는 모르겠지만 신전이 있으니 반드시 임자가
있겠지. 그래, 이 신전에서 신랑에게 지은 죄를 속죄하자. 신랑이 알
아주지 않으면 어떠랴? 신랑에게 지은 내 죄를 용서받는 길은 땀을
흘리고 수고를 들이는 길밖에 없다.'

프쉬케는 신전으로 들어갔다. 신전 안에는 뜻밖에도 곡식 낟가리
가 있었다. 낟가리 중에는 단으로 묶인 것도 있었고, 베어서 실어 온
채로 아무렇게나 팽개쳐진 것도 있었다. 낫, 갈퀴 같은 연장도 이곳
저곳에 널려 있었다.

프쉬케는 무더위에 지친 농부들이 그냥 팽개치고 달아났으려니
생각하고는 곡식과 연장들을 종류별로 고르고 나누어 제각기 있어
야 할 자리에 마땅한 상태로 깔끔하게 정돈했다. 프쉬케는, 어떤 신
에게든 죄를 얻었더라도 믿음으로 덕행을 쌓으면, 등을 돌렸던 신도

다시 돌아앉는다고 믿었다. 이러한 믿음은 에로스를 잃고 방황하며 나름대로 겨눈 가늠이고 헤아린 짐작이었다.

과연 그랬다. 그 신전은 다름 아닌 곡물의 여신 데메테르에게 바쳐진 신전이었다. 하지만 프쉬케는 나이가 어려, 날가리가 있는데도 불구하고 그것이 데메테르 여신의 신전이라는 것을 알지 못했다. 데메테르 여신의 신전이라는 것도 모르고 있는 프쉬케가, 신전 제단의 휘장 뒤에서 여신이 훔쳐보고 있다는 것을 어찌 짐작할 수 있었으랴. 데메테르 여신은 며칠 동안 프쉬케가 일하는 것을 물끄러미 바라보고 있다가 이렇게 말했다.

"프쉬케여, 네가 복을 지었다. 내 비록 아프로디테의 저주에서 너를 풀어줄 힘은 없으나, 여신의 분노를 삭일 방도쯤이야 어찌 일러줄 수 없겠느냐. 네 신랑이었던 이가 아프로디테 여신의 아들 에로스임을 네가 알았느냐? 어서 가서 여신의 손에 네 몸을 붙이고 겸손과 순종으로 용서를 빌어라. 인간과 금수와 초목 중에 인간만큼 신을 노엽게 하는 것이 어디 있을까? 그러나 인간 이외에는 그 어떤 것도 돌아앉은 신을 다시 돌아앉힐 수는 없다. 그러니 나에게 용서를 빌지 말고 아프로디테 여신에게 용서를 빌어라."

프쉬케는 데메테르가 가르쳐준 대로 아프로디테의 신전을 찾아갔다. 그러나 아프로디테는 프쉬케가 문안을 여쭙기도 전에 꾸짖기부터 했다.

"이 하찮고 믿음이 적은 것아, 네가 신을 섬기는 한낱 인간에 지나지 않는다는 것을 이제야 알았느냐? 에로스가 내 말을 귓가로 흘리고 너같이 하찮은 것에게 사랑을 기울이더니 어깨에는 화상, 가슴에는 상처를 입고 돌아와 몸져누웠다. 참으로 밉살스럽고 비윗장이 틀리는 것아, 내가 이제부터 너를 시험하리라."

아프로디테는 프쉬케를 신전의 곳간으로 데려갔다. 신전 곳간에는 비둘기의 모이가 될 밀, 보리, 기장, 살갈퀴, 볼록콩 등이 섞인 채 수북이 쌓여 있었다. 비둘기는 바로 아프로디테를 상징하는 새였다.

"네가 데메테르에게 길을 물어 내게로 왔으나, 내가 데메테르를 탓할 수는 없다. 자, 여기 있는 곡식을 종류별로 고르되 한 알도 남김없이 골라 무더기로 각기 쌓아놓아라. 저녁때가 되기 전에 끝마치지 못하면 네 입에 들어갈 것은 하나도 없다."

여신은 이렇게 말하고 신전 곳간을 떠났다. 프쉬케는 그 엄청난 일감에 기가 꺾여 손댈 엄두도 내지 못하고 망연자실 앉아 눈물만 떨구었다.

에로스는 비록 프쉬케의 철없는 행동 때문에 몸과 마음에 상처를 입기는 했지만 그래도 프쉬케에 대한 사랑이 완전히 식은 것은 아니었다. 에로스는 프시케가 가엾다는 생각이 들어 들판의 임자인 뮈르미도네스에게 가서 프쉬케를 도와주라고 했다. 뮈르미도네스는 '개미 떼'라는 뜻이다.

개미 왕은 에로스의 명에 따라 부하를 이끌고 신전 곳간으로 갔다. 개미 떼는 차 한 잔 끓여서 마실 만한 시간 동안 낱알을 종류별로 골라 각각 있어야 할 곳에 말끔히 정리했다. 일을 마친 뮈르미도네스는 삽시간에 곳간에서 그 모습을 감추었다.

아프로디테는 저녁 무렵에야 신들의 잔치에서 돌아와 앙칼진 목소리로 프쉬케를 꾸짖었다. 장미꽃 관을 쓰고 호령하는 여신의 입에서는 신들의 술인 향긋한 넥타르 냄새가 풍겨 나왔다.

"앙큼한 계집이로구나. 일은 잘했다만, 나는 네 일솜씨를 본 것이 아니고 내 아들에게 아직 너를 향한 마음이 있다는 것을 알았다."

여신은 저녁 끼니로 검은 빵 한 조각을 던져 주고는 프쉬케를 곳간에 가두었다. 가엾은 프쉬케는 포도주도 없이 그 빵을 먹고는 싸늘한 곳간에서 밤새 떨었다.

다음 날 아프로디테는 또 하나의 일감을 주었다.

"저기 숲, 물가로 길게 나앉은 숲을 보아라. 가면, 주인 없는 양 떼가 있을 것이다. 가서 보면 알 테지만 털이 모두 금빛이다. 냉큼 가서 한 마리 한 마리의 털을 한 줌씩 뽑고 이것을 모두 모아 오너라. 한 마리라도 빠뜨리면 경을 칠 줄 알아라."

프쉬케는 물가로 내려갔다. 하지만 양의 수가 너무 많았다. 며칠 동안 뽑아도 다 뽑을 수 있을 것 같지 않았다. 그래서 하염없이 눈물만 떨구고 있는데, 강가의 갈대가 바람에 흔들리면서 이상한 소리를 내는 것 같았다. 가만히 들어보니 강의 신이 갈대를 흔들면서 프쉬케에게 이렇게 속삭이는 것이었다.

"모진 시험에 걸리신 아가씨, 강을 건너려고도 마시고, 저 무서운 양떼에게 다가갈 생각도 마세요. 떠오르는 해의 정기를 받고 있을 동안에는 저것은 여느 양이 아니라 인간을 뿔로 찌르고 발길로 걷어차는 무서운 짐승이랍니다. 그러니 한낮의 태양이 양 떼를 나무 그늘로 보내면, 내가 양 떼를 그 그늘에서 쉬게 할 테니 가만히 있기나 하세요. 내가 도와드리지요. 해질녘이 되거든 다시 이리 나오세요. 그러면 덤불과 나무등치에 양털 견본이 가득 걸려 있을 테니, 그것을 거두어 가시면 됩니다."

강의 신의 도움으로 프쉬케가 양털을 거두어 갔지만 아프로디테의 앙칼진 호령은 여전했다.

"미움이라는 것이 무엇인지 네가 아느냐? 한번 눈 밖에 난 것은 미운 짓을 해도 미워지고 예쁜 짓을 하면 더 미워지는 법이다. 내 너에게 또 일을 맡기겠다. 여기 상자가 하나 있으니 가지고 저승으로 내려가 저승의 왕비 페르세포네에게 이렇게 전하여라.

'제 주인이신 아프로디테 여신께서 얼굴 단장에 필요한 단장료丹粧料를 조금 나누어주셨으면 하더이다. 몸져누우신 아드님을 돌보시느라고 그 아름답던 얼굴이 조금 수척해지셨다고 하더이다.'

알겠느냐? 한 자 한 획도 틀림없이 전해야 한다. 심부름을 반듯하게 해야 한다. 나는 오늘도 신들의 잔치에 나가야 한다. 네가 단장료를 가져와야 그걸 얼굴에 찍어 바르고 갈 수 있을 테니, 심부름에 착오가 있어서는 안 될 것이다."

아득한 옛날에는 문자가 없었다. 그래서 심부름꾼은 주인이 하는 말을 단어 하나도 틀리지 않게 외고 가야 했다. 프쉬케는 그제야 죽을 때가 온 것을 알았다. 제 발로 걸어 저승에 간다는 것이 곧 죽는 것임을 프쉬케가 모를 리 없었다. 프쉬케는 천 길 낭떠러지 위에 있는 첨탑으로 올라가 거기에서 뛰어내리는 것이 곧 저승으로 가는 가

저승의 뱃사공 카론과 애원하는 프쉬케

저승에는 여러 개의 강이 있는데, 그중 첫 번째 강인 아케론강을 건너려면 카론의 배를 얻어 타야
한다.

장 빠른 길이라는 것 또한 모르지 않았다. 그러나 프쉬케가 막 뛰어
내리려고 하는데 형상이 없는 목소리가 이렇게 말했다.

"여러 번 신들의 가호를 입은 그대가 이렇게 목숨을 끊어 이제껏
도와주던 신을 슬프게 하고 이제껏 미워하던 신을 즐겁게 해서야 되
겠는가."

목소리의 임자는 이어서 저승으로 가는 길, 저승의 문을 지키는 머
리가 셋 달린 개 케르베로스 옆을 무사히 지나는 방법, 그리고 되짚
어 오는 길을 소상하게 일러주고 나서 이렇게 덧붙였다.

"페르세포네가 그 상자에 단장료를 넣어주거든 고이 품고 나오되, 절대로 뚜껑을 열어보아서는 안 된다. 그대는 인간이다. 여신들의 단장료를 너무 궁금하게 여기지 않도록 하여라."

프쉬케는 그 목소리의 임자 덕분에 무사히 저승에 이르러 페르세포네를 배알할 수 있었다. 프쉬케가 아프로디테 여신의 말을 한마디도 틀리지 않게 전하자 페르세포네가 말했다.

"나와 아프로디테 여신 사이에는 풀어야 할 감정의 매듭이 없는 것은 아니지만, 하찮은 것으로 내 속을 보이고 싶지는 않구나."

그러고는 프쉬케에게 편한 자리와 맛있는 음식을 권했다. 그러나 프쉬케는 이를 사양하고 죄인에게는 거친 자리, 하찮은 음식이 오히려 죗값을 무는 보람이라고 했다. 게다가 프쉬케는 잠시 다니러 저승에 간 사람은 무엇을 먹어서는 안 된다는 것도 잘 알고 있었다.

이윽고 상자는 뚜껑이 닫힌 채 페르세포네의 손에서 프쉬케의 손으로 넘어왔다. 프쉬케는 가던 길을 되짚어 다시 태양이 비치는 곳으로 나왔다. 그러나 인간은 역시 어쩔 수 없는가? 프쉬케는 호기심을 이겨낼 수가 없었다. 상자 안에 무엇이 들어 있는지 궁금해서 견딜 수 없었다.

'감히 신들의 단장료를 가지러 저승에까지 갔던 내가 아니냐? 내가 고생을 사서 하는 뜻은 다 신랑을 찾고자 함인데, 단장료의 힘을 빌려 신랑의 눈길을 조금 끌고 싶어 하는 것을 누가 지나친 욕심이라고 할 것인가? 얼굴을 단장하는 것은 여성의 의무이자 권리가 아니던가?'

프쉬케는 조심스럽게 뚜껑을 열었다. 상자 안에 든 것은 단장료가 아니었다. 프쉬케는 상자의 뚜껑을 여는 순간 페르세포네 여신이 하던 말을 떠올렸다.

'나와 아프로디테 여신 사이에는 풀어야 감정의 매듭이 없는 것은 아니지만, 하찮은 것으로 내 속을 보이고 싶지는 않구나……'

상자 속에 들어 있는 것은 얼굴 단장하는 데 쓰는 단장료가 아니라 잠의 씨였다. 페르세포네가 저승의 신 하데스의 아내가 된 것도 다 아프로디테와 그 아들 에로스 때문이었다. 페르세포네는 그때 자기가 당한 것을 앙갚음하느라고 상자에다 단장료 대신 잠의 신 휘프노스에게서 얻어둔 잠의 씨를 넣어서 프쉬케에게 건네준 것이었다.

상자의 뚜껑이 열리자 잠의 씨들이 일제히 나와 프쉬케를 쓰러뜨

저승의 왕비 페르세포네와 헤라
단장료를 얻어 오라는 아프로디테의 명을 받고 프쉬케는 저승으로 내려가 페르세포네를 만난다.

렸다. 저승의 잠에 떨어진 프쉬케 옆에서는 초목도 자라기를 멈추었으니, 이제 프쉬케는 죽은 목숨이나 다름없었다.

프쉬케가 돌아오기를 기다리던 에로스는 나비 편에 그 소식을 듣고는 급히 그곳으로 날아갔다. 에로스는 신이어서 프쉬케를 덮친 잠의 씨를 모두 거두어 다시 상자에 넣을 수가 있었다. 잠의 씨 수습이 끝나자 에로스는 화살 끝으로 프쉬케를 건드렸다. 프쉬케가 깨어나자 에로스는 부드럽게 꾸짖었다.

"분수를 몰라서 신세를 망치고 의심을 물리치지 못하여 만고의 고생을 사서 하더니, 이제 또 호기심을 이기지 못해 이 꼴이 되다니……. 어서 일어나 내 어머니 신전에 가서 기다리세요. 나는 다녀올 곳이 있으니……."

에로스는 하늘을 가르는 화살처럼 올림포스로 날아올라가 제우스 대신에게 프쉬케의 죄를 용서해줄 것을 탄원했다. 제우스 대신은 에로스가 어느새 훤칠한 청년이 되어 제 각시를 걱정하는 것을 어여삐 여기고, 아프로디테에게 청했다.

"신들도 의심과 호기심을 이기지 못하는데, 한갓 사람이 그걸 어떻게 다 이길 수 있겠어요? 그만하면 되었으니, 그대가 인간들의 어려운 사랑의 끝도 아름답게 맺어주듯이 그대의 아들 에로스와 프쉬케의 사랑도 그 끝을 아름답게 해주면 좋겠어요. 이는 내가 바라는 것이에요."

아프로디테는 다 자란 아들을 쓸쓸한 눈길로 한동안 바라보았다. 쓸쓸한 눈길로 바라본 것은 아들이 드디어 자기 슬하를 떠날 때가

이윤기의 그리스 로마 신화 1

되었다고 생각했기 때문이다. 아프로디테는 고개를 끄덕였다.

제우스 대신은 발 빠르기로 유명한 헤르메스를 보내어 프쉬케를 올림포스로 데려오게 했다. 프쉬케가 오자 제우스 신은 신들의 음식과 신들의 술을 몸소 권하면서 이렇게 말했다.

"프쉬케여, 마음이여, 이것을 먹고 마시어 내가 베푸는 불사의 은혜, 영원히 사는 은혜를 얻으라. 네가 설 자리를 네가 든든하게 다지고 지혜로써 너를 지켜라. 너는 이제 불사의 몸이 되었으니 신랑 에로스도 이 인연을 끊지 못할 것인즉, 이 혼인은 영원하다."

프쉬케의 환희
아름다운 프쉬케는 아프로디테의 미움을 사지만 끝내 사랑의 힘으로 이를 극복하고 에로스와 맺어진다. 피에르 폴 프뤼동의 그림.

에로스와 프쉬케는 이로써 하나로 맺어졌다.

아프로디테가 육체를 사랑했기 때문에 '아프로디테 포르네(음란한 사랑의 여신)'라고 불린 것은 사실이다. 그러나 그렇다고 해서 아프로디테를 비난해서는 안 된다. 보라, 그 아들인 에로스는 '프쉬케(마음)'를 사랑하여 마침내 사랑을 한 단계 드높이지 않았는가? 마침내 인간이 본받아야 마땅한 사랑의 본보기를 보이지 않았는가?

에로스와 프쉬케 사이에서 딸이 태어난다. 이 딸의 이름이 무엇이겠는가? 헤도네, 바로 '기쁨'이다. '사랑'과 '마음'이 짝을 이루니 그 딸이 '기쁨'이 되는 것은 당연하지 않은가? 사랑은 바로 이런 것이다.

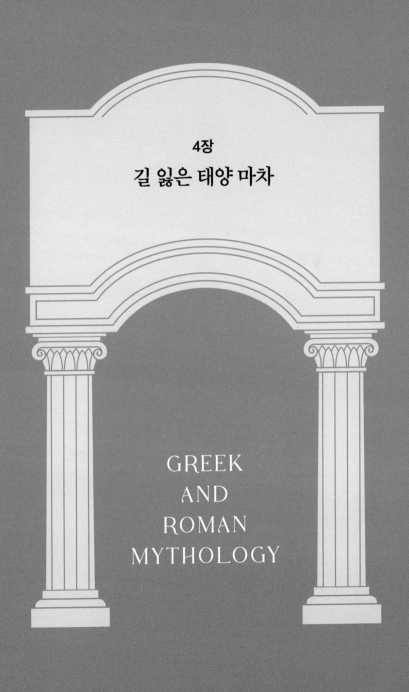

4장

길 잃은 태양 마차

GREEK
AND
ROMAN
MYTHOLOGY

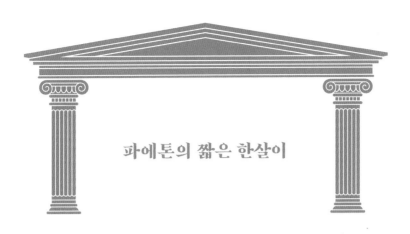

파에톤의 짧은 한살이

그리스인들은 태양의 신 헬리오스가 매일 아침 태양 마차를 몰고 동쪽 하늘로 올라가 하늘의 궤도를 돌고, 저녁 무렵에는 오케아노스, 즉 큰 바다 저쪽으로 내려간다고 믿었다. 헬리오스가 대양의 서쪽으로 잠기는 저녁 무렵이면 셀레네가 동쪽에서 떠오르는데, 이것이 바로 달의 여신이다. 헬리오스와 셀레네에게는 서로 만나지 못하는 날들이 한 달에 며칠씩 있다. 해가 져야 달이 뜨는 음력 보름을 전후한 며칠이다. 물론 헬리오스와 셀레네가 함께 하늘에 떠 있는 경우도 있다. 헬리오스와 함께 하늘에 떠 있는 셀레네를 우리는 '낮달' 또는 '낮에 나온 반달'이라고 부른다.

서쪽 바다에 가라앉은 헬리오스는 다음 날 다시 동쪽에서 떠올라야 한다. 그러자면 헬리오스는 밤 사이에 오케아노스 서쪽에서 동쪽으로 와 있어야 한다. 헬리오스는 황금 사발 배를 타고 서쪽에서 동쪽으로 온다. 서쪽에서 동쪽으로 헬리오스를 실어다 놓은 사발 배는 다시 서쪽으로 가서 저녁 무렵 바다로 내려올 헬리오스를 기다린다.

헬리오스의 별명은 '포이보스', 즉 '빛나는 자'라는 뜻이다. 헬리오스는 티탄 계열의 신이다. '티타노마키아', 즉 티탄 신들과 올림포스 신들이 벌인 전쟁에서 패배한 뒤로 이 티탄 신들의 권력은 올림포스 신들 쪽으로 이동한다. 말하자면 티타노마키아는 권력 이동을 노리고 올림포스 신들이 일으킨 전쟁이었던 것이다. 태양신 헬리오스도 이 자리를 제우스의 아들인 아폴론에게 넘겨주지 않으면 안 되었다. 하지만 올림포스 신들의 시대가 와도 아폴론은 '포이보스 아폴론', 즉 '빛나는 태양신 아폴론'이라고 불리기만 할 뿐, 실제로 태양 마차를 몰았다는 신화는 보이지 않는다. 그렇다면 올림포스 신들의 시대에도 태양 마차는 여전히 헬리오스가 몰고 있는 것으로 믿어졌기가 쉽다. 여기에 소개하는 '파에톤 이야기'에 등장하는 태양신은 분명히 헬리오스인데도 불구하고 다른 신들은 대부분 올림포스 신들이기 때문이다.

이제 파에톤과 함께 태양신의 궁전으로 들어가보자. 그리고 태양 마차가 달리던 저 신화시대의 하늘을 가로질러보자.

오늘날의 이집트를 신화시대에는 '아이귑토스'라고 불렀다. 이 아이귑토스에 헬리오폴리스라는 도시가 있었는데, '헬리오스의 도시' 또는 '태양의 도시'라는 뜻이다. 예수 그리스도도 어린 시절에 이 도

이윤기의 그리스 로마 신화 1

시에 잠깐 머물러 산 적이 있는 것으로 전해진다.

이 도시가 이런 이름을 얻은 것은 태양신 헬리오스가 잠시 이 도시에 들러 클뤼메네라는 여자를 사랑한 적이 있기 때문이다. 태양신이 아이귑토스에 들른 것은 밤이었기가 쉽다. 낮이었다면 헬리오스는 마땅히 하늘에서 태양 마차를 몰고 있어야 하기 때문이다. 밤이 아니었다면, 아이귑토스인들이 불개가 태양 마차를 먹고 있다고 저희들 신전 앞에서 울부짖을 때 살짝 내려와 클뤼메네를 사랑하고 있

니콜라 푸생의 〈디아나와 앤뒤미온〉
디아나의 그리스 이름은 아르테미스. 하늘에 태양 마차가 그려져 있다.

었던 것일까?

태양신 헬리오스가 다녀간 뒤에 클뤼메네는 메로프스라는 사람과 혼인했다. 그리고 혼인한 지 10개월이 되지 않았는데도 클뤼메네는 아들을 낳았다. 메로프스는 손가락을 꼽아보고 나서 자기 아들이 아니라는 것을 알았다. 하지만 메로프스는 의로운 사람이었다. 그는 클뤼메네에게서 태양신 헬리오스의 사랑을 받은 적이 있다는 고백을 듣고는 아들의 이름을 파에톤Phaethon이라고 지었다. 파에톤은 '빛나는 자'라는 뜻이다.

파에톤은 신화의 주인공들이 다 그렇듯이 '무럭무럭' 자랐다. 그런데 파에톤이 자라 열여섯 살이 되고부터 친구들이 파에톤이라는 이름을 가지고 시비하는 일이 잦아졌다.

"파에톤이라고? 빛나는 자라고? 네가 태양신의 아들이라도 된다는 것이냐?"

파에톤은 집으로 돌아와 어머니 클뤼메네에게 어째서 이름을 그렇게 어마어마하게 지어놓았느냐고 항변했다. 어머니는 아들에게 진상을 밝혀주었다.

"네 옆에 계시는 네 아버지 메로프스는 실은 너의 양아버지시다. 너의 친아버지는 태양 마차를 모는 헬리오스 신이시다. 태양신의 아들답게 처신하도록 해라."

파에톤은 친구들에게 이 이야기를 전했다. 하지만 친구들은 다른 것으로 또 시비를 걸었다.

"그 말을 믿어? 네가 태양신의 아들이라면 나는 오시리스 신의 아

이윤기의 그리스 로마 신화 1

들이겠다.”

　오시리스는 아이귑토스의 신이다. 그것도 그리스의 제우스처럼 신들 중에서도 으뜸가는 신이다.

　파에톤은 얼굴을 붉혔다. 너무 부끄러워 차마 화조차 내지 못하고 집으로 돌아온 파에톤은 어머니 클뤼메네에게 투정을 부렸다.

　“어머니, 정말 견딜 수 없습니다. 저는 태양신의 아들이라고 큰소리를 쳐놓고도 말대답을 못 하고 왔습니다. 부끄럽습니다. 모욕을 당했다는 게 부끄럽고, 말대답을 할 수 없었다는 게 창피합니다. 어머니, 제가 만일 태양신의 아들이라면 태양신의 아들이라는 증거를 보여주십시오. 그래야 태양신의 아들로서, 땅에서는 물론이고 하늘에서도 제 권리를 누릴 수 있을 것이 아니겠습니까?”

　이렇게 말한 파에톤은 어머니의 목을 끌어안고, 파에톤 자신의 머리와 양아버지 메로프스의 머리를 걸고, 친아버지가 누구인지 밝혀줄 것을 요구했다. 그리스 사람들은 무엇을 맹세할 때 저승 앞을 흐르는 스튁스강에다 걸고 맹세한다. 스튁스강을 걸고 한 맹세는 신들도 거두어들이지 못한다. 하지만 아이귑토스에는 자신의 머리와 부모의 머리를 걸고 맹세하는 풍습이 있었던 모양이다.

　아들 파에톤의 말에 마음이 움직였기 때문인지, 아니면 아들에 대한 모욕을 자신에 대한 모욕으로 여기고 화가 나서 그랬는지, 어쨌든 클뤼메네는 벌떡 일어났다. 그러고는 하늘을 향해 두 팔을 벌리고 작열하는 태양을 우러러보며 이렇게 외쳤다.

　“네 머리와 네 양아버지의 머리를 걸고 맹세할 것 없다. 나는 저

찬연히 빛나는 태양을 걸고 맹세하겠다. 나를 내려다보고 계시고, 내 말을 듣고 계신 저 태양을 걸고 맹세하겠다. 그렇다. 너는 네가 우러러보고 있는 저 태양, 온 세상을 밝히는 태양의 아들이다. 만일에 내 말이 거짓이면 그분이 내 눈을 앗아 가실 것인즉, 내가 세상을 보는 것도 오늘이 마지막이 될 것이다.

네 아버지를 찾아가거라. 네가 네 아버지 처소로 가는 일은 어렵지도 않고, 그리 먼 것도 아니다. 그분이 솟아오르시는 곳, 그곳이 네 아버지이신 그분이 계시는 곳이다."

어머니의 말을 들은 파에톤은 태양이 솟아오르는 곳을 향하여 곧 길을 떠났다. 파에톤의 가슴은 태양신을 만나게 된다는 희망으로 잔뜩 부풀어 있었다. 파에톤은 아이티오페이아 땅을 지났다. 아이티오페이아는 오늘날의 에티오피아다. 아이티오프스, 즉 도덕(에토스) 높은 사람들이 많이 살아서 그런 이름을 얻었다고 한다. 이어서 그는 힌두스 땅도 지났다. 힌두스는 오늘날의 인도를 말한다. 파에톤은 오랜 세월의 방황과 좌절을 이겨내고 태양신 헬리오스의 궁전에 당도했다.

자, 태양신이 사는 곳은 어떻게 생긴 궁전일까?

태양신의 궁전은 거대한 원기둥 위에 지어져 있다. 따라서 산보다 높이 우뚝 솟아 있다. 원기둥의 재료는 붉은 구리다. 그래서 원기둥은 어찌 보면 금 같기도 하고 어찌 보면 불꽃 같기도 하다. 지붕은 반짝거릴 때까지 오래오래 갈아낸 상아로 되어 있다. 궁전 정면의, 은으로 만든 두 짝 문은 태양신의 빛을 찬연하게 되쏘게 되어 있다. 재료도 좋거니와 그 만든 솜씨는 재료보다 윗길이다. 은으로 만들어진 이 문에는 대장장이 신 헤파이스토스가 정성스럽게 조각한 돋을새김이 있다. 어떤 것이 새겨져 있을까? 대지의 여신 가이아를 가슴 가득히 안은 바다의 신 오케아노스, 대지 그 자체, 대지 위의 하늘, 그리고 하늘의 신이 새겨져 있다. 바다에는 뿔고둥 나팔을 부는 트리톤, 마음만 먹으면 무엇으로든 몸을 바꿀 수 있어서 '둔갑의 도사'라고 불리는 프로테우스, 두 마리의 거대한 고래를 타고 그 등을 채찍으로 갈기는 에게 바다의 신 아이가이온도 새겨져 있다. 바다에서 유유히 헤엄을 즐기고 있는 네레이데스도 새겨져 있다. 네레이데스는 바다의 신 네레우스의 딸들이다. 네레이데스 중에는 물고기의 등을 타고 노는 네레이데스도 있고, 바위에 앉아 파란 머리카락을 말리는 네레이데스도 있다. 무수한 네레이데스들의 얼굴이 똑같지는 않다. 그러나 자매들이 그렇듯이 이들은 서로 비슷비슷하다. 인간과, 인간이 사는 도시도 새겨져 있다. 숲과 짐승, 강과 들의 요정과 정령들도 보인다. 이들 위로는 빛나는 하늘이 펼쳐져 있다.

파에톤은 가파른 계단을 올라 아버지의 궁전으로 들어갔다. 친구들이 그토록 의심해 마지않던 아버지의 궁전으로, 파에톤은 당당하게 들어갔다. 파에톤은 아버지의 모습을 보자마자 조금 떨어진 곳에 우뚝 섰다. 아버지 태양신이 던지는 눈부신 빛줄기를 도저히 견딜 수 없었기 때문이다. 태양신은 보라색 용포를 입고 빛나는 에메랄드 보좌에 앉아 있었다.

**포세이돈(혹은 오케아노스)과
그 동아리**
로마에 있는 트레비 분수
의 조각.

　보좌 좌우로는 '날', '달', '해', '세대' 그리고 '시_時'를 상징하는 여
신들이 일정한 간격으로 늘어서 있었다. 계절의 여신들도 있었다. 머
리에 화관을 쓰고 있는 여신은 봄의 여신, 가벼운 차림에 곡식 이삭
으로 만든 관을 쓴 여신은 여름의 여신, 포도를 밟다가 나왔는지 발
에 보라색 포도즙이 묻은 여신은 가을의 여신, 백발을 흩날리고 있
는 여신은 겨울의 여신이었다.

파에톤은 이 기이한 광경에 기가 질려 그 자리에 가만히 서 있었다. 태양신은 시종들에게 둘러싸인 채 만물을 꿰뚫어보는 눈으로 아들을 보면서 말했다.

"내 아들 파에톤아, 왜 여기에 왔느냐? 내 궁전에서 무엇을 얻기를 바라느냐? 내가 너를 내 아들이라고 부른다. 너는 내 아들이다. 아비가 자식을 알아보지 못할 리 있겠느냐?"

파에톤이 대답했다.

"태양신이시여, 이 넓은 우주에 고루 빛을 나누어주시는 태양신이시여. 아버지시여, 저에게 아버지라고 부를 권리를 허락하신다면, 제 어머니 클뤼메네가 허물을 숨기려고 저에게 꾸며서 이르신 것이 아니라면 징표를 보여주십시오. 제가 아버지의 아들이 분명하다는 증거를 보이시어 제 마음에서 의심의 안개가 걷히게 해주십시오."

파에톤이 이렇게 말하자 태양신은 사방팔방으로 쏘던 빛을 잠시 거두고 가까이 다가오라고 말했다. 파에톤이 다가가자 태양신은 아들을 안고 말했다.

"너에게는 그럴 권리가 있다. 네가 내 아들이 아닐 리가 있겠느냐? 네 어머니 클뤼메네가 네 출생의 비밀을 제대로 일러주었다. 의심의 안개를 걷고 싶거든 내게 네 소원을 하나 말해라. 내가 이루어지게 하겠다. 신들이 기대어 맹세하는 강, 아직 내 눈으로는 보지 못한 강, 저승을 돌며 흐르는 스튁스강에 맹세코, 네 소원이 이루어지게 하겠다. 그러니 두렵게 여기지 말고 말해보아라."

"정말 소원이 이루어지게 해주시겠습니까?"

"그렇다. 네가 내 아들임을 보증하겠다는 약속이다. 스튁스강에 걸고 한 맹세는 제우스 신도 거둘 수 없다."

"그렇다면, 아버지의 태양 마차를 단 하루만 빌려주십시오. 날개 달린 말 네 마리가 끈다는 태양 마차를 하루만 끌어보고 싶습니다."

"뭐라고? 네가 지금 뭐라고 했느냐?"

"태양 마차를 하루만 몰아보게 해달라고 했습니다."

"아뿔싸……."

그제야 아버지 태양신은 스튁스강에 맹세한 것을 후회했다. 그는 세 번이나 그 빛나는 머리를 가로젓고는 아들을 타일렀다.

"네 말을 듣고 보니 내가 경솔하게 말했다는 것을 알겠다. 내가 어쩌다 이런 약속을 했을꼬. 무슨 까닭인지 잘 들어라. 이것만은 내가 이루어줄 수 없는 소원이구나. 바라노니 네가 취소하여라. 네가 말하는 소원은 더할 나위 없이 위험하다. 네가 소원하는 것은 나만이 누릴 수 있는 아주 특별한 권리다. 태양 마차는 나 아니면 아무도 몰 수 없다. 네 힘, 네 나이로는 되는 것이 아니다. 너는 때가 되면 죽을 팔자를 타고난 인간이다. 네가 소원하는 것은 때가 되면 죽어야 할 팔자를 타고난 인간에게는 이루어질 수가 없는 것이다. 네가 몰라서 그렇지, 네 소원은 다른 신들에게도 이루어질 수가 없다. 신들이 각기 저희 권능을 뽐내지만 이 마차를 몰 수 있는 신은 오직 나뿐이다. 저 무서운 벼락을 던지시는 올륌포스의 지배자, 전능하신 제우스 신도 이 마차만은 몰지 못한다. 너도 알다시피 제우스 신보다 더 위대한 신은 이 세상 어디에도 없다. 그러나 그런 제우스 신도 이 태양 마

니콜라 푸생의 〈플로라의 천국〉
플로라는 꽃의 여신. 뒤에 태양신이 모는 태양 마차가 보인다.

차만은 어림도 없다.

　태양 마차의 길머리는 가파르기가 한이 없다. 그래서 아침에는 원기가 하늘을 찌를 듯한, 날개 달린 나의 천마들도 오르는 데 애를 먹는다. 길은 여기에서 하늘로 아득히 솟는다. 거기에서 대지를 내려다보면 늘 지나다니는 나도 겁을 집어먹는다. 가슴이 쿵쾅거리고, 공포가 간담을 서늘하게 하는 것이다. 막판에 이르면 길이 아래로 급경사를 이루는데, 여기에서는 있는 힘을 다해 고삐를 잡아야 한다. 물속으로 나를 받아주시는 저 바다의 지배자 테튀스 여신께서도 혹 내가 거꾸로 떨어질까 봐 가슴을 졸이신다더라. 어디 그뿐이냐? 별 박힌 하늘은 엄청난 속도로 돈다. 잠시도 쉬지 않고 돈다. 그냥 도는 것이 아니고 거기에 박힌 별을 싸잡아 안고 도는 것이다. 여기에서, 궤도에서 떨어져 나가지 않으려면 힘이 있어야 한다. 돌고 도는 하늘 저쪽으로 마차를 몰고 나갈 수 있는 자는 오직 나뿐이다.

내가 너에게 태양 마차를 빌려주었다고 치자. 네가 장차 어쩌려느냐? 돌고 도는 하늘 축에 휘말리는 걸 피할 수 있을 성싶으냐? 빙글빙글 도는 하늘에 휩쓸리지 않고 무사히 빠져나올 성싶으냐? 너는 하늘에도 신들의 숲, 신들의 도시, 신들의 신전이 있으리라고 생각할게다. 그러나 그렇지가 않다. 위험하기 짝이 없는 짐승과 무서운 괴

반인반마 켄타우로스
파리 루브르 박물관.

이윤기의 그리스 로마 신화 1

수들 사이로 길을 찾아 빠져나가야 한다. 요행히 궤도를 제대로 잡아 여기에서 이탈하지 않을 수 있다고 하더라도 하늘의 별자리에는 무서운 황소자리가 있다. 그 황소를 네가 이길 수 있을 것 같으냐? 윗도리는 사람, 아랫도리는 말인 저 켄타우로스의 발길질을 네가 피할 수 있을 것 같으냐? 하늘에는 황소자리와 켄타우로스만 있는 것이 아니다. 사자자리도 있고 전갈자리도 있다. 네가 사자의 이빨을 견딜 수 있을 것 같으냐? 전갈의 무시무시한 집게를 피할 수 있을 것 같으냐? 하늘에는 전갈자리뿐만 아니라 게자리도 있다. 한쪽에서 전갈이 집게를 휘두르며 너를 위협할 게고, 다른 한쪽에서는 게가 집게발을 휘두르며 너를 공격할 게다. 네가 이것을 견딜 수 있을 성싶으냐?

뿐만이 아니다. 날개 달린 천마를 다루는 것도 너에게는 쉬운 일이 아니다. 천마는 저희 가슴에 불길을 간직하고 있다가 이를 코로 내뿜고 입으로 내뿜는다. 천마가 이 불길에 스스로 흥분하면 다루는 게 여간 까다로운 것이 아니다. 꾀가 나면 내가 고삐를 채는데도 이를 모르는 체하고 애를 먹이는 게 바로 이 천마들이다. 이 얼마나 위험한 일이냐? 이 아비가 어떻게 자식의 소원을 들어준답시고 자식 죽일 일을 시킬 수 있겠느냐? 그러니 지금, 그래 지금이라도 늦지 않으니 다른 소원, 이보다 나은 소원을 말해보아라. 너를 내 아들로 인정하는 징표를 보이라고 한다면 얼마든지 보여주마. 보아라, 자식이 위태로운 지경에 이를까 봐 이렇듯이 속을 태우는 이 아비를 보아라. 이 아비의 마음, 이것이 너를 아들로 인정하는 확실한 징표가 아니겠느냐? 자, 이리 와서 아비의 얼굴을 보아라. 네 눈으로 내 속을 들여다보고 아비의 마음이 근심으로 가득하다는 것을 알아주려무나. 아, 그러면 좀 좋으랴!

살펴보아라. 이 세상에는 이보다 귀한 것이 얼마든지 있다. 하늘, 바다, 어디에 있어도 좋다. 네가 바라는 것이면 무엇이든 너에게 주겠다. 그러나 이것만은 어쩔 수가 없구나. 너는 태양 마차 몰아보는 것을 명예롭게 여길 것이다만 이것은 명예가 아니고 파멸의 씨앗이다. 네가 소원하는 것이 은혜가 아니고 파멸이라는 것을 왜 모르느냐? 자, 거두어주겠느냐? 소원을 다른 것으로 바꾸어주겠느냐?"

"그럴 수 없습니다. 제가 바라는 것은 오직 하나, 아버지의 태양 마차를 몰아보는 것입니다."

"네가 바라는 것이 정말 어떤 것인지도 모르고 아직도 이렇게 조르고 있는 것이냐?"

"조르는 것이 아닙니다. 정말 그것 하나밖에는 바라는 것이 없기 때문입니다."

"……할 수 없구나. 네 소원대로 해보려무나. 내 이미 스튁스강에 맹세했으니, 내가 무슨 수로 이 약속을 번복하겠느냐? 네가 이보다 조금만 더 지혜로웠으면 얼마나 좋겠느냐?"

태양신의 경고도 이것으로 끝이었다. 아버지의 충고에도 아랑곳하지 않고 아들은 끝내 제 고집을 꺾지 않았다. 파에톤은 기어이 태양 마차를 몰아보겠다는 것이었다. 힘닿는 데까지 아들을 타이르다 지친 아버지는 태양 마차 있는 곳으로 아들을 데려갔다. 올륌포스의 재

이윤기의 그리스 로마 신화 1

간꾼 헤파이스토스가 온갖 재주를 다 부려서 만든 마차였다. 이 태양 마차는 바퀴 굴대도 황금, 뼈대도 황금, 바퀴도 황금이었다. 바큇살만 은이었다. 마부석에는 '포이보스 헬리오스(빛나는 태양신)'가 쏘는 빛을 반사할 감람석과 보석이 나란히 그리고 촘촘히 박혀 있었다.

파에톤이 벅찬 가슴을 안고 태양 마차를 만져보며 찬탄하고 있을 즈음, 새벽잠에서 깬 새벽의 여신 에오스가 장미꽃 가득 핀 방의, 눈부시게 빛나는 방문을 활짝 열었다. 별들이 달아나기 시작했다. 금성을 당시에는 루키페로스라고 불렀다. '빛나는 별'이라는 뜻이다. 그 루키페로스가 기나긴 별의 대열을 거느리고 하늘의 제자리를 떠나고 있었다.

태양신은 이 루키페로스가 떠나는 것과 하늘이 붉어지면서 이지러진 달빛이 여명에 무색해지는 것을 보고는 '때'의 여신 호라이 자매에게 명령했다.

"이제 마구간으로 가서 천마를 몰고 나오너라. 때가 된 것 같구나."

호라이 세 자매가 분부를 시행했다. 세 자매는 천장이 높은 마구간에서 암브로시아(불로초)를 배불리 먹은 천마를 끌어내어 마구를 채웠다. 천마들은 숨 쉴 때마다 불길을 토했다.

태양신 헬리오스는 아들의 얼굴에다 불길에 그을리는 것을 예방하는 고약을 발라주고, 바른 것이 살갗에 고루 묻도록 문질러주기까지 했다. 그런 다음에는 아들의 머리에다 빛의 관을 씌워주었다. 아버지는 이러면서도 걱정스러운 마음을 어찌할 수 없었던지 자주자주 한숨을 쉬었다. 오래지 않아 자식에게 닥칠 재앙과 이로 인한 자신의 슬픔을 예견했기 때문이다. 아버지 헬리오스는 이렇게 말했다.

"아비의 말을 잘 듣고 마음에 새기도록 하여라. 되도록이면 채찍은 쓰지 않도록 하여라. 고삐는 힘껏 틀어잡도록 해야 한다. 천마는 저희들이 요량해서 잘 달릴 게다만 이들의 조급한 마음을 누그러뜨리기는 여간 어려운 일이 아니다. 하늘에는 권역이 없는 것 같지만 엄연하게 있다는 것을 잊지 말아야 한다. 그렇다. 하늘에는 다섯 권역이 있다. 그 다섯 권역을 곧장 가로질러 가려고 해서는 안 된다. 자세히 보면 세 권역의 경계선 안으로 조금 휘어진 샛길이 있다. 이 길로 들어서면 믿어지지 않을 정도로 차가운 바람이 부는 남극 권역과 북극 권역을 피해갈 수가 있다. 이 길로 들어서면 마차의 바큇자국이 보일 게다. 하늘과 땅에 고루 따뜻한 빛을 나누어주려면 너무 높게 몰아서도 안 되고 너무 낮게 몰아서도 안 된다. 너무 높게 몰면 하늘 덮개에 불이 옮겨 붙을 것이고, 너무 낮게 몰면 대지가 그을리고 만다. 그 중간이 가장 안전하니 명심하여라. 오른쪽으로 너무 치우치지 말아야 한다. 거기에는 똬리를 튼 별자리인 뱀자리가 있다. 왼쪽으로 너무 치우쳐 바로 아래 있는 신들의 제단을 태워서도 안 된다. 이 사이를 조심해서 지나가도록 하여라.

내 이제 너를 행운의 여신 튀케의 손에 붙이고 빌 수밖에 없겠구나. 튀케가 너를 도와주기를, 네가 너를 돌보는 것 이상으로 자상하게 너를 돌보아주기를 기원하는 수밖에 없구나. 서둘러라. 벌써 밤이 저 멀리 서쪽 해변에 이르렀다. 더 이상 지체할 시간이 없다. 이제 태양 마차가 나타날 차례다. 새벽의 여신 에오스가 어둠을 몰아내고 있지 않느냐? 자, 이제 마차에 올라 고삐를 힘 있게 쥐어라.

혹 내 말을 듣고 네 마음이 변하지는 않았느냐? 변했거든 천마의 고삐를 놓고 내 말을 따르거라. 따를 수 있을 때 따르거라. 네 발이 이 단단한 태양신궁의 바닥에 닿아 있을 때 내 말을 따르거라. 미숙한 너에게 하늘로 오르는 일은 어울리지 않는다. 네가 이 위험한 일을 해보겠다고 우기기는 한다만, 대지에 빛을 나누어주는 일은 나에게 맡기고 너는 그 빛을 누리기나 하는 것이 어떠하겠느냐?"

그러나 파에톤은 제 젊음과 힘만 믿고는 태양 마차 위로 올라가, 아버지가 건네주는 고삐를 받았다. 그러고는 마부석에 앉아, 어려운 청을 들어준 아버지에게 고맙다는 인사를 했다.

태양 마차를 끄는 네 마리의 날개 달린 천마는 불을 뿜어 주위의 대기를 뜨겁게 달구면서 발굽으로 가로장을 걷어찼다. 파에톤에게는 할머니가 되는 바다의 버금 여신 테튀스는 손자 앞에 어떤 운명이 기다리고 있는지 까맣게 모른 채 그 가로장을 치웠다. 그러자 네 마리의 천마 앞으로 하늘이 펼쳐졌다. 네 마리 천마는 하늘로 날아오르면서 앞길을 막은 구름의 장막을 찢었다. 그러고는 단숨에 그 권역에서 이는 동풍을 저만치 앞질렀다.

하지만 네 마리 천마는 태양 마차가 엄청나게 가벼워진 데 놀랐다. 멍에에 느껴지는 무게가 그 이전에 견주어 믿어지지 않을 만큼 가볍게 느껴졌던 것이다. 파에톤의 무게가 태양신 헬리오스의 무게보다 훨씬 가벼웠으니 당연했다. 태양 마차와 거기에 타고 있던 파에톤이

태양 마차를 모는 파에톤
소원이 성취되어 기쁨이 절정에 이른 순간의 파에톤을 그렸다. 18세기 프랑스 화가 니콜라 베르탱
의 그림.

어찌나 가볍게 느껴졌는지, 네 마리의 천마는 저희가 마차를 끌고
있다는 것도 잊어버릴 지경이었다. 바닥짐 없는 배가 거친 파도에
휩쓸려 바다 위를 이리저리 떠다니듯이, 마부의 무게가 전 같지 않
은 태양 마차도 하늘을 누비며 흡사 빈 마차처럼 흔들렸다.

　이렇게 되자 네 마리의 천마는 오랫동안 달려봐서 잘 알고 있던
궤도까지 이탈하여 제멋대로 날뛰기 시작했다. 마부석에 앉은 파에
톤은 기겁을 했다. 하지만 그에게는 고삐로 천마를 잡도리할 재간이
없었다. 그에게는 어디가 어디인지 위치 분간도 되지 않았다. 설사
분간이 되었다고 하더라도 천마를 잡도리하는 기술이 없었으니, 결

국은 분간이 되나 안 되나 마찬가지였던 셈이다.

북두칠성은 평소에 차갑기 짝이 없는 별이다. 하지만 이 북두칠성이 태양 마차가 내뿜는 열기에 처음으로 달아올랐다. 북두칠성은 금단의 바다로 뛰어들고 싶어 했다. 북극 권역에 바싹 붙은 채 혹한의 하늘에 똬리를 틀고 있어서 평소에는 별로 위험한 존재로 알려지지 않았던 별자리인 뱀자리가 태양 마차의 열기에 똬리를 풀고, 일찍이 볼 수 없었던 포악을 부리기 시작했다. 들리는 말에 따르면 목동자리의 목동도 기절초풍, 그 자리를 떠나려 하다가 쟁기자리에 걸려 쓰러졌다고 한다.

마침내 이 가엾은 파에톤은 아득히 높은 하늘에서 대지를, 아득히 먼 하계에 펼쳐진 대지를 보고 말았다. 대지를 본 순간 파에톤은 자기가 얼마나 높은 곳을 달리고 있는지 깨달았다. 그의 얼굴에서 핏기가 사라졌다. 그의 무릎은 갑자기 엄습한 공포에 걷잡을 수 없이 떨리기 시작했다. 강렬한 태양 마차의 빛줄기 때문에 그는 눈을 뜨고 있을 수가 없었다.

그제야 파에톤은 아버지의 천마 고삐를 잡은 것을 후회했다. 그리고 친아버지를 찾아낸 것을 후회했다. 스튁스강에 맹세한 친아버지를 원망했다. 그 친아버지에게서 소원 성취의 약속을 받아낸 것 자체를 후회했다. 태양 마차를 몰겠다고 우긴 것을 후회했다. 그는 메로프스의 양아들로 그저 평범하게 살 것을 그랬다고 생각했다.

이런 생각을 하면서도 그는 태양 마차에 실려 어디가 어디인지도 모른 채 네 마리의 천마에 끌려갔다. 키도 쓸모없고 밧줄도 하릴없어서, 신들의 자비에 몸을 맡기고 허망한 기도에 희망을 건 쪽배와 다를 것이 없었다. 그저 그렇게 북풍에 운명을 맡긴, 소나무로 만든 한 척의 쪽배와 다를 것이 없었다. 그로서는 손을 쓸 수도, 손을 쓸 여지도 없었다. 지금까지 달려온 거리가 적지 않았지만 가야 할 거리는 이보다 훨씬 더 멀었다. 그는 도저히 도달할 가망이 없을 듯한 서쪽 하늘과 두고 온 동쪽 하늘을 번갈아 바라보면서 그 거리를 가늠해보았다. 갈 수도 없고 물러설 수도 없는 입장이었다. 그렇다고 고삐를 늦출 수도 없었다. 고삐를 잡고 있을 힘도 없었다. 허둥대다가 네 마리 천마의 이름조차 잊어버린 판국이었다.

설상가상으로 하늘의 도처에 널려 있는 거대한 괴물에 대한 공포까지도 그를 견딜 수 없게 했다. 실제로 하늘에는 전갈이 두 개의 집게발로 두 별자리를 싸안듯이 하고 있는 데가 있었다. 파에톤은 무서운 독을 품은 전갈이 꼬부랑한 독침을 겨누고 있는 것을 보자 그만 기겁을 하고는 고삐를 놓치고 말았다. 고삐는 그의 손아귀를 벗어나 천마의 잔등을 때렸다. 이것을 채찍질로 여긴 천마는 또 한 번 궤도를 벗어나 질풍같이 내달았다. 이때부터 천마를 다스리는 것은 아무것도 없었다. 네 마리 천마는 생면부지의 공간을 누비며, 그때까지 달려온 것만 가늠해서 그저 진동한동 달리기만 했다. 높디높은 곳에 있는 하늘 덮개에 박힌 별자리 쪽으로 달려가는가 하면, 길도 없는 곳으로 태양 마차를 끌고 가기도 했다. 하늘 덮개에 닿을 듯이 솟구치는가 하면, 갑자기 대지의 사면에 닿을 만큼 고도를 뚝 떨어뜨리기도 했다.

이윤기의 그리스 로마 신화 1

태양신의 누이동생인 달의 여신 셀레네는 오라버니의 태양 마차가 자기보다 낮게 날고 있는 것을 보고는 그만 깜짝 놀라 낯빛을 바꾸었다. 구름에서는 연기가 피어올랐다.

　대지는 높은 곳부터 불길에 휩싸였다. 습기가 마르자 대지가 여기저기 터지고 갈라지기 시작했다. 푸른 풀밭은 잿빛 벌판으로 변했다. 나무, 풀 같은 것들은 순식간에 재로 변했다. 다 익은 곡식은 대지의 파멸을 재촉하는 거대한 산불의 불쏘시개 같았다.

　그러나 이런 자연의 피해는 다른 피해에 견주면 그리 대단한 것도 아니었다. 거대한 도시의 성벽은 무너져 내렸고, 인간이 모여서 모듬살이를 하던 수많은 마을과 함께 나라가 잿더미로 변했다. 산의 수목도 불길에 휩싸였다.

　아토스산도 불덩어리가 되었다. 물 좋기로 소문난 길리기아의 타우로스산, 트몰로스산, 오이타산, 이다산 등에서도 연기가 올랐다. 예술의 여신 무사이 아홉 자매가 살고 있던 헬리콘산에도 불길이 옮겨 붙었다. 뒷날 오르페우스와 인연을 맺게 되는 하이모스산의 운명도 마찬가지였다. 아이트나산에서는 두 개의 불기둥이 솟아 하늘을 찔렀다. 파르나쏘스산을 이루는 두 개의 쌍둥이 봉우리와 에토스산과 킨토스산에도 불이 붙었다. 오트리스산, 로도페산에서는 만년설이 녹아내렸고, 신들의 신전이 많은 딘뒤마산, 뮈칼레산, 키타이론산에도 불이 붙었다. 그 추운 스퀴티아 지방도 무사하지 못했다. 오늘날에는 코카서스산맥이라고 불리는 카우카소스산맥도 불길에 휩싸였는데, 오싸산이나 핀도스산이 무사했을 리 없다. 이보다 훨씬 높은 올림포스산, 오늘날에는 알프스산이라고 불리는 하늘을 찌를 듯하던 알페스산, 오늘날에는 아페닌산이라고 불리는 구름 모자를 쓰고 있던 아펜니노스산도 불길에 휩싸였다.

파에톤은 불바다가 된 세상을 내려다보았다. 대지에서 솟아오르는 열기는 견딜 수 없을 만큼 뜨거웠다. 그의 숨결도 풀무에서 나온 공기처럼 뜨거웠다. 마차는 빨갛게 달아오른 것 같았다. 열기와 함께 올라온 재와 하늘을 날아다니는 불똥도 그를 괴롭혔다. 뜨거운 연기로 주위가 칠흑 어둠이라 그는 자신이 어디에 있는지, 어디로 가고 있는지 알 길이 없었다. 발 빠른 천마가 끄는 대로 끌려가고 있을 뿐이었다.

오늘날 에티오피아로 불리는 아이티오페이아 사람들의 피부가 새까맣게 된 것도 이때부터였다고 사람들은 말한다. 열기 때문에 피가 살갗으로 몰려서 그렇다는 것이다. 전해지는 바에 따르면 오늘날의 리비아가 사막이 된 것도 이때였고, 열기가 물을 말려버리자 물의 요정들이 머리를 쥐어뜯으며 샘과 호수가 없어진 것을 애통해한 것도 이때였다. 보이오티아 땅이 디르케 샘을, 라르고 땅이 아뮈모네 샘을, 에퓌레 땅이 퓌레네 샘을 잃은 것도 바로 이때였다.

샘이 말랐는데 트인 물길을 흐르던 강이 온전했을 리 없다. 오늘날 돈강이라고 불리는 강의 신 타나이스는 물속 깊은 곳에서 진땀을 흘렸다. 연로한 페네이오스, 뮈시아의 카이코스, 흐름이 급하기로 소문난 이스메노스도 그런 고초를 겪었다. 아르카디아의 에뤼만토스강, 훗날 트로이아 전쟁 때 헤파이스토스에 의해 또 한 차례 마르는

이윤기의 그리스 로마 신화 1

변을 당하는 크산토스강도 이런 고통을 면하지 못했다. 누런 뤼코르마스강, 꾸불꾸불 흐르는 마이안드로스강, 트라키아의 멜라스강, 스파르타의 에우로타스강, 바빌로니아의 에우프라테스강(오늘날의 유프라테스강), 오론테스강, 흐름이 빠른 테르모돈강, 강게스강(오늘날 인도의 갠지스강), 파시스강, 히스테르강(오늘날의 다뉴브강)도 변을 당했다. 알페이오스강은 끓어 올랐고, 스페르케오스강은 그 둑이 불바다로 변했다. 타고스강 바닥의 금싸라기는 불길에 녹았고, 노랫소리로 마이오니아강을 이름난 강으로 만들던 이 강의 새들은 퀴스트로스 호수로 뛰어들었으나 끝내 살아남지는 못했다. 네일로스강(오늘날의 나일강)은 기겁을 하고 땅끝까지 도망쳐 땅속에다 그 머리를 처박았다. 네일로스강의 원류가 어디인지 모르는 것은 바로 이 때문이다. 어쨌든 당시의 네일로스강 일곱 하구에서는 먼지가 일었고 물길에도 물은 없었다. 이스마로스강, 헤브로스강, 스트뤼몬강, 헤스페리아강, 레누스강(오늘날의 라인강), 파도스강(오늘날 이탈리아의 포강), 강들의 지배자 자리를 약속받은 튀브리스강(오늘날의 티베리스강)의 운명도 크게 다르지 않았다.

대지가 곳곳에서 입을 벌리자 그 틈으로 무한 지옥인 타르타로스까지 햇빛이 비쳐 들어갔다. 저승의 신 하데스와 그의 아내 페르세포네도 기겁을 했다. 바다가 마르자 바다였던 곳에 넓은 사막이 나타났다. 물속 깊이 잠겨 있던 산들이 드러나자 퀴클라데스 섬 무리에 새 섬들이 엄청나게 불어났다. 물고기는 바다의 바닥으로 내려갔고, 돌고래는 물 위로 솟구치지 못하고 수면에 등을 대고 가만히 떠다녔다. 물개의 시체가 뒤집힌 채 무시로 물결 위로 떠올랐다. 전해지기로는, 바다의 버금 신인 네레우스와 그의 아내 도리스 여신 그리고 3천 명에 이르는 그들의 딸들은 바닷속의 동굴에 숨어서도 열기 때문에 진땀을 흘렸다고 한다.

바다의 지배자 포세이돈은 세 번이나 물 밖으로 팔을 내밀어보려고 하다가 세 번 다 너무 뜨거워 팔을 거두어들였다고 한다.

대지의 여신은 물이 자기 발밑으로 흘러와 고이는 것을 자주 보았다. 바다의 물, 샘의 물이 열기를 피해 대지의 품 안으로 스며들어 와 잔뜩 몸을 사리고 있었기 때문이다. 대지의 여신은 목이 타들어가는 듯한 갈증을 느끼고는 잿더미 위로 고개를 들었다. 대지의 여신이

로마에서 만난 포세이돈 가족

손으로 얼굴을 가린 채 부르르 떨자 만물이 모두 부르르 떨었다. 여신은 머리를 조금 낮추고 위엄 있는 음성, 노기 띤 음성으로 부르짖었다.

"제우스 신이여, 이것이 운명의 여신이 정한 길인가요? 나에게 이토록 죄가 많은가요? 내가 이 같은 파멸을 받아들여야 할 만큼 죄를 지었다면, 나를 벼락으로 쳐서 단번에 끝내지 않고 어째서 이토록 욕을 보이세요? 전능한 제우스여, 불로써 나를 치려거든 그대의 불로 치세요. 같은 파멸의 불이라도 그대가 내리는 파멸의 불이 차라리 견디기 쉽겠어요. 아, 몸이 타는 듯하여 말을 더 할 수가 없어요……"

지상의 열기가 대지의 여신의 목을 조르고 있었다. 대지의 여신은 힘겹게 말을 이었다.

"……그을린 이 머리카락을 보세요. 빨갛게 충혈된 이 눈, 머리에 앉은 이 그을음을 보세요. 이 땅을 풍요롭게 하면서 그대를 섬겨온 나에게 내리는 상, 나에게 베푸는 은혜가 겨우 이것인가요? 괭이에 긁히고 보습에 찢기면서까지 참아온 보람이 겨우 이것인가요? 한 해 내내 마음 놓고 쉬어보지도 못한 나를 이렇게 대접해도 되는 것인가요? 뭇 가축에게 나뭇잎과 부드러운 풀을 대어주고, 인간에게는 곡물을 베풀고, 신들을 위해서는 향나무를 기른 나를 이렇듯이 대접해도 되는 것인가요?

내가 이런 대접을 받아 마땅하다고 칩시다. 저 물을 다스리는 바다의 신, 그대의 형제 포세이돈은 왜 이런 대접을 받아야 하지요? 그대의 형제가 다스리는 물이 왜 바다를 등지고 땅 밑으로 스며드는 것이지요? 내가 말해도 소용없고 그대의 형제가 말해도 소용없다면 그대가 사는 천궁을 걱정하세요. 둘러보세요. 남극 권역과 북극 권역에서 뜨거운 연기가 오르고 있어요. 이 불길을 잡지 않으면 다음으로 무너질 것은 그대의 천궁일 것입니다. 하늘 축을 떠받치고 있는 아틀라스를 보세요. 불길과 연기 때문에 괴로워하고 있지 않나요? 어깨로 떠받치고 있는 하늘 축을 금방이라도 떨어뜨릴 것 같지 않나요? 대지와 바다와 천궁이 무너져 내린다면 우리는 옛날의 카오스로 되돌아가야 합니다. 아직까지 남아 있는 것만이라도 이 무서운 불길에서 건지세요. 우주의 안위를 생각하세요."

이 말을 마치자 대지의 여신은 땅 위의 열기를 도저히 더는 견딜 수 없었던지 다시 땅속으로 들어갔다. 대지의 여신은 저승 가까운 곳에 있는 동굴 속으로 그 모습을 감추었다.

신들의 지배자인 제우스 신은 자기가 손을 쓰지 않으면 천지만물이 비참한 지경에 이를 것이라고 생각하고는 서둘러 신들의 회의를 소집했다. 파에톤에게 태양 마차를 맡긴 태양신 헬리오스도 그 회의에 참석했다. 신들은 헬리오스와 파에톤을 두고 저마다 한마디씩 했다.

"아비가 난봉질로 얻은 자식을 지나치게 사랑하면 저 꼴이 되지."

이렇게 말한 것은 평소에 난봉질이 잦은 제우스의 아내이자 정식 결혼의 수호 여신인 헤라였다.

"티탄 신들의 권리가 다 올림포스 신들에게 넘어왔는데, 헬리오스와 셀레네 남매만은 아직도 그 권리를 틀어쥐고 있으니까 이런 일이 생기는 것 아닌가요?"

이렇게 투정을 부린 것은 그 뒤를 이어 각각 태양의 신과 달의 여신 자리에 오르게 되는 아폴론과 아르테미스 남매였다.

"제가 다시 만들 테니, 벼락을 던지시어 저 태양 마차를 부숴버리십시오."

제우스 신에게 이렇게 청한 것은 태양 마차를 만든 대장장이 신 헤파이스토스였다.

제우스는 천궁의 지붕 꼭대기로 올라갔다. 천궁 꼭대기는 그가 대지 위로 구름을 펼 때와 천둥이나 벼락을 던질 때마다 올라가는 곳이었다. 그러나 천궁 꼭대기에는 대지 위에다 펼 구름도, 대지에다 쏟을 비도 남아 있지 않았다. 그는 벼락을 하나 집어, 오른쪽 귀 위까지 들어올렸다가 태양 마차의 마부석을 향해 힘껏 던졌다.

벼락 하나에 파에톤은 마차를, 그리고 이승을 하직했다. 파에톤은 자신이 불덩어리가 됨으로써 우주의 불길을 잡은 것이다. 천마는 벼락 소리에 몹시 놀라 길길이 뛰다가 멍에에서 풀려나고 고삐에서 풀려나 뿔뿔이 흩어졌다. 마구와 마차의 바퀴, 굴대, 뼈대, 바큇살 파편이 사방으로 날았다. 아주 먼 곳까지 날아가는 파편도 있었다.

파에톤은 금발을 태우는 불길에 휩싸인 채 연기로 된 긴 꼬리를 끌면서 거꾸로 떨어졌다. 별이 떨어지는 것은 아니었지만, 누가 보았으면 마른하늘에서 별이 떨어지는 것으로 여겼을 터였다. 그의 고향

추락하는 파에톤
제우스가 던진 벼락에 맞아 추락하는 파에톤. 네덜란드 화가 요한 리스의 그림.

에서 멀리 떨어진 곳에 있던 에리다노스강의 신이 벼락의 불길에 그을린 파에톤의 주검을 받아주었다. 에리다노스는 클뤼메네와 남매 간이었으니 파에톤에게는 외숙이 되는 셈이다. 밤의 나라 요정들은 불길에 까맣게 그을린 파에톤의 주검을 수습하여 묻고 비석을 세웠다. 비석에 새겨진 글귀는 다음과 같다.

아버지의 마차를 몰던 파에톤, 여기에 잠들다.
힘이야 모자랐으나 그 뜻만은 가상하지 아니한가.

밤의 나라 헤스페리아의 요정들이 나서서 파에톤의 장례를 치르지 않을 수 없었던 것은 파에톤의 아버지인 태양신이 얼굴을 가린 채 숨어버렸기 때문이다. 믿어야 할지 믿지 말아야 할지 모르겠지만, 이날 하루만은 태양이 그 모습을 나타내지 않아 타오르던 불길이 세상을 비추었더란다. 세상을 태우던 불길이 하루만이나마 세상을 비추었다는 것은 얼마나 기묘한 아이러니인가? 그러고 보면, 재앙이라고 해서 반드시 유익한 바가 없다고는 할 수 없는 모양이다.

파에톤의 어머니 클뤼메네가 슬퍼하는 모습은 눈 뜨고는 못 볼 지경이었다. 클뤼메네는 비통한 심사를 이기지 못해 눈물로 젖가슴을 적시면서 아들의 주검, 아들의 뼈를 찾으러 온 세상을 두루 돌아다녔다. 그러던 어느 날 클뤼메네는 아들의 시신이 먼 나라 강둑에 묻혀 있다는 사실을 알게 된다. 아들의 무덤을 찾아간 클뤼메네는 무덤을 내려다보며 대리석에 새겨진 이름에 눈물을 떨구다가 맨가슴

추락하는 파에톤
제우스가 던진 벼락에 맞아
추락하는 태양신 펠리오스
의 아들 파에톤. 16세기 네덜
란드 화가 헨드릭 홀치위스
의 그림.

으로 그 비석을 끌어안았다.

헬리아데스, 즉 태양신 헬리오스의 딸들의 슬픔도 클뤼메네의 슬픔에 못지않았다. 이들 역시 죽은 아우의 무덤에 애간장 끊어지는 슬픔과 하염없는 눈물을 제물로 바쳤다. 이들은 밤이고 낮이고 파에톤의 무덤 위로 몸을 던지고, 손바닥으로 가슴을 치며 파에톤의 이름을 불렀다. 파에톤이 그 소리를 들을 수 있을 리 만무했다. 이들은 달이 네 번 차고 기울 동안 무덤 앞에서 우는 것을 일과로 삼았다.

그런데 헬리아데스 중 맏이인 파에투사가 일어서서 걸으려다 말고 발이 땅에서 떨어지지 않는다고 비명을 질렀다. 아름다운 람페티에가 언니를 도우려 했다. 그러나 람페티에는 갑자기 발에 뿌리가 생기는 바람에 그 자리에서 꼼짝도 하지 못했다. 셋째는 머리를 손질하려다 말고 비명을 질렀다. 머리에 잎이 돋아나기 시작한 것이다. 하나가 다리가 나무둥치로 변한다고 비명을 지르면, 다른 하나는 팔이 나뭇가지로 변한다고 고함을 지르는 식이었다. 헬리아데스 다섯 자매가 이 놀라운 변신에 정신을 차리지 못하고 있을 동안 나무껍질은 이미 이들의 허벅지를 덮고 사타구니, 젖가슴, 어깨, 손을 덮으며 올라오고 있었다. 이들은 입이 껍질로 덮이기 직전에 어머니를 불렀다.

어머니인들 무슨 수로 이들을 구할 수 있을까⋯⋯. 어머니 클뤼메네는 달려가 자신의 입술을 느낄 수 있을 동안만이라도 입을 맞추어주는 수밖에 없었다. 그러나 클뤼메네는 입맞춤만으로는 성에 차지 않아, 나무에서 껍질을 벗겨내려고 애쓰면서 아직은 부드러운 나뭇가지를 꺾어보았다. 그러자 꺾인 자리에서 수액 대신 상처에서 흐르는 피와 너무나 흡사한 액체가 흘렀다. 가지를 꺾인 딸이 외쳤다.

"어머니, 저를 다치게 하지 마세요. 제발 꺾지 마세요. 나무로 둔갑했으니 이제 가지가 제 팔이고 다리랍니다. 아, 안녕히."

이 말이 끝나기가 무섭게 나무껍질이 딸들의 입을 막았다. 이 나무껍질에서 눈물이 흘러나와 태양빛에 굳으면서 호박 구슬이 되어 가지에서 강물로 떨어졌다. 강물은 이 호박 구슬을 물 밑에 간직했다. 뒷날 로마 부인네들의 장신구가 된 호박 구슬이 바로 이것이다.

오비디우스의 신화 모음집 『변신 이야기』에 실려 있는 파에톤 이야기는 이렇게 해서 끝난다. 아이컵토스의 한 초라한 도시에서 시작된 신화가 휘황찬란한 태양신의 궁전, 광막한 하늘과 그것을 가로지르는 태양 마차를 지나 마침내 눈물이 굳어져 만들어진 호박 구슬에서 끝나는 것이다. 어쩔 수 없을 것이다. 신화도 결국은 인간에 의해 씌어진 것일 터이므로.

5장
나무에 대한 예의

GREEK
AND
ROMAN
MYTHOLOGY

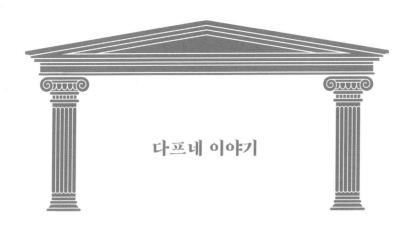

다프네 이야기

1세기의 로마 작가 오비디우스의 『변신 이야기』에는 이리로 변신한 폭군, 갈대가 된 요정, 백조가 된 소년 등 몸을 바꾸어 동물이나 식물이 되는 인간들의 이야기가 실려 있다. '변신'이란 무엇인가? '몸을 바꾼다'는 뜻이다.

나무로 몸을 바꾼 처녀 이야기를 들어보자. 그리스인들에게 나무는 무엇이었을까? 인간에게 나무는 무엇일까?

아폴론은 활의 신이자 올림포스 최고의 명사수이기도 하다. '신궁'이라는 말은 귀신처럼 활을 잘 쏘는 사람을 가리킬 때 쓰는 말이고 보면 아폴론이야말로 신궁이라고 불러줄 만하다.

그런데 활과는 떼어서 생각할 수 없는 신이 또 있다. 바로 사랑의 신 에로스다. 에로스는 '에로스와 프쉬케' 이야기에서는 청년으로 등장한다. 하지만 이 이야기를 제외하면 에로스는 늘 장난감처럼 조그만 활을 든 꼬마 신으로만 등장한다. 에로스는 어머니 아프로디테

활을 든 에로스와 아프로디테

아프로디테의 아들 에로스는 활과는 떼어서 생각할 수 없는 신이다. 얀 호사르트의 그림.

이윤기의 그리스 로마 신화 1

의 명에 따라 신과 인간의 눈에는 보이지 않는 화살을 쏘는데, 이 화살을 맞는 신이나 인간은 사랑의 병을 열병처럼 앓아야 한다. 이 에로스의 로마식 이름은 '쿠피도_{Cupido}'이고, 영어식 이름은 '큐피드_{Cupid}'다. '사랑에 빠졌다'는 말을 멋스럽게 '큐피드의 화살에 맞았다'고 하는 것은 바로 이 때문이다.

자, 활의 신이자 올림포스의 신궁인 아폴론의 눈에는 조그만 활을 들고 다니는 꼬마 신 에로스가 얼마나 가소롭게 보였을까? 아폴론이 에로스에게 이런 말을 한 적이 있다.

"이 건방진 꼬마야, 무사들이나 쓰는 무기가 너와 무슨 인연이 있느냐? 그런 무기는 나 같은 무사의 어깨에나 걸어야 어울린다. 내가 활을 얼마나 잘 쏘는지 아느냐? 나의 겨냥은 절대로 빗나가지 않는다. 나는 마음만 먹으면, 과녁이 짐승이든 인간이든 1백 발 쏘아서 1백 발 다 명중시킬 수 있다. 소문 들었느냐? 얼마 전에도 나는 온 벌판 가득하게 똬리를 틀고 있는, 독이 잔뜩 오른 왕뱀 퓌톤을 여러 개의 화살을 쏘아 죽였다. 너는 사랑의 불을 잘 지른다니까, 횃불 같은 것으로 사랑의 불이나 지르고 다니는 게 좋겠다. 활은 너 같은 꼬마에게는 어울리지 않아. 나 같은 어른이나 얻는 명사수의 칭송은 너에게 당치 않으니, 분수를 알아서 처신하도록 하여라."

이 말을 들은 아프로디테의 아들 에로스는 이렇게 응수했다.

"아폴론 아저씨, 뭐든 명중시킬 수 있다고 했지요? 그러면 아저씨 자신을 명중시킬 수 있어요? 어림도 없잖아요? 하지만 저는 아저씨를 명중시킬 수도 있으니, 제가 한 수 위지요. 활 잘 쏜다고 거들먹거

올림포스 최고의 명사수 아폴론
아폴론은 예술, 궁술, 의술, 예언 등을 주관하는 신이
다. 아폴론의 대리석상 옆에는 그가 전문으로 연주하는
악기인 수금 그리고 화살통이 놓여 있다. 대영 박물관.

리시는데, 짐승과 신들 중 누가 더 높아요?"

"그야 신들이 높지."

"얼마나요?"

"글쎄?"

"저와 아저씨의 차이만큼 높지요."

"너와 나는 누가 높은데?"

"제가 높지요."

"그렇다면 내가 짐승이라는 말이냐?"

"물론이죠. 저더러 가서 불장난이나 하라고요? 아저씨나 가서 불
장난 좀 해보세요."

이윤기의 그리스 로마 신화 1

에로스는 이 말을 마치고는 하늘로 날아올라 파르나쏘스산 꼭대기의 울창한 숲에 살짝 내려섰다. 파르나쏘스산 꼭대기에는 에로스의 어머니인 아프로디테 여신의 신전이 있었다.

에로스는 화살이 가득 든 화살통에서 각기 쓰임새가 다른 화살 두 개를 뽑았다. 하나는 사랑을 목마르게 구하게 만드는, 말하자면 상사병에 걸리게 하는 화살, 또 하나는 상대를 지긋지긋하게 여기게 하는, 말하자면 상대에게 혐오감이 일게 하는 화살이었다. 사랑을 목마르게 구하게 하는 화살은 금화살이었다. 이 금화살 끝에는 반짝거리는 예리한 촉이 물려 있었다. 그러나 사랑을 지긋지긋하게 여기게 만드는 화살 끝에는 납으로 된 뭉툭한 촉이 물려 있었다.

왕뱀 퓌톤의 정복자 아폴론
아폴론은 왕뱀 퓌톤을 죽이고, 그 아내인 퓌티아를 델포이에 있는 자기 신전의 무녀로 들어앉혔다. 그래서 아폴론은 자주 뱀과 함께 그려지거나 새겨진다.

페네이오스강 가에는 다프네라는 강의 요정이 살고 있었다. 이 다프네는 강의 신 페네이오스의 딸이었다. 다프네는 이성에게는 별 취미가 없는 처녀였다. 그래서 오로지 숲속을 돌아다니며 동무들과 놀거나 들짐승을 쫓아다니는 일에만 열중할 뿐 도무지 남성을 눈여겨보는 법이 없었다. 심지어는 사랑의 신 에로스가 어떤 신인지, 결혼의 신 휘메나이오스가 어떤 신인지도 알지 못했다. 다프네는 댕기하나로 머리카락을 아무렇게나 척 묶고는 숲속을 돌아다니면서, 사냥에 능한 처녀 신 아르테미스와 겨루기라도 하듯 짐승을 잡는 일에만 마음을 썼다.

다프네에게는 구혼자들이 많았다. 그러나 다프네는 이들의 구혼을 마다하고 길도 없는 숲을 돌아다니면서 사냥하는 일에만 열중했다. 말하자면 다프네에게는 결혼이니 사랑이니 부부 생활이니 하는 것은 쥐뿔도 아니었다. 강의 신 페네이오스는 틈날 때마다 이 선머슴 같은 딸을 타일렀다.

"얘야, 결혼해서 이 아비에게 사위 구경이라도 시켜주어야 하지 않겠느냐?"

때로는 이런 말도 했다.

"사냥 다니는 것은 네 권리지만 아비에게 외손주를 낳아 바치는 것은 네 의무니라."

그러나 다프네는 얼굴만 붉힐 뿐이었다. 다프네는 결혼이라는 것을 무슨 못 할 짓으로 여기는 것 같았다. 그래서 결혼 이야기가 나올 때마다 그 아름다운 얼굴을 붉히면서 아버지의 목을 두 팔로 감싸

안고 애원하듯이 이렇게 말하곤 했다.

"아버지, 영원히 처녀로 있게 해주세요. 아르테미스 여신의 아버지 제우스 신은 벌써 옛날에 따님에게 이런 은전을 베풀었답니다."

딸이 어찌나 집요하게 굴었던지 아버지도 딸의 청에 못 이기는 척 마음을 그렇게 먹었다. 그러나 다프네의 아름다움은 다프네의 간절한 소망을 이루어주지 않았다. 소원을 이루기에는 다프네가 너무 아름다웠다.

파르나쏘스산에 있는 아프로디테 신전 앞의 바위에 걸터앉은 꼬마 신 에로스는 먼저 금화살을 시위에 걸었다. 에로스가 시위를 팽팽하게 당겼다가 놓아버리자 금화살은 아폴론의 어깨에 가서 꽂혔다. 이로써 이제 아폴론은 어떤 여성이 되었든, 처음 눈에 띄는 여성에게 홀딱 반해 상사병을 앓게 된 것이다.

에로스는 두 번째로 납 화살을 시위에 걸었다. 에로스가 시위를 팽팽하게 당겼다가 놓아버리자 납 화살은 다프네의 어깨에 가서 꽂혔다. 이로써 이제 다프네는 어떤 남성이 되었든, 처음 눈에 띄는 남성에게 혐오증과 함께 넌더리를 내게 된 것이다.

아폴론은 이 에로스의 화살을 맞은 뒤, 다프네를 보는 순간에 그만 마음을 빼앗기고 말았다. 앞일을 헤아리는 예언의 신 아폴론의 예언력도 하릴없었다. 아폴론은 오로지 자신의 욕망이 이루어지기만을, 즉 다프네의 마음을 사로잡을 수 있기만을 바랐다. 아폴론의 가슴은 타작 마당에서 검불을 태우는 불길처럼 타올랐다. 그의 가슴에서 타들어가는 불길은, 밤길을 가던 나그네가 날이 새자 내버린

그리스의 성산聖山 파르나쏘스

아폴론의 신전이 있는 고대 도시 델포이는 바로 이 파르나쏘스산 기슭에 있다. 파르나쏘스는 올림
포스산과 함께 그리스 신화에 자주 등장하는 산이다.

햇불이 잘 마른 울타리를 태우듯이 그렇게 타올랐다. 그는 이 허망한 사랑에 대한 희망을 끝내버릴 수 없었다. 이성에 눈먼 아폴론은 목 위로 아무렇게나 흘러내린 다프네의 머리카락을 보면서 이렇게 탄식했다.

"아, 빗질이라도 한다면 얼마나 더 아름다워 보일까?"

그는 별처럼 반짝이는 다프네의 눈에서 눈길을 뗄 수 없었다. 그의 눈은 다프네의 입술에도 머물렀다. 그는 그 입술을 보는 것만으로는 만족할 수 없었다. 그는 다프네의 손가락, 손, 어깨까지 드러난 팔을 찬양했다. 그러면서 '보이는 것이 저렇게 아름다운데 보이지 않는 것은 얼마나 더 아름다울까……' 하는 생각을 했다.

그러나 아폴론이 다가가면 다프네는 달아났다. 바람보다 빠르게 달아났다. 아폴론이 뒤에서 이렇게 소리를 지르는데도 다프네는 걸음을 멈추기는커녕 그의 하소연조차 들어주지 않았다.

"요정이여, 페네이오스의 딸이여. 부탁이니 달아나지 말아요. 비록 그대를 이렇게 뒤쫓고 있기는 하나 나는 그대의 원수가 아니에요. 아름다운 요정이여, 거기에 서요. 이리를 피하여 어린 양이 도망치듯이, 사자를 피하여 사슴이 달아나듯이, 비둘기가 독수리를 피하여 날갯짓하듯이, 만물이 그 천적 되는 것을 피하여 몸을 숨기듯이, 그대는 지금 그렇게 내게서 달아나고 있어요. 달아나지 말아요. 내게 그대를 뒤쫓게 하는 것은 바로 사랑이오. 나는 당신을 사랑해서 이렇게 뒤쫓는 거랍니다. 도망치지 말아요. 도망치다가 돌부리에 걸려 넘어지기라도 하면 어쩌려는 것이오? 장미 덩굴에 그 아름다운 발목이라도 긁히면 어쩌려는 것이오? 그대가 달아나고 있는 이곳은 험한 곳이오. 부탁이오. 제발 좀 천천히 달려요. 걸음을 늦추어요. 나도 천천히 뒤따를 것이니. 그대에게 반하여 이렇듯이 번민하는 내가 누군지 그것은 물어보고 달아나야 할 것이 아니오?

나는 산속에서 오막살이나 하는 농투성이가 아니에요. 이 근처에서 가축이나 먹이는 양치기도 아니에요. 어리석기는! 어째서 그대는 뒤따르는 내가 누군지 알려고도 하지 않지요? 알면 그렇게 달아나지 않을 텐데…….

델포이에 아폴론 신전이 있다는 것을 아시지요? 나는 그 땅의 주인이랍니다. 테네도스섬에 아폴론 신전이 있다는 것을 아시지요? 나는 그 땅의 주인이랍니다. 항구 도시 파타라에 아폴론 신전이 있다는 것을 아시지요? 나는 그 항구의 주인이랍니다. 나는 저 신들의 아버지 제우스의 아들이랍니다. 내게는 과거, 현재, 미래를 아는 재주도 있답니다. 신과 인간을 통틀어 수금을 나보다 잘 뜯을 수 있는 자는 이 세상에 없답니다.

내 화살은 백발백중이오만, 나보다 솜씨가 나은 녀석이 있어서 내 가슴에 치유할 길 없는 상처를 입히고 말았어요. 의술이 무엇인지 아시지요? 속병을 고치고 상처를 치료하는 기술을 아시지요? 의술은 내 손에서 시작되었답니다. 그래서 세상 사람들은 나를 파이에온, 즉 '고치는 자'라고 부른답니다. 아, 나는 약초를 잘 아는 천하의 명의인데도, 이 사랑병 고칠 약초는 찾을 수가 없어요. 남을 돕는 재주가, 있어야 할 그 임자에게는 없으니 장차 이 일을 어쩌리오…….”

이윤기의 그리스 로마 신화 1

처녀가 달아나지 않았더라면 그가 한 말은 이보다 훨씬 더 길었으리라. 그러나 처녀는 그의 말을 들으면서도 계속해서 달아났다. 정신 없이 달아나고 있었는데도 다프네의 모습은 그렇게 아름다울 수가 없었다. 바람은 달아나는 다프네의 옷자락을 날려 사지를 드러나게 하고 있었다. 사지가 드러난 데다 바람이 머리카락까지 흩날리게 했으니 어떤 의미에서는 달아나는 모습이 더 아름다워 보이는 것도 당연했다.

젊은 신 아폴론은 입에 발린 아첨으로 낭비하는 시간을 아까워하지 않았다. 사랑하는 마음은 이 젊은 신의 추격 속도를 시간이 갈수록 빠르게 했다. 갈리아 사냥개가 풀밭에서 토끼 한 마리와 쫓고 쫓기는 형국과 흡사했다. 사냥개는 속도로 이 사냥감을 확보하려 하고, 사냥감은 속도로 절체절명의 위기를 모면하려고 하는 법이다. 아폴론과 다프네가 쫓고 쫓기는 형국은, 사냥개가 한시바삐 이 추격전을 마무리하고 싶어 주둥이로 토끼의 꼬리를 덥석 물고, 토끼는 사냥개 입에 물렸는지 안 물렸는지도 모른 채 죽자고 몸을 날려 아슬아슬하게 사냥개의 이빨을 피하는 형국과 아주 흡사했다.

이 젊은 신과 아름다운 요정은, 전자는 따라잡겠다는 욕심에 사로잡혀, 후자는 잡히면 끝장이라는 공포에 쫓기며 빠르기를 겨루었다. 그러나 쫓는 쪽이 빨랐다. 아폴론에게는 에로스의 날개, 사랑하는 마음이 함께하고 있었기 때문이다. 아폴론은 달아나는 다프네에게 잠시도 여유를 주지 않고 발뒤축에 바싹 따라붙었다. 숨결이 다프네의 목에 닿을 수 있는 거리까지 따라붙자 힘이 빠진 다프네는 더 이상

달아나지 못했다. 다프네의 안색이 창백해지기 시작했다. 기진맥진
한 다프네는 아버지 페네이오스강의 강물을 내려다보며 외쳤다.

"아버지, 저를 도와주세요. 강물에 정말 신통한 힘이 있으면 기적
을 베푸시어 몸 바꾸기의 은혜를 내려주세요. 저를 괴롭히는 이 아
름다움을 저에게서 거두어주세요."

다프네는 이 기도를 채 끝마치기도 전에 사지가 풀리는 듯한 정체
모를 피로를 느꼈다. 다프네의 그 부드럽던 젖가슴 위로 얇은 나무
껍질이 덮이기 시작했다. 머리카락은 나뭇잎이 되고 팔은 가지가 되
기 시작했다. 조금 전까지만 해도 그렇게 힘 있게 달리던 다리는 뿌

리가 되고, 얼굴은 이미 우듬지가 되고 있었다. 이제 다프네의 모습은 남아 있지 않았다. 그 눈부신 아름다움만 남아 있을 뿐……

나무가 되었는데도 불구하고 아폴론은 다프네(월계수)를 사랑했다. 나무둥치에 손을 댄 아폴론은 갓 덮인 나무껍질 아래서 콩닥거리는 다프네의 심장박동을 느낄 수 있었다. 그는 월계수 가지를 다프네의 사지인 듯 끌어안고 나무에 입술을 갖다 대었다. 나무가 되었는데도 다프네는 이 입맞춤에 몸을 웅크렸다.

아폴론이 속삭였다.

아폴론 앞에서 월계수로 변해 가는 다프네
나무가 되었는데도 아폴론은 다프네를 사랑했다. 그래서 자신의 아내가 될 수 없게 된 다프네에게 자신의 나무가 되게 하겠다고 약속한다. 니콜라 푸생의 그림.

"내 아내가 될 수 없게 된 그대여, 대신 내 나무가 되었구나. 내 머리, 내 수금, 내 화살통에 그대의 가지가 꽂히리라. 기나긴 개선 행렬이 지나갈 때, 백성들이 소리 높여 개선의 노래를 부를 때 그대는 승리자들과 함께할 것이다. 그뿐인가? 이날 이때까지 한 번도 잘라본 적 없는, 지금도 성성하고 앞으로도 성성할 터인 내 머리카락처럼, 그대의 잎으로 만들어 승리자들의 머리에 씌워 줄 월계관 또한 시들지 않으리라."

아폴론이 이런 약속을 하자 월계수는 가지를 앞으로 구부리며 사람이 고개를 끄덕이듯이 잎을 흔들었다.

이렇듯이 모든 나무의 가지는 아름다운 다프네 아니면, 파에톤의 죽음을 슬퍼하던 누이들의 팔이다. 나무를 베거나 가지를 꺾을 때 우리가 명심할 일이다. 하지만 이 세상에는 이런 자연의 은혜를 하찮게 여기는 망나니가 있다.

망나니 에뤼시크톤이 어떤 변을 당하는지 눈여겨보아두자.

이윤기의 그리스 로마 신화 1

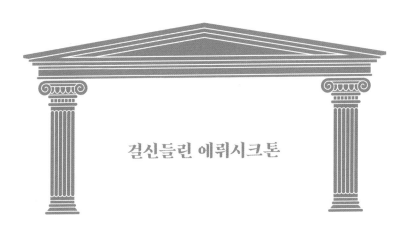

걸신들린 에뤼시크톤

그리스 남부에 자리 잡은 아테나이 서남쪽의 엘레우시스 땅에는 대지의 버금 여신이자 곡식의 으뜸 여신인 데메테르의 신전이 있다. 이 신전 뒤에는 어찌나 큰지 한 그루로 가히 숲이라고 할 만하고, 어찌나 오래되었던지 산과 나이를 견줄 만한 참나무 한 그루가 자라고 있었다. 이 나뭇가지에는 여기에 와서 기도하고 그 기도의 응답을 얻은 사람들이 걸어놓은 꽃다발도 있었고, 나무 앞에는 나무의 덕을 칭송하는 송덕비도 서 있었다.

숲이나 나무의 요정들인 드뤼아스는 이따금씩 이 나무 아래에서 무도회를 열었다. 수십 명의 요정들이 둘러싸고는 손에 손을 잡고 돌 수 있을 정도로 이 나무는 엄청나게 컸다. 나무의 둘레가 자그마치 열다섯 아름에 가까웠다. 숲 바닥에는 풀이 자라고 있었고 이 풀 위로는 다른 나무, 다른 나무 위로는 이 나무가 우뚝 서 있었는데, 이 나무에 견주면 다른 나무는 바닥에 깔린 풀이나 진배없었다.

데메테르의 신전 가까이에는 에뤼시크톤이라는 사람이 살고 있었다. 그는 신들을 우습게 여기는 사람이라 데메테르 신전에 들어가 향 한번 피워본 적이 없는 사람이었다. 그는 데메테르 여신이 별 도움을 주지 못하는 것 같은데도 사람들이 '데메테르, 데메테르' 하는데 공연한 심술이 났다. 그래서 하루는 그 참나무를 찍어 넘기기 위해 도끼를 든 하인 여럿을 데리고 신전 뒷산으로 올라갔다.

에뤼시크톤은 '땅의 보호자'라는 뜻이다. 명색이 땅의 보호자인 자

엘레우시스에 있는 데메테르 신전 뒤의 구릉
엘레우시스의 오늘날 이름은 '엘레프시나'다. 지금의 모습만 보아서는 이곳에 거대한 참나무가 자라고 있었을 것 같지 않다.

이윤기의 그리스 로마 신화 1

엘레우시스의 데메테르 신전 유적지
대대적인 복원을 준비하고 있지만 아직 큰 실적은 보이지 않는다. 곡신穀神의 신전 유적지가 오늘날에는 이 근처로 밀려든 공업 지대 근로자들을 위한 음악회당이 되어 있다.

가 '땅의 어머니'인 데메테르 여신을 욕보이려고 하니, 이 얼마나 이름값을 못 하는 어리석은 자인가? 이 여신의 이름 데메테르는 실제로 '다(땅)'의 '메테르(어머니)'라는 뜻이다.

신들에 대한 믿음까지 들먹거릴 것도 없다. 살아 있는 것들을 두렵게 여기고 함부로 욕보이는 것을 삼가는 나무꾼은, 한갓 나무에 지나지 않을지라도 그냥 도끼로 찍는 법이 없다. 제대로 된 나무꾼은 도끼 등으로 나무를 두어 번 건드린 뒤에야 도끼질을 한다. 말하자면 나무의 명을 끊되 욕은 보이지 않겠다는 갸륵한 마음을 지녀야 나무꾼 노릇을 제대로 할 수 있는 것이다.

에뤼시크톤은 하인들에게 어서 참나무를 찍어 넘기라고 호령을 했다. 그러나 오래오래 살아온 나무에 대해 삼가는 마음이 없지 않은 하인들은 주인의 호령에도 선뜻 도끼를 들고 나서지 못했다.

그러자 에뤼시크톤이 도끼를 빼앗아 들고 소리쳤다.

"데메테르 여신의 총애를 받는 나무든 여느 나무에 지나지 않든 나와는 상관없는 일이다. 보아라, 설령 이 나무가 여신의 나무라고 한들 내 앞을 막고 무사할 것인지."

에뤼시크톤은 이렇게 소리 지르며 도끼로 참나무 밑동을 찍었다. 그러자 하인들 중 용기 있는 자 하나가 달려 나와 에뤼시크톤이 잡고 있던 도낏자루에 매달리며 애원했다.

"주인님, 신은 나뭇잎 한 장에도 머무신다고 했습니다. 저 산과 나이를 겨루는 이 참나무에야 여부가 있겠습니까?"

"물러서라. 오래된 것이 다 신의 둥우리라면 신이 발치에 걸려 어디 나다니기나 하겠느냐?"

"주인님, 안 됩니다. 한 번 찍은 자국은 곧 수액으로 메워질 것입니다. 도끼질은 지금 그만두셔도 늦지 않습니다."

에뤼시크톤 이야기도 오비디우스의 『변신 이야기』에 실려 있다. 입담 좋은 강의 신 칼뤼돈이 지나가던 영웅 테세우스에게 들려주는 이야기 속에 들어 있는데, 칼뤼돈의 입담을 직접 들어보자.

신들을 두려워할 줄 모르는 인간 에뤼시크톤이 뭐라고 했는지 아십니까?

이윤기의 그리스 로마 신화 1

"이것이 여신의 사랑을 입은 나무에 지나지 않는 것인지, 아니면 여신이 정말 깃들여 있는 나무인지 이 나무를 쓰러뜨려보면 안다."

에뤼시크톤은 이러면서 도끼를 쳐들고 금방이라도 나무를 찍어 넘길 거조를 차렸답니다. 그러자 이 데메테르 여신이 사랑하는 참나무가 부르르 떨면서 비명을 지르더라지요. 동시에 잎과 열매가 새하얗게 질렸고, 가지도 색깔을 잃더랍니다. 그런데도 이 극악무도한 자는 기어이 나무둥치를 찍고야 말았지요.

그러자 나무는 도끼에 찍혀 껍질이 찢긴 곳으로 피를 흘리더랍니다. 제물로 제단 앞에서 희생된 황소처럼 말이지요. 그 자리에 서 있던 사람들은 모두 무서워서 어쩔 줄을 몰라 벌벌 떨었지요. 그런데 그중 한 사람이 용감하게 나서서 이 못된 짓을 말려보려고 했답니다. 에뤼시크톤은 이 사람을 노려보면서,

"신들 좋아한다. 오냐, 그래 신들을 잘 섬기는 너에게 내가 상을 내리겠다"

이러면서 도끼로 이 사람의 목을 잘라버리고는 연방 나무를 찍어대더라는 이야깁니다.

에뤼시크톤이 도끼질을 계속하고 있을 동안 나무둥치 속에서는 이런 소리가 울려 나오더라는군요.

"이 나무 속에 사는 나는 데메테르 여신의 사랑을 입은 요정이다. 내가 숨을 거두면서 너에게 경고하거니와 네 사악한 짓에 대한 보답이 곧 있으리라. 죽어가면서 나는 이로써 위안을 삼노라."

그런데도 에뤼시크톤은 도끼질하던 손길을 멈추지 않았지요. 에뤼

나무의 요정 하마드뤼아스

나무의 요정 드뤼아스 중에서도 하마드뤼아스는 특정한 나무와 결합하여 그 나무와 운명을 같이한다고 여겨졌다. 19세기 프랑스 화가 에밀 뱅의 그림.

시크톤은 도끼질이 어느 정도 끝나자 밧줄을 매어 이 나무를 쓰러뜨렸는데, 나무 무게가 엄청났기 때문이겠지만 그 소리가 어찌나 컸던지 온 숲이 다 울리더랍니다.

나무의 요정들을 그리스어로는 '하마드뤼아데스_{Hamadryades}'라고 합니다(단수는 하마드뤼아스). '나무_{dryas}'와 '함께_{hama}'하는 이들이라는 뜻이지요. 나무와 숲을 잃은 요정들은 검은 상복으로 갈아입고 데메테르 여신께 달려가 에뤼시크톤에게 벌을 내려주기를 간청했지요. 아름다운 여신께서는 그러마고 하시면서 고개를 끄덕이셨답니다. 곡식의 여신께서 고개를 끄덕이시자 이삭이 누런 곡식도 모두 고개를 끄덕였지요. 여신께서는 에뤼시크톤에게 벌을 내리되, 온 세상 사람들이 모두 그런 벌을 받는 이자를 동정하지 않을 수 없을 만큼 무시무시한 벌을 생각해내셨습니다.

리모스 여신을 아시지요? '배고픔'의 여신, 다시 말해서 '걸신' 또는 '아귀'입니다. 데메테르 여신께서는 리모스 여신을 에뤼시크톤에게 보낼 생각을 하신 것이지요.

하지만 운명의 여신들께서는 데메테르 여신과 리모스가 만나는 것을 허락지 않으십니다. 데메테르 여신께서는 이 리모스에게 접근하실 수도 없습니다. 이유를 짐작하시겠지요? 곡식의 여신과 기아의 여신이 한자리에 있을 수는 없는 것 아닙니까?

그래서 여신께서는 산의 요정들인 오레아스들 중에서 하나를 뽑아 불러 이렇게 이르셨지요.

"여기에서 멀리 떨어진 눈 덮인 스퀴티아 땅에 가면, 대지와 곡식이 무엇인지 나무가 무엇인지 모르는 참으로 황량한 불모지가 있다. 저 얼어붙은 '한기', '창백', '전율', 그리고 주린 배를 움켜쥔 리모스(기아)가 사는 땅이 바로 거기다. 가서 리모스에게 신들을 두려워할 줄 모르는 이 인간에게 허기의 씨앗을 좀 뿌리라고 하여라. 내가 베푸는 영양분과 싸우되, 아무리 좋은 음식, 아무리 많은 음식이 들어와도 물러서지 않고 버틸 수 있을 만큼 좀 듬뿍 뿌리라고 하여라. 갈 길이 멀다고 걱정하지 말아라. 하늘을 나는 비룡이 끄는 내 수레를 빌려주마. 비룡이 끄는 이 수레가 하늘을 날아 너를 그 땅으로 데려

데메테르 여신
데메테르는 대지의 버금 여신
이자 곡식의 으뜸 여신이다.

가 줄 게다."

데메테르 여신께서는 이러시면서 오레아스에게 수레를 빌려주셨습니다. 오레아스는 이 수레를 타고 하늘로 날아올랐지요.

오레아스는 스퀴티아 땅의 한 바위산에서 비룡 수레를 세웠습니다. 이곳이 어딘고 하니, 바로 그 땅 사람들이 '카우카소스'라고 부르는 곳이지요. 오레아스는 오래지 않아 리모스를 찾을 수 있었지요. 리모스는 돌밭에 앉아 손톱과 이빨로 몇 포기 안 남은 풀뿌리를 캐고 있더랍니다.

리모스의 얼굴은 창백했고, 눈은 움푹 들어가 있었으며, 머리카락은 제멋대로 헝클어져 있었고, 입술은 쩍쩍 갈라져 있더랍니다. 안에서 음식이 썩는 독기 때문에 목은 잔뜩 쉬어 있었고, 살갗은 딱딱한데도 어찌나 얇고 투명한지 오장육부가 다 들여다보이더라는군요. 몰골 흉악하기는 여기서 그치지 않습니다. 살이 한 점도 붙어 있지 않은 엉치뼈는 허리 이쪽으로 불쑥 저쪽으로 불쑥 튀어나와 있었고, 배가 있어야 할 자리는 뻥 뚫려 있었으며, 어찌나 말랐는지 뼈의 관절은 마디마다 툭툭 불거져 있었고, 슬개골은 툭 튀어나와 있었으며, 발뒤꿈치는 불룩하게 솟아 있더랍니다. 축 늘어진 젖가슴은 가슴에 달려 있다기보다는 등뼈에 달려 있다고 하기가 쉽더라지요.

이 꼴을 본 오레아스는 차마 가까이 갈 수가 없어 멀리서 데메테르 여신의 뜻을 전했다는군요. 그 짧은 시간, 그나마 가까이 다가가지도 않고 멀리 떨어져 있었는데도 이 오레아스는 리모스에게 깨물리기라도 한 것처럼 시장기가 느껴졌기 때문이랍니다. 오레아스는 여신의 뜻만 전하고는 서둘러 비룡의 머리를 돌려 하이모니아 땅으로 돌아와버렸지요.

리모스는 원래 데메테르 여신의 뜻과는 늘 엇길로 가기로 유명합니다. 이유야 짐작하시겠지요? 하지만 이때만은 여신의 명을 그대로 좇아 시행했지요. 리모스는 바람을 타고 하늘을 날아 곧 데메테르 여신께서 가르쳐주신 에뤼시크톤의 집으로 갔습니다.

그리고는 곧바로 신들을 두렵게 여길 줄 모르는 인간 에뤼시크톤의 침실로 들어갔고요. 에뤼시크톤은 자고 있었습니다. 밤이었으니까요.

리모스는 자고 있는 에뤼시크톤을 끌어안고 입술, 목, 가슴 할 것 없이 가리지 않고 허기의 씨앗이 잔뜩 든 숨결을 내뱉어 이 씨앗이 에뤼시크톤의 핏줄 속으로 스며들게 했습니다. 그리고는 기아와 공포뿐인 제 고향으로 날아가버렸던 것입니다.

이때 에뤼시크톤은 날개 달린 잠의 신 휘프노스의 도움에 힘입어 아주 곤하게 자고 있었습니다. 그런데 느닷없이 먹는 꿈을 꾸기 시작했습니다. 꿈의 신 모르페우스가 에뤼시크톤의 꿈자리에다 진수성찬을 차려주었던 것이지요. 그런 꿈을 꾸니까 당연한 일이지만, 에뤼시크톤은 자면서도 입맛을 다시고, 이빨을 갈고, 음식을 삼키는 시늉을 했더랍니다. 음식 대신에 하릴없이 바람만 잔뜩 들이마신 것이지요.

잠에서 깨어난 에뤼시크톤은 시장기를 느끼고 미친 듯이 음식을 찾았습니다. 이로써 기갈이 들린 그의 입과, 미친 듯이 먹을 것을 요

'땅의 어머니' 데메테르
그리스의 엘레우시스에는 데메테르 신전 유적지와 박물관
이 있다. 그 박물관에 보존되어 있는 데메테르 대리석상.

구하는 그의 위장은 그에게 자비를 베풀 것을 요구하게 됩니다.

그는 지체 없이 하인들에게 땅에서 나는 것이든 하늘에서 나는 것이 든 물에서 나는 것이든 닥치는 대로 먹을 것을 장만해 오라고 명했습니다. 하인들이 음식을 차려다놓았는데도 그는 배가 고프다고 죽는 소리를 했고, 먹으면서도 음식을 더 장만하라고 악을 썼습니다.

한 도시, 한 나라의 백성들을 능히 먹일 음식도 그에게는 모자랐습니다. 먹으면 먹을수록 더욱 시장기를 느꼈던 거지요. 바다는 온 땅의 물이라는 물은 다 받아 마시고도 배가 차지 않는지 먼 땅의 물까지 다 받아 마시지요? 탐욕스러운 불길은 온 산의 나무라는 나무는 다 태우고도 나무가 더 있기를 원하지요? 에뤼시크톤의 배가 이와 같았답니다. 에뤼시크톤의 입은 마치 온 산의 나무라는 나무는 다 태우고도 입을 쩍벌리고 있는 벽난로와 다를 것이 하나도 없었지요.

에뤼시크톤은 음식이라는 음식은 가리지 않고 먹어치우면서도, 그릇이 비기도 전에 더 가져오라고 소리를 질렀습니다. 그가 먹어치운 음식은 그의 배를 채운 것이 아니고 그의 식욕을 자극했던 모양입니다. 그리고 또 그의 허기를 채운 것이 아니고 오히려 허기를 자극했던 모양입니다.

걸신이 들린 그의 위장은 곧 그 집 재산을 바닥나게 했습니다. 먹어도 먹어도 시장기는 조금도 가시지 않는데, 그 배를 채우고자 했으니 재산이 바닥난 것도 무리는 아니지요. 땅을 팔고, 집을 팔고, 가재도구도 모두 팔았지만, 다 합해봐야 한 끼분의 음식값도 되지 않았다던가요?

마침내 빈털터리가 된 그에게 남은 것이라고는 딸 하나뿐이었습니다. 이 딸은 아비와는 달리 참한 처녀였던 모양입니다. 이름이 아드메타나라고 했지요, 아마? 먹기는 먹어야 하는데 먹을 것이 없으니 어쩝니까? 에뤼시크톤은 마침내 이 딸 아드메타나마저 팔았습니다. 그러나 아드메타나는 남의 집 종이 되는 것을 한사코 거부했습니다.

새 주인에게 팔려 바닷가로 나간 아드메타나는 두 팔을 벌리고 기도했습니다.

"일찍이 제 순결을 앗아 가신 분이시여. 이제 베풀어주실 때가 되었으니, 저로 하여금 노예 신세를 면하게 하소서."

아프로디테, 헤라와 함께 있는 데메테르
머리에 곡식의 이삭으로 만든 관을 쓰고 있다. 그 왼쪽이 아프로디테, 오른쪽이 헤라 여신이다. 라파엘로의 그림.

이 처녀가 누구에게 기도했는가 하면, 바로 바다의 신 포세이돈께 했던 것입니다. 포세이돈 신께서는 이 처녀를 모른다고는 하지 않으셨지요. 그래서 조금 전에 새 주인을 따라 바닷가로 나온 이 처녀의 모습을 남자로 바꾸시고 어부의 옷으로 갈아입히셨습니다. 새 주인이 어부로 둔갑한 이 처녀를 보면서 물었지요.

"미끼 달린 낚싯바늘을 물속에다 숨기고 계시는 분이시여, 물에다 낚싯대를 담그고 계신 분이시여, 바다가 내내 잔잔하기를 바랍니다. 조금 전에 싸구려 옷차림에 머리는 산발하고 내 옆에 있던 처녀가 어디로 갔는지 가르쳐주시면, 넋 빠진 고기가 바늘을 알아보지 못하고 덥석 미끼를 물 것이리다. 조금 전에 여기에 있던 처녀가 어디로 갑디까? 좀 일러주시오. 일러주지 않으면 고기가 안 잡히게 되는 것은 물론이고 고기밥이 될 수도 있을 것입니다."

아드메티나는 그제야 신이 자기의 모습을 바꾸어준 줄을 알았지요. 그녀는 새 주인이 자기에게 자기의 행방을 묻고 있는 것을 재미있어하며 이렇게 대답했더랍니다.

"미안하지만 나는 그대가 누구신지 알지 못합니다. 하지만 거짓 없이 일러달라니까 거짓 없이 일러드리지요. 내가 바로 그 처녀올시다. 이제 고기밥이 되지는 않겠지요?"

"예끼, 이 실없는 양반."

새 주인은 이 말에 발길을 돌려 그곳에서 사라졌답니다. 그녀는 그제야 원래의 모습으로 되돌아왔지요.

그녀가 먼 길을 걸어 아버지 에뤼시크톤의 집으로 돌아가자 에뤼시크톤은 돈과 딸을 번갈아 바라보면서 좋아했지요. 하지만 좋아하는 것도 잠깐, 에뤼시크톤은 또 딸을 팔지 않으면 안 되었지요.

아드메티나가 팔릴 때마다 포세이돈은 그녀를 짐승으로 변신케 했습니다. 아드메티나는 말로 변신했을 때는 집까지 뛰어오고, 새로 변신했을 때는 집까지 날아오고, 물고기로 변신했을 때는 강을 거슬러 헤엄쳐 왔답니다.

그러나 에뤼시크톤의 시장기는 먹어도 먹어도 가시지 않았고, 팔아도 팔아도 딸은 지나갔던 계절처럼 되돌아왔지요. 그러던 어느 날 아드메티나가 먼 나라의 왕비로 간택되어 갔을 때 딱 한 번 포세이돈은 이 딸을 그 아비에게 되돌려주지 않았지요.

에뤼시크톤은 허기를 견디다 못해 처음에는 제 팔을 잘라 먹고 다리를 잘라 먹고 엉덩이 살을 베어 먹고 하다가, 입술까지 다 베어 먹은 다음에야 데메테르의 복수에서 놓여났답니다. 에뤼시크톤이 있던 자리에는 이빨 한 짝만 덩그러니 남아 있더라는 얘깁니다.

산을 오를 때마다 기억하자. 함부로 나무를 베어낸 대가를 톡톡히 치른 에뤼시크톤의 이야기를…….

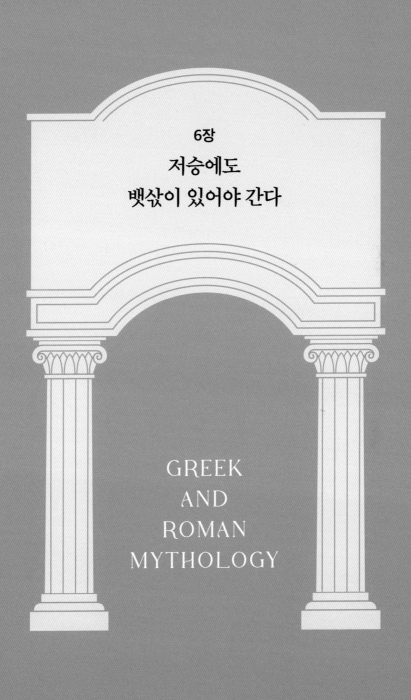

6장

저승에도
뱃삯이 있어야 간다

GREEK
AND
ROMAN
MYTHOLOGY

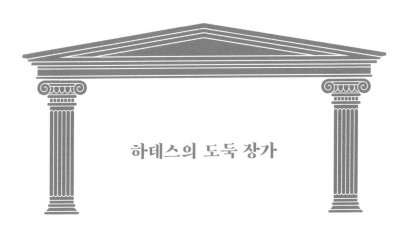

하데스의 도둑 장가

　고대 그리스인들도 저세상이 있다고 믿었다. 저세상이 무엇인가? 사람이 죽은 다음에 가는 저승이 바로 저세상이다. 이 믿음은 로마 인들에게 그대로 전해졌고, 로마 문화를 이어받은 유럽인들에게 큰 영향을 미쳤다.

　사람들은 흔히 유럽 문화의 두 기둥을 헬레니즘과 헤브라이즘이 라고 한다. 헬레니즘이 무엇인가? 고대 그리스인들은 스스로를 '헬 라스인'이라고 불렀다. 그러므로 헬레니즘은 고대 그리스에서 일어 나 로마로 이어진 문화를 말한다. 그렇다면 헤브라이즘은 무엇인가? 구약성서에 잘 그려져 있는 히브리인들, 즉 유대인들의 문화를 말한 다. '천국'과 '지옥'과 '부활'은 유대인들이 일군 헤브라이즘의 저세 상에나 등장하는 말들이다.

　헤브라이즘의 저세상과는 사뭇 다른 헬레니즘 문화권의 저세상을 한번 돌아보자.

제우스를 비롯한 올륌포스 신들은 한 세대 앞의 신들인 티탄 신들을 물리치고 신들의 권리를 모두 물려받았다. 이때 올륌포스 신들이 치른 전쟁을, 티탄 신들과 싸웠다고 해서 '티타노마키아'라고 한다.

올륌포스 신들은 티탄 신들과의 싸움에서 승리를 거둔 뒤에도 또 한 차례 거인들과 싸움을 치러야 했다. '기간테스Gigantes'라고 불리는 이 거인들은 모습이 흉칙하고 하는 짓이 괴상했다. 올륌포스 신들이 이들과 벌인 전쟁을 '기간토마키아'라고 하는데, '기간테스를 상대로 벌인 전쟁'이라는 뜻이다. 『변신 이야기』에서 오비디우스는 기간토마키아의 광경을 이렇게 노래했다.

저 높은 곳에 있는 하늘 궁전도 안전한 곳은 못 되었다.
괴악한 거인 기간테스들이 하늘에 군림할 욕심이 생겨
별보다 더 높게 산을 쌓아올리고는
그 산을 딛고 천궁으로 쳐 올라왔기 때문이다.
거인들은 천궁을 차지하려고
오싸산 위에다 펠리온산을 겹쳐 쌓았다.
전능한 신들의 아버지 제우스는 벼락을 던져
펠리온산을 오싸산에서 떨어뜨렸다.
거대한 거인들의 몸은

이윤기의 그리스 로마 신화 1

저희들 손으로 겹쳐 올린 펠리온산 밑에 깔릴 수밖에 없었다.

대지는 거인들이 흘린 피로 붉게 물들었다.

올림포스 신들은 살아남은 기간테스들을 산이나 바위로 눌러놓거나 지하에 있는 무한 지옥 타르타로스에 가두었다. 하지만 산이나 바위에 깔린 기간테스들이 눌린 자리가 불편해서 돌아눕거나 돌아누우려고 몸을 들썩거리는 바람에 대지가 자주 요동쳤다. 기간테스들의 들썩거리는 몸짓은 곧 지진이 되었고, 뜨거운 숨결은 곧 화산이 되었다. 화산의 불길과 용암은 시도 때도 없이 산과 바다를 뒤덮었다.

땅과 바다 아래위에서 이런 난리가 나고 있었으니 대지의 여신 데메테르와 지하에 있는 저승의 신 하데스의 심정이 어떠했겠는가?

그중에서도 가장 놀란 신은 하데스였다. 하데스의 세계는 땅 밑, 무겁디 무거운 망치받이 모루를 떨어뜨리면 아흐레 밤 아흐레 낮 동안 떨어져야 이를 수 있을 만큼 땅속 아주 깊고 깊은 곳에 있었다.

'이러다가 내 왕국이 날빛 아래 드러나는 것이나 아닌지 모르겠군. 땅 위로 올라가 형편이 어떠한지 직접 살펴볼 수밖에 없다.'

하데스는 이렇게 생각하고 검은 말이 끄는 이륜마차를 타고 지상으로 올라왔다.

하데스는 여느 때 같으면 '퀴네에'라고 하는 장신 투구를 쓰고 다닌다. 장신 투구는 '몸을 감추는 투구'라는 뜻이다. 누구든지 이 장신 투구를 쓰면 신이나 인간의 눈에 띄지 않는다. 말하자면 도깨비

저승 왕 하데스와 왕비 페르세포네

하데스 옆에는 저승의 지킴이인 머리가 셋 달린 개 케르베로스가 서 있다. 이 개는 딱 한 번, 영웅 헤라클레스에게 붙잡혀 이승으로 나온 적이 있다. 크레타섬의 이라클레이온 박물관.

감투와 같은 것이다.

그런데 지상으로 올라올 당시 하데스는 이 장신 투구를 쓰지 않았던 모양이다. 하데스가 땅 위로 올라왔을 때, 사랑의 여신 아프로디테와 에로스 모자는 에뤽스산 위에 있었다. 아프로디테는 원래 하데스를 좋아하지 않았다. 하기야 '사랑'이 어떻게 '저승'을 좋아하겠는가?

아프로디테와 에로스는 이런 말을 주고받았다.

"에로스야, 저기 좀 보아라. 저기 시커먼 이륜마차를 타고 거들먹거리는 털보가 누군지 아느냐? 저승의 신 하데스라는 자다. 제우스 대신이 형이자 아우인 하데스에게 마땅한 색시를 구해주려고 하는 모양이더라만, 한번 가면 못 오는 그 음산한 땅으로 누가 시집을 가

이윤기의 그리스 로마 신화 1

려고 하겠느냐?"

"그렇다면 하데스가 제 손으로 끌고 가야겠네요?"

에로스는 황금빛 화살 하나를 들어 보였다.

"내가 그래서 이 말을 꺼낸 것이다. 너 데메테르의 딸 페르세포네의 아버지가 누구인지 아느냐? 제우스 신이다."

"그럼 제우스 신이 페르세포네를 하데스에게 주면 되지 않습니까?"

"그게 그렇지가 않다. 데메테르는 신들이 혹 자기 딸 페르세포네를 건드릴까 봐 외딴 섬으로 보내어 기르고 있다. 그냥 놓아 기르는 것도 아니고 요정들을 풀어 딸을 지키게 한다더라. 데메테르가 좀 웃기지 않니? 바람둥이 신들의 눈만 속이면 되는 것이냐? 네가 쏘는 사랑의 화살 알기를 우습게 알고 있는 게 아니냐? 언젠가 내가 데메테르에게 물어보았다. 페르세포네도 이제 나이가 찼으니 짝을 찾아주어야 하지 않겠느냐고. 그랬더니 눈을 까치 뱃바닥처럼 하얗게 뒤집는데……."

이 말을 들은 에로스는 입을 앙다물더니 활을 벗겨 내리고, 들고 있던 금화살을 시위에 걸었다. 그러고는 시위에다 살을 먹인 다음 하데스를 겨누어 시위를 힘껏 당겼다가 깍짓손을 툭 놓았다.

엔나 골짜기로 들어가던 하데스는 문득 왼쪽 가슴이 섬뜩했던지 손으로 쓸어보았다. 그러나 아무것도 손끝에 닿지 않자 곧 손을 내렸다.

'거 참 이상하다.'

하데스는 이렇게 생각했다. 왼쪽 가슴이 뜨끔하다 싶은 뒤부터 공연히 가슴이 두근거리기 시작한 것이다. 그는 검은 말들의 잔등을 채찍으로 때렸다. 한시라도 빨리 으스스한 엔나 골짜기에서 벗어나고 싶어서였다.

엔나 골짜기에는 울창한 숲에 둘러싸인 호수가 하나 있었다. 이 호숫가는 숲이 강렬한 볕을 막아주는 데다 호수 덕분에 바닥이 늘 촉촉해서 '때(계절)'의 여신인 호라이 자매가 자주 오는 곳이기도 했다.

마침 이곳에는 대지와 곡식의 여신 데메테르의 외동딸 페르세포네가 요정들과 함께 백합이나 수선화 같은 꽃을 바구니와 앞치마에 따 담으며 서쪽에서 불어오는 바람의 신 제퓌로스의 희롱에 몸을 내맡기고 있었다.

에로스가 조화를 부렸으니, 페르세포네를 본 하데스의 가슴에 사랑의 불길이 일지 않았을 리 없다. 하데스는 저승신답게 단숨에 페르세포네를 낚아채어 마차에 실으려 했다. 페르세포네가 어머니와 동무 요정들을 향해 소리를 지르다가 앞치마의 양쪽 귀를 놓치는 바람에 꽃이 땅 위로 쏟아졌다.

철없는 페르세포네가 꽃 떨어뜨린 것을 아쉬워할 즈음, 하데스는 이미 페르세포네를 마차에 태우고 엔나 골짜기를 저만치 벗어났다. 하데스는 말 이름을 차례로 부르고 연신 채찍질을 해대며 진동한동 달렸다.

그런데 감히 저승 왕 하데스의 앞을 가로막는 것이 있었다. 바로 퀴아네강의 신 퀴아네였다.

하데스는 말고삐를 흔들며 호령했다.

페르세포네를 납치하는 하데스
에로스의 화살에 맞은 저승신 하데스는 데메테르 여신의 외동딸 페르세포네를 납치해 저승으로 데려간다. 잔 로렌초 베르니니의 작품. 로마 보르게제 박물관.

"내가 바로 저승의 신 하데스다. 내가 내리는 '죽음'이라는 말 한마디에 천 갈래 만 갈래로 찢기지 않을 수 있겠거든 내 앞을 막아보아라."

하데스가 이렇게 소리를 지르자 퀴아네는 입을 벌려 저승으로 내려가는 길을 열었다.

자, 이제 하데스가 페르세포네를 납치해 간 저승이 어떤 땅인지, 하데스가 대체 어떤 신인지 엿보기로 하자.

인간이 이승을 하직하고 저승사자에게 끌려가는 저승 땅은 대지의 아래쪽에 있다. 땅거죽에서 저승까지의 거리는 대장간의 망치받이 모루가 아흐레 밤낮을 떨어져야 닿을 수 있는 정도라고 하니, 미루어 헤아릴 수밖에 없다.

옛날에는 저승으로 통하는 길이 아케루사 동굴, 헤라클레이아 동굴, 콜로노스 신전에 있었다고 하는데, 아직까지 있는지 없는지는 하데스나 알 일이다.

저승으로 통하는 길은 또 있다. 땅거죽에서 저승으로 흘러들어 갔다가 다시 흘러나오는 아케론강과 코퀴토스강을 따라가면 되는 것이다. 아케론강은 '비통의 강'이며, 코퀴토스강은 '시름의 강'이라는 뜻이다. 아레투사라는 샘도 저승에서 솟아오르는 것으로 알려져 있다. 아레투사라는 이름은 조금 뒤에 다시 나온다.

사람이 죽어서 저승 땅에 이르러 하데스의 궁전에 들어가자면 여러 개의 강을 건너야 한다.

첫 번째 강이 앞에서 말한 아케론강, 즉 '비통의 강'이다. 이 강에는 카론이라는 뱃사공 영감이 있다. 이 영감은 바닥이 없는 소가죽 배로 혼령들을 강 건너쪽, 즉 피안으로 실어다 준다. 그런데 이 영감은 고집이 여간 센 것이 아니다. 게다가 성미조차 까다로워 영감의 배를 얻어 타기는 쉬운 일이 아니다. 그래서 강 이쪽에는 소가죽 배를 얻어 타지 못한 혼령들이 많았다. 강을 건넌 혼령보다 건너지 못한 혼령이 더 많을 정도였다.

그렇다면 강을 건너지 못하는 혼령은 어떤 혼령들일까? 저승길에는 돈이 필요 없다고 믿고 빈손으로 온 혼령들이다. 이 카론 영감은 엽전 한 닢이라도 받지 않고는 절대로 강을 건네주지 않는다. 헬라스 사람들, 즉 고대 그리스인들이 세상을 떠난 사람의 입에다 꼭 엽전 한 닢을 넣는 것도 다 이 카론의 비위를 상하지 않게 하기 위함이었다. 말하자면 뱃삯이 없으면 죽어서도 저승에 들어가지 못하는 것이다.

이 아케론강을 건너면 그 갈래인 코퀴토스강, 즉 '시름의 강'이 나오고, 이 시름의 강을 건너면 플레게톤강, 즉 '불의 강'이 나온다. 이 불의 강을 건너면 레테강, 즉 '망각의 강'이 그 긴 몸을 흐느적거린다. 이 망각의 강을 건너면 혼령은 이승의 일은 까맣게 잊고 저승의 백성으로 다시 태어난다. 혼령들이 이승의 추억 때문에 괴로워하지 않는 것도 바로 이 강 때문이다. 그래서 레테강은 종종 추억의 해독

망령들에게 뱃삯을 요구하는 뱃사공 카론
저승 강의 뱃사공 카론 영감은 엽전 한 닢이라도 받지 않고는 절대로 강을 건네주지 않는다.

제라고도 불린다.

 망각의 강 레테를 건너면 벌판이 나온다. 오른쪽으로 가면 극락의 들판인 엘뤼시온Elysion이 나온다. 19세기의 미국 작가 토머스 불핀치는『우화의 시대』에서 엘뤼시온에 대해 이렇게 썼다.

 로마의 시인 베르길리우스는 엘뤼시온이 지하 세계에 있는, 축복받은 사람들의 영혼이 영원히 사는 곳이라고 쓰고 있다. 이 행복의 나라, 극락의 들판에는 눈도 비도 오지 않는다. 추위도 더위도 없다. 늘 서풍이 산들산들 분다. 신의 은총을 입은 사람들의 영혼은 죽음이 없는 이 땅에서 공정한 재판관으로 이름 높은 라다만튀스의 지배 아래 살고 있다.

극락의 들판 엘뤼시온
프랑스 파리의 유명한 거리 '샹젤리제'는 바로 '엘뤼시온의 들'이라는 뜻이다. 샹젤리제 거리에 서 있는, 엘뤼시온의 풍경을 그린 조형물.

영국의 시인 존 밀턴은 『실낙원』에서 저승 앞을 흐르는 강에 대해 이렇게 썼다.

무서운 '증오의 강'에는 죽음 같은 증오의 물결
깊고 검은 '시름의 강', 참혹한 '비통의 강'
회한의 흐름에서 통곡하는 소리가 들린다.
그래서 때로는 '비통의 강', 때로는 '통곡의 강'
용솟음치는 불길의 폭포가 분노로 이글거리는 '불의 강'
여기에서 멀리 떨어져 조용히 흐르는 '망각의 강'
이 강물을 마시는 자는 전생의 삶과 존재,
희로애락을 모두 잊는다.

벌판에서 오른쪽으로 가지 않고 왼쪽으로 가면 무한 지옥인 타르타로스가 나온다. 이승에서 못된 짓을 한 인간의 영혼은 바로 이 지옥으로 간다. 올림포스 신들과 맞서 싸우던 못된 기간테스들도 여기에 있다.

이 들판을 지나면 또 하나의 강이 나오는데, 이 강은 스튁스강, 즉 '증오의 강'이라는 뜻이다. 인간의 영혼이 얼마나 건너기 싫었으면 '증오의 강'이라고 불렀을까? 하지만 인간의 영혼이 이 강을 증오하는 법은 없다. 망각의 강을 건너면서 희로애락의 감정을 모두 잊어버리기 때문이다. 하데스의 궁전으로 들어가려면 이 강을 건너야 하는 것이다.

스튁스는 원래 대양의 신이었던 오케아노스의 딸로 팔라스와 혼인했다. 티탄에 속하던 신 팔라스의 이름은 '지혜'라는 뜻이다. 이 팔라스는 티타노마키아 때 아테나 여신의 손에 죽임을 당했다. 이로써 지혜의 여신 지위를 얻은 아테나가 종종 '팔라스 아테나'라고 불리는 것은 바로 이 때문이다. 이 스튁스와 팔라스 사이에서 태어난 자식들이 바로 '질투'를 뜻하는 젤로스, '승리'를 뜻하는 니케, '힘'을 뜻하는 크라토스, '폭력'을 뜻하는 비아다.

티타노마키아 때, 지아비 팔라스는 올림포스 신들에 맞서 싸웠으나 스튁스는 티탄이면서도 티탄을 도와주는 대신 올림포스 신들을 도와주었다. 그래서 제우스는 이 스튁스에게 저승 왕의 궁전 앞을 흐르게 해주었다. 신들은 큰 맹세를 할 때마다 이 스튁스강에다 명예를 걸고 맹세를 하는데, 이렇게 한 맹세는 절대로 번복할 수 없다. 번복하면 바로 이 스튁스의 명예에 흠집이 나기 때문이다. 제우스 신조차 스튁스의 명예에 흠을 낼 수는 없다.

스튁스강을 건너면 곡식 한 포기 금수 한 마리 살지 않는 벌판이 나온다. 이 벌판에는 검은 버드나무와 아스포델로스라고 불리는 수선화 비슷한 식물이 음습한 땅에 자라고 있을 뿐이다.

이 벌판을 지나면 마침내 하데스의 궁전이 나오는데, 이 궁전 앞에는 케르베로스라는 개가 버티고 앉아 드나드는 인간의 영혼을 감시한다. 케르베로스는 머리가 세 개이며, 혀는 뱀 대가리와 같다. 이 개는 궁전으로 들어가는 혼령에게는 관대하지만 나오는 혼령은 절대로 용서하지 않는다. 저승 왕의 궁전에 들어갔다가 이 케르베로스를

이윤기의 그리스 로마 신화 1

피해 나온 신들이나 신의 피를 받은 신인은 더러 있지만, 인간으로 서는 에로스의 아내가 된 프쉬케와 전설적인 가수 오르페우스가 있을 뿐이다.

저승의 한 부분인 무한 지옥 타르타로스 구경은 전설적인 가수 오르페우스가 저승의 신 하데스와 만나는 대목에서 하기로 하자.

하데스는 어떤 신인가? 하데스는 포세이돈이나 제우스보다 먼저 태어났다. 따라서 이 두 신의 형이 된다. 그러나 아버지 크로노스는 자식이 태어나는 족족 삼켰다가 나중에야 토해낸다. 제우스가 그렇게 만든 것이다. 따라서 제우스는 가장 나중에 태어났지만 가장 먼저 자랐고, 하데스는 가장 먼저 태어났지만 가장 나중에 자라 막내

저승의 개 케르베로스를 잡아온 헤라클레스
겁쟁이 왕 에우뤼스테우스는 머리가 셋 달린 게르베로스가 두려워 항아리 속으로 몸을 숨기고 있다.

가 되었다.

하데스에게는 두 개의 이름이 있다. '하데스'라고 불릴 때도 있고 '플루토스'라고 불릴 때도 있다.

하데스라고 불릴 때는 냉혹하고 무시무시한 저승의 신이다. 하데스가 긋는 삶과 죽음을 가르는 선에는 가차가 없다. 하지만 플루토스라고 불릴 때는 다르다. 플루토스는 '재물'이라는 뜻이다. 플루토스는 지하에 묻힌 모든 지하자원의 주인이며 곡식의 생산을 도와주는 일종의 대지의 신이다. 플루토스가 가지고 있는 지하자원 중 가장 값비싼 지하자원이 무엇일까? 인류가 20세기에 들어와서야 찾아낸 '플루토스의 광물', 즉 플루토늄이다. 원자폭탄의 원료, 원자력발전소의 연료로 쓰이는 것이 바로 이 광물이다.

고대 그리스 사람들은 이 신을 하데스라고 부를 때는 검은 채찍으로 대지를 내리치며 온갖 궂은 말로 원망하지만, 플루토스라고 부를 때는 데메테르와 한자리에 모셔 제사까지 드린 것으로 전해진다.

비록 저승을 지배하고 있기는 하지만 하데스는 나쁜 신이 아니다. 물론 매정하고 냉혹하고 잔인하고 잔혹한 신이기는 하다. 이것은 삶과 죽음 사이를 가르는 법이 그렇다는 것이지 하데스 신의 성미 자체가 그런 것은 아니다.

그러나 하데스를 섬기는 버금 신과 딸림 신들은 대부분 부정적인 신들이다. 하데스의 궁전에서는 죽음의 신 타나토스, 잠의 신 휘프노스, 꿈의 신 모르페우스, 노쇠의 신 게라스, 비난의 신 모모스, 불화의 여신 에리스, 거짓말의 신 아바테가 하데스의 명령을 기다린다.

죽음의 신 타나토스는 하데스의 오른팔이다. 타나토스는 검은 도포 자락을 펄럭이면서 인간들 사이를 떠돌다 하데스의 명령에 따라 인간의 영혼을 저승으로 데려오는 저승사자다. 이 저승사자는 손아귀 힘이 견줄 데 없이 세다. 타나토스의 손아귀 힘을 꺾은 영웅은 신과 인간을 통틀어 헤라클레스밖에 없다. 딱 한 번 타나토스는 헤라클레스에게 멱살을 잡힌 채 혼이 나서, 잡으러 왔던 혼령도 잡지 못하고 빈손으로 돌아간 적이 있었던 것이다.

잠의 신 휘프노스는 타나토스의 오른팔이다. 휘프노스는 검은 날개를 펄럭이며 최면 지팡이를 들고 다니는데, 이 지팡이에 닿으면 신이든 인간이든 금수든 초목이든 깊은 잠에 빠지지 않고는 도저히 배기지 못한다. '최면술'을 뜻하는 영어 '힙노티즘hypnotism'은 바로 이 신의 이름에서 나왔다. 로마 시대에 이르면 휘프노스는 '솜누스'로 그 이름이 바뀐다. '불면증'을 뜻하는 영어 '인솜니아'가 바로 여기에서 유래한 것이다.

『변신 이야기』를 통해 이 휘프노스의 궁전을 엿보기로 하자.

무지개 여신 이리스는 헤라의 명을 받고
일곱 색깔 옷으로 차려입고 휘프노스의 궁전으로 내려갔다.
잠의 신 휘프노스의 궁전에는 태양이 비치는 일이 없다.
머리에 볏이 돋은 새가 큰 소리로 새벽의 여신을 부르는 일도 없고,
눈 밝은 개, 귀 밝은 거위가 고요를 깨뜨리는 일도 없다.
오직 고요만이 있을 뿐.

궁전 아래로는 망각의 강이 소리 없이 흐른다.

아니다, 소리가 아주 없는 것은 아니다.

속삭이는 듯한 소리가 있으되

이 소리를 들은 산 것은 모두 잠이 드니

오로지 아무도 듣지 못하는 소리가 있을 뿐이다.

휘프노스의 궁전 앞에는 수면초, 양귀비, 상추 같은 약초가

무성하게 자란다.

궁전에는 문이 없다.

문이 있으면 열리고 닫힐 때 돌쩌귀 소리가 나기 때문이다.

궁전 한가운데는 흑단 의자 하나가 검은 휘장에 가려진 채 놓여 있다.

잠의 신 휘프노스는 이곳에서 잠들어 있다.

이리스 여신이 발소리를 죽이며 들어서자

휘프노스가 졸음에 겨운 눈을 뜨고

긴 턱수염을 한 번 쓰다듬었다.

이리스는 얼른 헤라 여신의 말을 전하고는 그곳을 떠났다.

휘프노스를 보고 있자니까 졸음이 와서

도저히 오래 견딜 수 없어서…….

휘프노스에게는 꿈의 신인 세 아들이 있다.

인간의 모습을 흉내 내는 데 명수인 모르페우스,

짐승 흉내의 명수인 포베토르,

자연물로 둔갑하는 데 명수인 판타소스…….

모르페우스는 '모양을 빚는 자'라는 뜻이다. 모르페우스의 집에는 두 개의 문이 있다. 잘 닦인 상아로 만든 문과 뼈로 만든 문이 그것이다. 모르페우스가 상아 문을 나서서 전하는 꿈은 진짜 뜻이 있는 꿈이다. 하지만 뼈 문을 나서서 전하는 꿈은 개꿈이다. 둘째의 이름인 포베토르는 '위협'이라는 뜻이다. 꿈에 짐승이 나오면 대개 꿈꾸는 자를 위협하는 것은 이 때문이다. 막내의 이름인 판타소스는 '환상'이라는 뜻이다.

각설하고, 페르세포네가 하데스에게 이끌려 이 궁전에 와 있을 동안, 딸을 잃은 데메테르는 외동딸을 찾아 온 땅을 헤매고 있었다. 데메테르가 온 땅을 다 돌아다니다가 우연히 이른 곳이 바로 퀴아네강 가였다. 하데스가 페르세포네를 납치하여 저승으로 내려간 바로 그 강이었다.

강의 요정은 듣고 본 바를 데메테르에게 고하고 싶었다. 그러나 저승신 하데스가 두려워 차마 입을 열 수 없었다. 그래서 요정은 페르세포네가 하데스에게 끌려가면서 떨어뜨린 앞치마를 데메테르의 발치로 떠오르게 했다. 그 앞치마를 주워 든 데메테르는 딸이 죽은 것으로 알고는 두 눈으로 독기를 내뿜었다.

"대지의 여신 데메테르의 딸이 대지에서 죽었는데도 아무도 그 자초지종을 나에게 알리려고 하지 않아? 어디 두고 보자."

데메테르는 땅에게 그 죗값을 물리기로 결심하고 발을 구르며 땅을 저주했다.

**데메테르와 페르세포네 사이에 서
있는 트리프톨레모스**
트리프톨레모스는 데메테르의 명
을 받들어 세상 사람들에게 농업
기술을 가르쳤다.

"은혜를 모르는 땅은 들어라. 맛있는 풀과 영양 많은 곡식은 너의
옷이나 다름이 없다. 그것을 누가 너에게 주었느냐? 기름진 흙은 네
살이나 다름이 없다. 그것을 누가 너에게 주었느냐? 바로 나 데메테
르가 아니냐? 이 배은망덕한 땅아, 이제 너는 내가 베푸는 은혜를 누
릴 수가 없을 것이다. 만물을 나게 하여 그 품 안으로 거두어들이던
땅아, 이제 는 오직 거두어들이기만 해야 한다. 네 품 안에서는 아무
것도 나지 않을 것이다."

데메테르의 저주가 끝나자 자라던 곡식은 고개를 꺾어 시들었고,

이랑을 갈던 쟁기나 극젱이는 그 보습을 부러뜨렸다. 시든 풀을 먹은 가축은 독초라도 먹은 듯이 떼 지어 쓰러졌다.

데메테르가 은혜를 거두자 땅은 하루가 다르게 황무지로 변해갔다. 그 땅을 내려다보면서 태양신은 고개를 갸웃거리며 이렇게 중얼거렸다.

"내가 태양 마차를 너무 대지 가까이 몰고 있는 것인가?"

땅이 이 지경이 되자 샘의 요정 아레투사는 목이 말라 견딜 수가 없었다. 아레투사는 죄 없는 땅을 편들어주고 싶었다. 그래서 용기를 내어 지나가는 데메테르에게 자기가 당하고 듣고 본 바를 길게 말하였다.

"여신이시여, 땅을 너무 나무라지 마십시오. 땅의 잘못이 아닙니다. 하데스의 검은 채찍에 맞고도 길을 열지 않을 땅이, 여신의 품 안 어디에 있을 수 있습니까?"

"그럼 하데스가 내 딸을 데려갔다는 말이냐?"

데메테르가 물었다.

"저는 원래 강의 신을 돕는 요정이었습니다. 지금은 이렇게 샘의 요정이 되어 있지만요. 제가 강의 요정일 당시 잠깐 저승을 흐른 적이 있습니다. 그때 따님을 뵈었습니다. 따님께서는 저승의 신 하데스의 신부가 되어 있는 것 같더이다."

"내 딸이 앞치마를 입고 있더냐?"

"아닙니다. 치마에 앞치마를 매었던 흔적은 주름으로 남아 있었습니다만, 앞치마는 매고 있지 않았습니다."

"네 말이 그럴듯하다."

　저승의 신 하데스가 데려갔다면 데메테르도 어쩔 수 없었다. 신들 중에서도 제우스의 심부름을 도맡고 있는 헤르메스만 저승을 오르내릴 수 있을 뿐, 다른 신들은 출입할 수 없었기 때문이다. 데메테르는 다른 신들이 그랬듯이 올림포스로 올라가 제우스에게 탄원했다. 탄원했다기보다는 종주먹을 들이대고 윽박질렀다는 편이 옳겠다.

　"대신이여, 내 눈물이 하늘에 사무치지 않습디까? 내 울음소리가 천궁의 대들보를 울리지 않습디까? 내 딸이 납치당하는데 어째서 내려다보고만 있었는지 그 내력이나 들어봅시다."

　"내가 꾸민 일은 아니오. 내게 허물이 있다면 그것을 막지 않았다는 것인데…… 어차피 하데스에게도 신부가 필요한 것 아니오? 기왕에 이렇게 된 것, 경사스러운 일로 치고 땅에 내린 저주나 거두어주세요. 그대가 저주하는 바람에 땅에 사는 것들이 모두 굶어 죽어가고 있어요. 그러니까 저주나 풀어줍시다."

　"풀어주어요? 내 딸 페르세포네가 저 어둡고 음습한 저승의 왕 하데스에게 납치당했는데 경사스러운 일로 치자고요? 땅에 내린 저주나 풀어주자고요? 아주 잔치라도 벌이자고 그러지요?"

　"저승이 어둡고 축축한 곳이라고 하나 어차피 저승의 왕에게도 왕비가 있어야 하는 것이 아니오? 하데스가 누굽니까? 그대와도 남매간이 되지 않소? 그러니까 운명의 여신 모이라이가 페르세포네에게 그런 팔자를 점지한 것이라 칩시다. 어쩌면 이치를 주관하시는 테미스 여신께서 요량하신 일일 겝니다."

　　　　　　　　　　　이윤기의 그리스 로마 신화 1

"어째서 하필 내 딸이어야 한답니까?"

"인간이 사는 땅과 혼령이 사는 저승은 위아래에 있으니까 이치를 따지자면야 당연히 그대의 딸이어야 하겠지요. 그대는 곡식의 여신이기는 하나 땅의 여신이기도 하지 않소?"

"그렇게는 못 합니다. 나는 딸을 찾아야겠습니다."

"찾아서요?"

"찾아야 합니다. 스튁스강에 맹세를 하고, 찾고야 말겠습니다."

"저런, 이치를 주관하시는 테미스 여신께서 요량하신 일일 것이라는데 왜 스튁스강에다 대고 맹세를 합니까? 그 맹세는 신들도 거두어들이지 못한다는 것을 모릅니까?"

"……."

"할 수 없군요. 이렇게 합시다. 내가 헤르메스를 저승으로 보내 하데스와 페르세포네의 속마음을 알아보기로 하지요. 하지만 조건이 있어요. 헤르메스는 여러 차례 저승을 드나들었지만 저승에서는 아무것도 먹은 바가 없어요. 무슨 말인지 알겠어요? 저승에서 뭘 먹으면 저승에 속하게 됩니다. 그래서 헤르메스는 저승에서는 아무것도 먹지 않았던 것입니다……."

제우스는 의뭉하게 웃으면서 말을 이었다.

"……페르세포네가 저승에서 아무것도 먹지 않았다면, 그래요, 그대의 뜻대로 되찾아 올 수 있을 겁니다. 하지만 뭘 먹었다면 내 권한으로도 찾아오지 못합니다. 하지만 그대가 스튁스강에다 대고 맹세를 했으니 어쩝니까? 절충하는 수밖에요."

곧이어 제우스는 헤르메스를 저승으로 보냈다.

저승에 이른 헤르메스는 하데스에게 제우스 신의 뜻을 전했다.

"데메테르 여신께서 따님을 되찾겠다고 길길이 뛰고 계십니다. 제우스 신께서는 만일 페르세포네가 저승에서 먹을 것을 입에 댄 적이 없다면 되찾을 수 있게 해드리겠다고 약속하셨습니다. 따라서 페르세포네가 여기에서 아무것도 입에 대지 않았다면 하데스 신께서는 페르세포네를 내놓으셔야 합니다. 무슨 뜻인지 아시겠습니까? 이제 페르세포네를 부르십시오. 제가 제우스 신의 심부름꾼 자격으로 물어보겠습니다."

저승 왕 하데스는 헤르메스의 속을 꿰뚫어보았다.

'저승으로 내려온 뒤로 아무것도 먹지 않았다면, 먹이면 될 것이 아닙니까······.'

헤르메스는 하데스에게 이런 메시지를 전하고 있는 것이었다.

하데스는 페르세포네의 방으로 달려가 석류 하나를 내밀면서 이렇게 말했다.

"그대의 어머니가 그대를 되찾겠다고 제우스 신께 탄원한 모양이오. 이제 곧 집으로 돌아갈 텐데, 빈속으로 가서야 되겠어요? 내 성의니 이걸 먹고 가세요."

페르세포네는 먹을 마음이 내키지 않아 석류씨 한 알만 입안에 넣어 과즙을 빨고는 뱉어내었다.

헤르메스는 페르세포네가 석류씨 한 알을 먹었다는 말을 듣고는 제우스에게 들은 대로 전했다. 이 소식을 들은 제우스는 땅의 여신

제우스에게 탄원하는 여신 테티스
제우스의 좌대에는 기간토마키아(거인들과의 전쟁) 시절의 활약상이 새겨져 있다.

데메테르에게 이렇게 말했다.

"저승에는 아야코스, 미노스, 라다만튀스 같은 공정한 재판관이 있어요. 이들은 저승으로 온 혼령을 재판하여 착한 혼령은 엘뤼시온으로 보내고, 악한 혼령은 무한 지옥으로 보내지요. 그러니까 저승의 재판관들은 혼령의 재판을 담당하는 것이지요. 하지만 그대의 딸 페르세포네는 혼령이 아니지요. 따라서 이 문제는 내가 재판하겠어요.

데메테르 여신은 잘 들으세요. 내가 그대에게 땅을 다스리고, 곡식과 과실을 돌보라고 한 것을 기억하지요? 그대의 딸에게, 한 해의 반인 여섯 달은 그대와 함께 지낼 수 있도록 하겠어요. 왜냐하면 그대가

저승 왕비 페르세포네
페르세포네가 열고 있는 상자 속의 아기는 뒷날 미소년이 된 아도니스인 듯하다.

경솔하게도 스튁스강을 걸고 딸을 되찾아오겠다고 맹세를 했기 때문이에요. 하지만 그대의 딸은 한 해의 절반인 여섯 달은 저승에서 살게 하겠어요. 왜냐하면 그대의 딸 페르세포네가 저승에서 하데스가 주는 석류씨 한 알을 먹었기 때문이에요. 저승에서 무엇이든지 그 땅에 있는 것을 먹은 자는 저승에서 살아야 해요. 이것은 하데스의 법이에요. 아무도 이 법을 어길 수는 없어요. 내 뜻을 잘 아시겠지요?"

페르세포네의 귀환
19세기 영국 화가
프레더릭 레이턴의
그림.

가엾은 딸의 이름 페르세포네는 '썩다' 또는 '빛나다'는 뜻을 지닌 말과 밀접한 관계가 있다고 한다. 그렇다면 '썩음으로써 빛나는 것'은 무엇일까? 씨앗이 아닌가? 한 알의 밀알이 땅에 묻히고 썩어서 여러 개의 밀알을 생산하는 것이 아닌가? 페르세포네의 운명은 한 해의 반은 땅 위에서 살고, 한 해의 반은 땅 밑에서 썩어야 하는 씨앗의 운명을 그대로 보여주고 있지 않는가?

우리는 이렇게 페르세포네 이야기를 통해 저승 땅을 둘러보았다. '오르페우스 이야기'에서 다시 한 번 저승 구경을 떠나자.

7장
노래는 힘이 세다

GREEK
AND
ROMAN
MYTHOLOGY

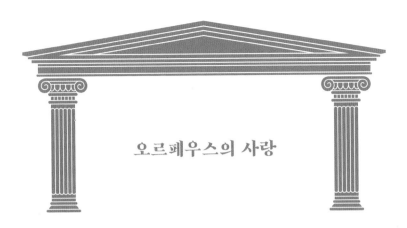

오르페우스의 사랑

신들의 나라 올림포스가 어느 정도 안정을 되찾고 보니 제우스에게는 한 가지 아쉬운 것이 있었다. 신들의 나라에서 일어나는 일, 인간 세상에서 일어나는 일을 시나 노래로 남겨야겠는데, 그걸 담당할 신들이 없었기 때문이다. 문자가 있어서 기록해둔다면 별문제가 없다. 하지만 그 당시에는 문자라는 것이 없었다.

자, 문자가 없다면 어디에 의지해야 하겠는가?

제우스는 기억의 여신 므네모쉬네를 찾아가 아흐레 밤을 동침했다. 그로부터 열 달이 지나자 기억의 여신은 아홉 자매를 낳았다. 이들이 바로 기억을 통해서 신들의 나라와 인간 세상의 온갖 예술을 담당하게 될 무사이 여신들이다. 이 여신들을 영어로는 뮤즈라고 한다.

무사이 아홉 자매의 맏이 클레이오는 영웅시와 서사시를 담당한다. 그래서 클레이오는 늘 나팔과 물시계를 들고 다닌다.

둘째 우라니아는 하늘에 대한 찬가를 맡고 있다. 그래서 우라니아는 늘 지구의나 나침반을 든 모습으로 그려진다.

무사이들의 평화로운 한때

제우스가 기억의 여신 므네모쉬네와 동침해 낳은 무사이 9자매는 신들의 나라와 인간 세상의 온갖
예술을 담당하게 된다. 16세기 화가 로렌초 코스타의 그림.

셋째 멜포메네는 연극 중에서도 비극을 담당한다. 그래서 멜포메
네는 슬픈 가면과 몽둥이를 들고 있는 모습으로 그려진다.

넷째 탈레이아는 연극 중에서 희극을 맡는다. 그래서 탈레이아는
웃는 가면과 목동의 지팡이를 든 모습으로 그려진다.

다섯째 테릅시코레는 합창을 담당한다. 그래서 테릅시코레는 현악
기의 일종인 키타라를 든 모습으로 그려진다.

여섯째 폴뤼힘니아는 무용과 판토마임(무언극)을 담당한다. 그래

서 폴뤼힘니아는 늘 입술 앞에 손가락을 하나 세우고 명상하는 모습
으로 그려진다.

일곱째 에라토는 서정시, 여덟째 에우테르페는 유행가, 막내 칼리
오페는 현악과 서사시를 맡고 있다.

딸림 여신에 해당하는 이들은 자주 올륌포스 천성으로 올라가 신
들의 잔치에서 말석을 얻어 시와 음악으로 흥을 돋우지만 대개는 헬
리콘산에서 지낸다. 헬리콘산은 산비탈에 향나무가 많고 물이 너무
맑아 독사의 독니까지 삭아 없어진다는 곳이다. 이들은 천마 페가소
스의 발굽자리라고 전해지는 히포크레네, 즉 말의 샘가에서 그 샘물

아폴론과 함께 춤추는 아홉 무사이
음악의 신 아폴론과 무사이 아홉 자매의 막내 칼리오페 사이에서 천하제일의 명가수 오르페우스가
태어난다. 16세기 이탈리아 화가 줄리오 로마노의 그림.

마시기를 즐겼다. 그 샘물이 영묘한 시상을 떠오르게 하기 때문이다. 무사이 여신들은 자리만 어우러지면 노래 부르고 춤을 추었고, 그러다 지치면 샘물로 몸을 깨끗이 닦고 올륌포스로 올라갈 채비를 했다.

음악의 신 아폴론이 무사이 아홉 자매의 막내인 칼리오페를 사랑한 적이 있다. 음악의 신과 현악기의 여신이 어울린 것이다. 그리하여 칼리오페가 아들을 낳으니, 그가 바로 천하제일의 명가수라고 불리는 오르페우스다.

무사이 9자매 중 하나인 칼리오페
오르페우스는 바로 이 칼리오페
의 아들이다. 라 쉬에르의 그림.

이윤기의 그리스 로마 신화 1

오르페우스는 아버지 아폴론에게서 현악기의 일종인 뤼라lyra, 즉 수금 한 대와 연주하는 기술을 물려받았다. 오르페우스의 수금 켜는 솜씨는 참으로 훌륭했다. 그리고 노래를 잘 지었을 뿐만 아니라 부르기도 잘 불렀다. 그래서 그의 음악에는 매혹당하지 않는 사람이 없었다. 인간뿐만이 아니었다. 짐승까지도 오르페우스가 고르는 가락을 들으면 그 거친 성질을 눅이고 다가와 귀를 기울이곤 했다. 나무나 바위도 그 가락의 매력에 감응했다. 나무는 그가 있는 쪽으로 가지를 휘었고, 바위는 그 단단한 성질을 잠시 누그러뜨리고 가락을 듣는 동안만은 말랑말랑한 상태로 머물러 있었다고 한다.

이 천하제일의 명가수는 나이가 들자 에우뤼디케라는 처녀와 혼인했다. 신랑의 어머니가 무사이 여신 중 한 분이었던 만큼 결혼식은 성대하게 치러졌다. 결혼의 신 휘메나이오스가 몸소 참석했을 정도였다.

결혼의 신 휘메나이오스가 와서 축복한다는 것은 행복의 약속이나 다름이 없었다. 그러나 휘메나이오스는 이 결혼식에서만은 이 둘을 축복해주지 않았다. 결혼식 분위기에서도 신랑과 신부가 행복하게 잘살 것이라는 조짐은 하나도 보이지 않았다. 아니, 행복의 조짐은커녕 휘메나이오스가 들고 온 횃불에서는 연기가 너무 많이 났다. 그 바람에 신랑 신부는 눈물까지 흘리지 않으면 안 되었다.

결혼한 지 열흘이 채 못 되는 어느 날, 새색시 에우뤼디케는 동무들과 함께 올륌포스산 기슭의 템페 계곡으로 꽃을 꺾으러 갔다. 그런데 이곳에는 양을 돌보면서 꿀벌을 치는 아리스타이오스라는 청년이 있었다. 아리스타이오스는 운명의 손길에 등을 떠밀려서 그랬는지 아니면 건강한 젊은이의 호기심 때문인지 에우뤼디케에게 말을 붙여보려고 했다. 물론 에우뤼디케가 새색시인 줄 모르고 그랬을 것이다. 에우뤼디케는 새색시인지라 황급히 그 자리를 피하여 달아났다. 아리스타이오스는 달아나는 에우뤼디케를 뒤쫓으며 소리쳤다.

"희롱하려는 것이 아니고 그저 말 몇 마디 여쭈려는 것이니 달아나지 마세요."

그러나 에우뤼디케는 걸음을 멈추지 않았다. 요정들이 멀찍이 서 있다가 달아나는 에우뤼디케를 보고 달려왔다.

"나도 더 이상 쫓지 않을 테니, 이제 그만 달아나세요. 자, 내가 걸음을 멈추었으니 아가씨도 이제 그만 걸음을 멈추세요."

아리스타이오스는 걸음을 늦추며 저만치 달아나는 에우뤼디케를 향해 소리쳤다. 요정들도 들으라는 듯이 크게 소리친 것이다.

이 싱거운 술래잡기는 곧 끝났다. 에우뤼디케가 달아나다가 풀밭에서 쉬던 저승의 안내자를 밟고 만 것이다. 저승의 안내자가 무엇이겠는가? 바로 독사다. 에우뤼디케가 독사를 밟았는데 독사가 가만히 있었겠는가? 독사는 에우뤼디케의 발뒤꿈치를 물었다.

뱀에게 물린 불쌍한 에우뤼디케는 요정들에게 안겨 집으로 돌아오는 길에 숨을 거두었다. 졸지에 새색시를 잃은 신랑 오르페우스는 신과 인간은 물론이고 숨 쉬는 모든 것에게 수금 소리와 노래로 슬픔을 전했다. 함께 슬퍼해주는 사람은 많았다. 하지만 그 사람들은

에우뤼디케가 뱀에 물린 장소인 템페 계곡
오늘날에는 '템비'로 불리고 있는 템페 계곡 양옆의 산들은 산세가 험하기로 유명하다.

에우뤼디케의 죽음을 당연한 죽음, 오르페우스의 슬픔을 당연한 슬픔으로 알았다.

오르페우스가 어찌나 간절하게 슬픔을 노래했던지, 슬픔에 목이 멘 들짐승들은 더 이상 풀을 뜯지 않으려 했고, 초목은 하데스가 원망스러웠던지 고개를 저승 쪽으로 접었다.

오르페우스의 슬픔은, 함께 슬퍼하는 자의 슬픔으로 삭여질 수 있는 그런 슬픔이 아니었다. 그런 슬픔이었다면 대지의 여신 데메테르에게 탄원하지도 않았으리라. 노래와 수금 타기로 세월을 보내던 오

오르페우스와 에우뤼디케가 있는 풍경
에우뤼디케가 뱀에 물려 죽기 전, 그러니까 신혼부부가 짧은 행복을 누리고 있을 때의 풍경인 듯하다. 17세기 화가 니콜라 푸생의 그림.

르페우스가 심금을 울리는 수금 반주에 맞추어 애간장 저미는 노래로 탄원하자 데메테르 여신은 딸림 여신을 통하여 이렇게 말했다.

"딸 찾아 낮 비 밤이슬 맞으며 온 땅을 다녀본 나다. 내가 어찌 아내 잃은 네 슬픔을 모르랴. 그렇지만 자식 잃어본 자가 어찌 나뿐이고 아내 앞세운 자가 어찌 너뿐이랴. 나에게 탄원하는 것은 옳지 않다. 그러나 네가 타는 수금 소리, 네가 부르는 슬픈 노래를 듣고 내 땅의 짐승이 먹고 마시기를 거절하고 초목이 고개를 접으니 괴이하구나."

뱀에 물리는 에우뤼디케
뒤에서 달려오는 사내는 에우뤼디케에게 첫눈에 반했던 아리스타이오스일까, 오르페우스일까? 티
치아노의 그림.

오르페우스가 눈물로 호소했다.

"제가 흘리는 눈물은 제 고통의 지팡이요, 금수 초목이 저에게 보내는 연민은 신들을 겨누는 저항의 화살입니다."

"그럴 리가 있겠느냐. 하늘이 좋은 소리꾼을 낸 뜻은 그런 데 있지 않을 것이다. 노래꾼이 가는 길이 눈물바다가 되는 것은 노래꾼에게 어울리지 않으려니와 신들의 뜻도 아닐 것이다."

"땅의 어머니시여, 신들이 닦지 못할 눈물이 없을 것인즉 굽어 살피소서. 제 아내 에우뤼디케를 찾아가겠습니다. 영웅 신 헤라클레스가 다녀온 곳, 테세우스가 다녀온 땅으로 내려가겠습니다. 프쉬케가 다녀온 곳으로 저도 가겠습니다. 가서 제 아내 에우뤼디케를 데려오 겠습니다."

"당치 않다. 네가 아내를 얼마나 사랑하는지 내가 알겠느냐만, 저 승은 봄이 온다고 씨가 싹을 틔우고 줄기가 꽃을 피우는 그런 땅이 아니다."

"저를 사랑하소서. 제 눈물을 사랑하소서. 애통해하는 저를 사랑하 소서."

"어쩔 수가 없구나. 비록 내 딸이 저승 왕의 총애를 받고 있다고는 하나 이승과 저승의 법은 다른 것이다. 네가 '대지의 여신'이라고 부

오르페우스(왼쪽)와 에우뤼디케(가운 데) 그리고 헤르메스
전령신 헤르메스는 저승과 이승을 마음대로 오갈 수 있다. 그리스의 돋 을새김을 본뜬 로마인들의 복제품.

르는 나도 딸이 보고 싶다고 해서 딸을 찾아가지 못한다. 내가 내막을 좀 알아보고 방법을 찾아볼 것이니 그리 알고 기다리거라."

데메테르의 신전을 물러나온 오르페우스가 며칠을 기다렸다가 다시 데메테르 신전을 찾아갔다. 여신을 섬기는 딸림 여신이 대신해서 여신의 뜻을 전해주었다. 신전에 있는 여신은 데메테르 여신의 딸림 여신이기는 해도 인간 앞에서는 데메테르 여신과 조금도 다를 것이 없었다.

"내가 강의 요정을 저승으로 흘려 보내어 내막을 알아보았다. 그랬더니 네 아내를 죽게 한 자는 아리스타이오스라는 꿀벌치기라는구나. 이 자가 속죄 의식을 거행하지 않아서 네 아내는 하데스의 궁에 들지 못하고 비탄의 강가를 떠돈다고 하더라. 그래서 내가 요정들을 보내어 아리스타이오스의 벌 떼를 모두 죽이고, 속죄 의식을 베풀면 벌 떼를 살려주겠노라고 했다. 일전에 아리스타이오스가 속죄 의식을 끝냈다는 소식과 네 아내 에우뤼디케가 저승의 왕궁에 들었다는 소문을 들었다. 이제 네가 어쩌려느냐?"

"저승으로 내려가겠습니다."

"네가 대체 무슨 권능에 의지해서 산몸으로 혼령의 나라를 다녀오겠다는 것이냐?"

"헤라클레스는 힘에 의지해서 산몸으로 혼령의 나라를 다녀왔고, 테세우스는 헤라클레스에게 의지해서 산몸으로 혼령의 나라를 다녀왔습니다. 저승은 프쉬케가 사랑에 의지해서 다녀왔고, 시쉬포스가 꾀에 의지해서 다녀온 곳입니다. 저 역시 사랑에 의지해서 다녀오겠습니다. 돌아오지 못하면 에우뤼디케와 함께 그 나라에 머물겠습니다."

오르페우스는 이렇게 말하면서 일곱 줄의 수금을 가만히 가슴에 껴안았다.

"아케론강의 뱃사공 영감 카론이 산 자를 배에 태워 강을 건네줄까?"

오르페우스는 대답 대신 수금을 가리켰다. 수금 연주로 카론의 환심을 살 수 있을 것이라는 뜻이었다.

"불의 강 플레게톤을 건너야 할 터인데 네가 무슨 수로 불길을 이길 것이며, 망각의 강 레테를 건너야 할 터인데 네가 무슨 수로 이승의 기억을 강에 떠내려 보내지 않을 수 있겠느냐."

오르페우스는 또 한 번 수금을 가리켰다.

저승의 강과 뱃사공 카론
오르페우스는 수금 연주로 카론 영감을 감동시켜 저승의 강을 건넌다. 요아힘 파티니르의 그림.

이윤기의 그리스 로마 신화 1

"네가 아폴론에게서 수금을 배웠다는 말이 빈말이 아니었구나. 그러나 너는 장차 태양신이 될 아폴론의 아들이다. 태양신의 아들이 저승이라니……. 네가 '대지의 여신'이라고 부르는 나에게도, 산목숨이 죽은 목숨을 만나러 가는 이치가 쉽지만은 않다. 내 딸 페르세포네가 해마다 하데스에게서 휴가를 얻어 내게로 올 때 잘 다니는 길이 있다. 타이나론으로 가보아라. 내가 할 수 있는 일은 그 길을 너에게 가르쳐주는 일뿐이니, 나머지는 네가 요량하도록 하여라."

데메테르 신전의 제관은 여기까지 뜻을 전하고는 타오르던 향불을 껐다. 오르페우스는 아폴론에게서 배운 수금 솜씨를 반주로 하여 이 생성과 소멸의 여신을 찬송했다.

아득한 옛날에 헤라클레스는 저승의 문을 지키는 머리 셋 달린 개 케르베로스를 잡으러 저승으로 간 적이 있다. 그때 헤라클레스는 엘레우시스 땅에서 데메테르를 섬기는 필리오스의 도움을 받은 것으로 알려져 있다. 필리오스는 '문에서 온 자'라는 뜻이다. 그렇다면 필리오스는 '하도 필라이(하데스의 문)', 즉 '저승의 문'에서 온 사람이었을까?

오르페우스는 엘레우시스 땅으로 갔다. 그 역시 필리오스의 안내를 받아 라코니아 땅 타이나론 동굴을 통하여 저승으로 내려갔다.

오르페우스가 쇳덩어리인 대장간 모루가 아흐레 밤낮을 떨어져야 닿을 만큼 깊고 깊은 저승까지 내려가는 데 얼마나 걸렸는지 그것은 뮈토스(옛이야기)가 말하지 않아서 우리는 모른다. 그러나 헤라클레스가 그랬듯이 오르페우스도 대장간 모루가 아니다. 인간이 죽어서 가는 저승까지의 거리를 손가락으로 꼽아서 어떻게 헤아릴 수 있으랴.

맨 먼저 앞을 가로막은 아케론강의 뱃사공 카론 영감은 오르페우스가 산 자임을 알아보고는 그를 내리치려고 노를 둘러메었다. 그러나 오르페우스가 수금을 뜯으며 노래를 부르자 아케론강은 저승에 가로누운 제 신세를 한탄했고, 뱃사공 카론 영감은 오르페우스를 태워 강을 건네준 뒤에도 배로 돌아가려 하지 않았다. 너무 감동한 나머지 돌아가는 것을 잊었던 것이다.

오르페우스의 수금 앞에서 '통곡의 강'은 머리를 풀고 통곡했고, '불의 강'은 불길을 헤쳐 길을 내어주었으며, '망각의 강'은 제가 망각의 강이라는 것을 잊었다.

혼령의 무리를 지나 하데스와 페르세포네 앞으로 나선 오르페우스는 수금 반주로 노래하기 시작했다.

"하이데스이시며 폴뤼데그몬이신 하데스 신이시여, 소테이라이시며 데스포이나이신 페르세포네 여신이시여……."

'하이데스'는 보이지 않는 신이라는 뜻, '폴뤼데그몬'은 많은 나그네를 영접하는 신이라는 뜻이다. 둘 다 하데스의 별명이다. '소테이라'는 세상을 구하는 여신이라는 뜻, '데스포이나'는 왕비라는 뜻이다. 둘 다 페르세포네의 별명이다.

"……저는 아프로디테의 명을 받고 얼굴 단장할 단장료를 얻으러 온 프쉬케도 아니고, 케르베로스와 힘을 겨루러 온 헤라클레스도 아니며, 저승의 왕을 희롱하러 온 테세우스도 아니고, 저승 왕비를 속이러 온 시쉬포스도 아닙니다.

하데스에게 호소하는 오르페우스
노래하는 오르페우스 옆에 에우뤼디케의 망령이 서 있다. 18세기 프랑스 화가 장 레스투 2세의 작품.

두 분 신이시여, 꽃다운 나이에 독사의 독니에 물려 이곳으로 내려 온 에우뤼디케를 아시지요? 제 아내입니다. 저는 아내를 찾으러 왔 습니다. 창조되지 않은 든 것의 지배자이시며, 창조되었다가 그 천명 을 다한 것들의 지배자이시여, 저희들도 조만간 여기에 내려오게 되 어 있습니다. 오게 되어 있다는 것을 알고 있습니다. 피할 수 없는 일 이라는 것도 알고 있습니다. 피하려고도 하지 않겠습니다.

그러나 신들이시여, 제 아내 에우뤼디케가 이곳에 온 것은 때가 되 어서 온 것이 아닙니다. 그래서 저도 때 아니게 이렇게 왔습니다. 바 라건대 신들이시여, 신방新房 차리고 기운 달 하나 채우지 못한 에우 뤼디케를 돌려주십시오. 제 집에 가서 살다가 명이 다하면 이곳으로 내려올 것입니다.

두 분 신이시여, 데메테르 여신께서 제 길을 일러주셨으나 그분의 권능에 의지하지는 않겠습니다. 제가 의지할 것은 제 아내에 대한 사랑과 제가 뜯는 이 수금, 제가 부르는 이 노래뿐입니다.

에우뤼디케를 돌려주십시오. 돌려주지 않으시면 저도 지상으로 돌 아가지 않으렵니다. 돌려주시어 저희 부부의 인연이 아름답게 다시 이어지는 걸 보시든지, 고개를 저으시어 저희 부부가 망령으로 떠도 는 걸 보시면서 두 분의 승리를 즐기시든지 요량대로 하소서.

그러나 두 분 신이시여, 저희 사랑은 아스포델로스도 꽃을 피우지 못하는 이 음습한 땅에서도 꽃피우고 열매를 맺을 것인즉, 두 분의 승리가 반드시 즐거운 것만은 아닐 것입니다.”

오르페우스가 이렇게 읊조릴 동안 명계에서는 참으로 희한한 일

이윤기의 그리스 로마 신화 1

들이 벌어지고 있었다.

하데스는 울고 싶던 차에 매 맞은 듯한 얼굴을 했고, 페르세포네는 오르페우스와 하데스를 견주듯이 번갈아 바라보았으며, 케르베로스는 꼬리를 다리 사이로 말아 넣었고, 뱃사공 카론 영감은 혼령에게서 뱃삯으로 받은 엽전을 한 줌씩 집어 공중으로 던지고 있었다.

저승 왕의 궁전 오른쪽에는 무한 지옥 타르타로스가 있다. 이 타르타로스에서는 많은 죄인이 벌을 받고 있었는데, 그중 탄탈로스는 물속에 몸을 잠그고 있는데도 영원히 갈증에 시달려야 했다. 탄탈로스가 마시려고 입을 대면 물이 달아나버렸기 때문이다. 하지만 오르페우스가 노래를 부르고 있을 동안만은 물이 달아나지 않았고, 탄탈로

저승의 탄탈로스
마시려고 입을 대면 물이 달아
나 버리기 때문에 영원히 갈증
에 시달려야 하는 탄탈로스.

스도 물을 마시려고 하지 않았다.

제우스를 속인 익시온은 영원히 도는 불바퀴에 매달려 비명을 지르고 있었다. 그러나 오르페우스가 노래를 부르고 있을 동안만은 불바퀴가 돌지 않았고, 익시온도 비명을 지르지 않았다.

익시온 옆에는 티튀오스가 독수리의 부리에 살을 파먹히면서 소리를 지르고 있었다. 그러나 오르페우스가 노래를 부르고 있을 동안에는 독수리가 티튀오스의 살을 파먹지 않았고, 티튀오스도 소리를 지르지 않았다.

익시온 옆에는 밑 빠진 독에다 영원히 물을 길어다 부어야 하는 다나오스의 딸들도 있었다. 그러나 오르페우스가 노래를 부르고 있

저승에서 고통받는 디오니소스의 딸들 중 하나
다나오스의 딸들은 저승에서 밑 바진 독에다 영원히 물을 길어다 부어야 한다. 로댕의 조각.

을 동안만은 밑 빠진 독에서도 물이 새지 않았다. 덕분에 다나오스의 딸들은 잠시 허리를 펼 수 있었다.

시쉬포스는 죽음의 신을 속이고 포박한 죄로 산꼭대기로 바위를 굴려 올려야 했다. 그러나 바위는 산꼭대기에만 이르면 다시 굴러 내려왔기 때문에 시쉬포스는 영원히 그 바위와 씨름하지 않으면 안 되었다. 그러나 오르페우스가 노래를 부르고 있을 동안에는 굴러 내려오던 바위가 노래를 듣느라고 잠시 중턱에서 멈추었고, 시쉬포스도 거기에 걸터앉아 노래를 들었다.

복수의 여신 에리뉘에스와 천벌의 여신 네메시스가 감동해서 눈물을 보인 것은 이때가 처음이었다.

옷깃으로 눈자위를 찍어내는 아내 페르세포네 옆에서 가만히 고개만 끄덕이고 있던 하데스가 가까이 있는 저승사자에게 나직이 말했다.

저승에서 형벌을 받는 익시온과 시쉬포스
불바퀴에 매달린 채 도는 익시온과 바위를 들어올리는 시쉬포스.

"에우뤼디케를 찾아서 데려오너라."

에우뤼디케가 독사에 물린 상처 때문에 잘쏙거리며 혼령들 사이에서 걸어 나왔다. 에우뤼디케는 고개를 돌린 채 오르페우스의 품 안으로 뛰어들었다. 그러나 아직 신혼이어서 그런지 둘의 포옹은 어딘지 어색해 보였다.

하데스가 이 어정쩡하게 포옹한 부부를 내려다보다가 징소리 같은 음성으로 말했다.

"수많은 혼령이 '오르페우스의 수금', '오르페우스의 노래'라고 하더니 과연 잘 타고 잘 부르는구나. 그래, 내가 너희의 눈물을 닦아주마. 이로써 내가 네 수금 타는 재간과 노래하는 솜씨의 값을 치르마. 대신 너는 이곳 혼령들이 흘린 눈물 값을 치러야 한다. 망각의 강물이 너 때문에 그 효력을 잃고 말았구나.

가거라, 네 아내를 데리고 가거라. 가되, 내 땅을 벗어날 때까지 네 아내의 얼굴을 보아서는 안 된다. 이것이 저승의 법이다. 내가 너에게 물리는 눈물 값이다. 네가 수금 소리로 이 기적을 일으켰으니 소리야 무슨 상관이 있겠느냐만 눈길은 나누지 못한다. 산 자와 죽은 자는 눈길을 나누지 못하는 법이다. 내 말을 소홀하게 듣지 말라. 잘 가거라, 오르페우스여!"

오르페우스가 앞서서 하데스의 궁전을 나오자 에우뤼디케는 그의 뒤를 따랐다.

탄탈로스가 물줄기를 쫓으며 침을 삼키는 소리가 뒤에서 다시 들려오기 시작했다. 티튀오스가 비명을 지르는 소리, 익시온의 불바퀴가 도는 소리, 다나오스의 딸들이 독에다 물을 길어다 붓는 소리, 시쉬포스의 바위가 산을 굴러 내려오는 소리가 다시 들려오기 시작했다.

하데스의 뜻이 미리 전해져 있었던지 저승의 험한 길은 더 이상 험한 길이 아니었다. 오르페우스 부부는 음습하고 물매가 급한 길을 따라 오래오래 걸었다. 걷다가 오르페우스가 이따금씩 물었다.

"잘 따라오지요?"

"잘 따라가요. 돌아다보지 마세요."

에우뤼디케가 다짐을 주었다.

한참을 걷다가 오르페우스가 또 물었다.

"잘 따라오지요?"

"잘 따라가니까 돌아다보지 마세요."

에우뤼디케가 또 다짐을 주었다.

이윽고 오르페우스와 에우뤼디케는 날빛이 보이는 동굴 입구에 이르렀다. 항구의 불빛이 보이는데도 항구까지는 하룻밤 뱃길이 좋이 되듯이, 동굴 입구의 날빛이 보이는데도 하루 걸음이 좋이 되는 것 같았다.

먼저 날빛 아래로 나선 것은 물론 앞서 나오던 오르페우스였다. 보고 싶던 마음을 오래 누르고 있던 오르페우스는 아내가 잘 따라오는지, 아내 역시 날빛 아래로 나섰는지 확인하고 싶어 뒤를 돌아다보았다.

아뿔싸.

"돌아다……."

다시 저승으로 끌려들어가는 에우뤼디케

에우뤼디케가 미처 이승에 다다르지 못한 순간, 뒤를 돌아본 오르페우스와 다시 저승으로 끌려가는 에우뤼디케. 18세기 화가 카를 구스의 그림.

동굴의 어둠을 미처 다 벗어나지 못했던 에우뤼디케는 남편이 돌아다보는 순간, 하던 말도 채 끝맺지 못하고 다시 저승으로 떨어졌다. 가슴이 철렁한 오르페우스는 황급히 동굴로 들어가 손을 벌리고 어둠 속을 더듬었다. 그러나 손끝에 닿는 것은 싸한 바람뿐이었다.

오르페우스가 오던 길을 되돌아갔지만 뱃사공 카론 영감은 더 이상 배에 오르게 해주지 않았다. 오르페우스가 이레 동안이나 이 아케론강 언덕에서 수금을 뜯으며 노래를 불렀으나 고집 센 카론 영감의 고개 한 번 돌리게 하지 못했다.

에우뤼디케의 손목을 잡고 왔어야 할 손으로 수금을 뜯으며 지상으로 오른 오르페우스는 일곱 달 동안이나 트라키아 땅의 어느 동굴에 은거했다. 트라키아 사람들이 오르페우스를 '부활한 자' 또는 '취하지 않는 포도주의 신'이라고 부르게 된 것은 이즈음의 일이다.

오르페우스는 이때부터 저승의 신들을 저주하고 저승신의 잔인함을 통렬하게 원망하면서 바위와 산들에게 노래로 호소했다. 이 노래는 호랑이의 마음을 움직였고, 참나무 둥치를 흔들었다.

오르페우스는 에우뤼디케와의 슬픈 추억에 잠겨 여자라면 거들떠보지도 않고 살았다. 트라키아 처녀들이 오르페우스의 마음을 사로잡으려고 갖은 수를 다 썼으나 오르페우스는 끄덕도 하지 않았다. 처녀들은 오르페우스의 도도한 태도에 화가 났지만 때가 무르익기까지 기다렸다.

그러나 그때가 도무지 무르익을 수가 없다는 것을 안 처녀가 있었다. 포도주의 신을 섬기는 디오뉘소스 축제에 다녀오던 이 처녀는 잔뜩 흥분한 나머지 오르페우스를 향해 소리를 질렀다.

"저기, 우리 여성을 모욕한 사내가 있다!"

그러면서 처녀는 오르페우스를 향해 들고 있던 창을 던졌다.

창은 오르페우스의 수금 소리가 들리는 쪽으로 날아가다가 그만 그 소리에 기가 꺾여 그의 발치에 떨어지고 말았다. 포도주에 취한 처녀들이 이번에는 돌을 던졌다. 처녀들이 던진 돌도 마찬가지였다.

처녀들은 소리를 질러 오르페우스의 수금 소리가 들리지 않게 한 뒤에 창을 던졌다. 창에 맞은 오르페우스의 몸은 금방 피로 물들었다. 발광한 처녀들은 오르페우스의 몸을 갈가리 찢고, 머리와 수금은 헤브로스강에다 처넣었다. 오르페우스의 머리와 수금이 슬픈 노래를 부르며 떠내려가자 강의 양 둑도 그 슬픈 노래에 물노래로 화답했다.

무사이 자매들은 막내 칼리오페의 아들인 오르페우스의 죽음을 슬퍼했다. 그들은 갈가리 찢긴 오르페우스의 몸을 수습하여 레이베트라에다 장사 지냈다. 오르페우스의 무덤 위에서 우는 레이베트라 지방 꾀꼬리들의 울음소리는 그리스의 다른 지방 꾀꼬리들의 울음소리보다 더 아름답다고 전해진다.

제우스는 오르페우스의 수금을 거두어 별자리로 박아주었다.

오르페우스의 혼령은 다시 저승으로 내려가 사랑하던 에우뤼디케, 꿈에 그리던 아내를 껴안았다. 둘은 지금도 엘뤼시온, 저승에 있는 저 행복의 들에서 앞서거니 뒤서거니 하면서 걷고 있다. 오르페우스

이윤기의 그리스 로마 신화 1

오르페우스의 머리와 수금을 수습한 처녀
에우뤼디케와의 슬픈 추억에 잠겨 여자라면 거들떠보지도 않던 오르페우스는 결국 트라키아 처녀들의 손에 죽고 만다. 19세기 프랑스 화가 귀스타브 모로의 그림.

는 앞서가면서 더러 뒤를 돌아보기도 한다. 하지만 둘 다 혼령인지라 더 이상은 슬픈 일이 일어나지 않는다.

알렉산더 포프는 이 오르페우스 이야기를 끌어와 『성 세실리아의 날, 음악에 부치는 송가』에서 음악의 위대한 힘을 노래하고 있다. 다음에 소개하는 것은 이 이야기의 끝부분에 해당한다.

보라, 오르페우스는 죽어간다.

그러나 죽어가면서도 오르페우스는 에우뤼디케를 노래하고

떨리는 혀로 에우뤼디케의 이름을 부른다.

에우뤼디케…… 그러자 숲의 나무,

에우뤼디케…… 그러자 강의 물,

에우뤼디케…… 그러자 큰 바위,

텅 빈 산도 그 이름을 메아리치게 하였다.

노래란, 예술이란 바로 이런 것이다.

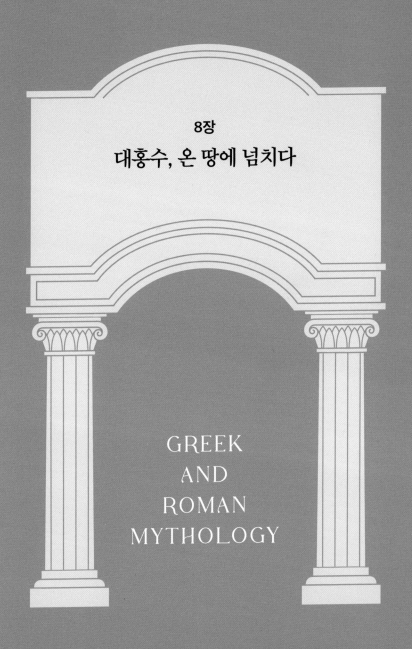

8장

대홍수, 온 땅에 넘치다

GREEK
AND
ROMAN
MYTHOLOGY

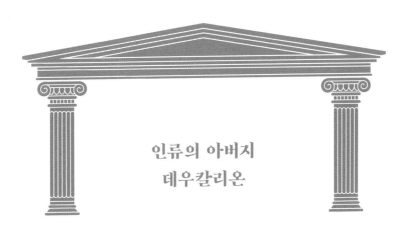

인류의 아버지
데우칼리온

이 세상의 처음은 황금의 시대였다.

그 시대에는 관리도 법률도 없었다. 사람들은 저희끼리 알아서 서로를 믿었고, 서로에게 정의로웠다. 그 시대 사람들은 형벌도 알지 못했고, 관리의 무서운 눈총에 시달리지 않아도 좋았다.

나라가 청동판에다 포고문을 게시하여 백성을 위협하는 법도 없었고, 아쉬운 부탁을 하러 간 백성이 관리 앞에서 자비를 비는 일도 없었다. 아니, 관리 자체가 없었다. 사람들은 관리가 없어도 마음 놓고 살 수 있었다.

소나무만 하더라도 고향 산천에서 무참하게 잘리고 배로 지어져서 본 적도 들은 적도 없는 타관 땅으로 끌려가는 일이 없었다. 인간도 저희가 살고 있는 땅의 해변밖에는 알지 못했다.

마을에 전쟁용 참호 같은 것은 있을 필요도 없었다. 놋쇠 나팔, 뿔피리, 갑옷, 칼 같은 것도 없었다. 군대가 없었으니, 인간은 저희 동아리끼리 아무 걱정 없이 평화를 누릴 수 있었다.

대지는 괭이로 파고 보습으로 갈지 않아도 스스로 알아서 인간에게 필요한 것들을 모자라지 않게 대주었다. 인간은 대지가 대주는 양식을 고맙게 여기고, 산딸기, 산수유 열매, 관목에 열리는 나무딸기, 참나무에서 떨어지는 도토리에 만족했다.

기후는 늘 봄이었다. 서풍은 그 부드러운 숨결로, 씨 뿌린 일이 없는데도 산천에 만발한 꽃들을 어루만졌다. 보습에 닿은 적이 없는데도 대지는 때맞추어 곡식을 생산했고, 논밭은 한 해 묵는 일 없이 늘 익은 곡식의 이삭으로 황금 물결을 이루었다. 도처에 젖의 강이 흘렀고, 털가시나무의 가지는 시도 때도 없이 누런 꿀을 떨구었다.

그러나 크로노스가 무한 지옥 타르타로스에 갇히고 세상의 지배권이 제우스의 손으로 넘어오면서부터 시대는 변하여, 황금의 시대는 은의 시대가 되었다. 이 시대는 황금의 시대만은 못했지만 그래도 이어서 퍼렇게 녹슨 청동의 시대보다는 나았다. 제우스는 늘 봄이던 계절을 뚝 분질러 겨울과 여름, 날씨가 변덕스러운 가을, 짧은 봄, 이렇게 네 계절로 나누었다. 그 시대에 이르자 대기가 메말라가는 통에 불볕더위가 계속되는가 하면, 북풍이 물을 얼리고 나뭇가지에다 고드름을 매다는 혹한이 오기도 했다.

인간은 처음으로 집이라는 것을 만들어 그 안에서 살게 되었다. 그러나 집이라고 해봐야 동굴이나 밀집한 덤불 속 아니면 나뭇가지를 나무껍질로 엮어 덮은 것에 지나지 않았다. 데메테르 여신의 선물인 곡식이 긴 이랑에 뿌려지고 소가 코뚜레에 꿰어 신음하기 시작한 것도 이때부터였다.

이 시대에 이어서 온 시대가 세 번째 시대에 해당하는 청동의 시대다. 이 시대의 인간은 은의 시대 인간보다는 거칠어 더러 무기를 잡기는 했으나 그렇다고 흉악하지는 않았다.

마지막으로 온 시대는 철의 시대다. 이 천박한 금속의 시대가 오자 인간들 사이에서는 악행이 꼬리를 물고 자행되기 시작했다. 인간은 순결, 정직, 성실성 같은 덕목을 기피하고 오로지 기만, 허풍, 배반, 폭력, 탐욕 등만을 좇았다. 뱃사람들은 바람이 무엇인지 잘 알지 못하면서도 제 배의 돛을 바람에 맡겼다. 높은 산에서 옷 노릇을 하던 나무는 배 짓는 재목으로 찍혀 내려와 타관인 바다의 파도 사이로 쫓겨났다.

그때까지만 해도 햇빛과 공기와 함께 모든 인간의 공유물이었던 땅거죽도, 서로 제 땅이라고 우기는 이른바 땅임자들이 그은 경계선으로 얼룩졌다. 사람들은 넉넉한 대지에서 곡물이나 먹이를 거두는 것에 만족하지 않고 대지의 내장에까지 침입하여 대지가 스틱스강 근처에다 감추어둔 재물과 인간에게 악업을 부추기는 온갖 금은보화를 다 파냈다.

이렇게 되자 인간에게 별로 득이 될 것이 없는 철과, 철보다도 더 위험한 황금이 속속 인간의 손안으로 들어갔다. 금속이 나돌자 사사로운 싸움은 곧 전쟁으로 번졌다. 전쟁이 터지자 사람들은 피 묻은 손으로 무기를 휘둘렀다.

약탈을 직업으로 삼는 사람도 생겨났다. 이렇게 되자 이 친구는 저 친구로부터 안전하지 못하고, 장인은 사위의 손을 안심할 수 없

는 사태가 벌어졌다. 형제간의 우애 같은 것은 찾아보기 어려웠다.
지아비는 지어미가 죽기를 목마르게 기다렸고, 지어미는 지아비가
죽기를 손꼽아 기다렸다. 사악한 계모는 독초를 찧어 독약을 만들었
고, 재산에 욕심이 생긴 자식은 아비의 점괘를 곁눈질하며 아비가
죽을 날을 목 늘이고 기다렸다.

　이처럼 아끼고 사랑하는 마음이 인간을 떠나자 마지막까지 이 땅
에 남아 있던 정의의 처녀 신 아스트라이아는 머리를 풀고 이 피 묻
은 땅을 떠나 하늘의 별이 되었다.

　신들의 아버지 제우스는 올림포스 신들을 소집했다. 제우스는 여

느 신들보다 조금 높은 곳에 놓인 옥좌에 앉아 무엇 때문에 화가 났는지, 금발이 길게 자란 머리를 세 번 세차게 내저었다. 그러자 땅과 바다와 별들이 크게 요동쳤다.

제우스가 무엇 때문에 화가 나 있는지 그에게서 직접 들어보자.

"백수 거인들이 1백 개나 되는 팔을 휘저으며 우리 올림포스를 공격했을 때도, 기간테스들이 올림포스를 치려고 오싸산에다 펠리온산을 겹쳐 쌓을 때도 화가 나기는 했어요. 하지만 오늘처럼 화가 났던 것은 아니에요. 우리의 적이 만만치 않기는 했지만 백수 거인들이나 기간테스들은 한 무리의 깡패들에 지나지 않았기 때문이에요. 하지만 오늘은 달라요. 저 인간들을 좀 보세요. 저 인간들이 인간 세상에서 하는 짓들을 좀 보세요. 나는 저 인간들을 뿌리 뽑아버렸으면 해요.

그래요. 나는 저 땅 밑을 흐르는 강 스튁스에 맹세하거니와, 저것들을 바로잡을 수 있는 수단이라는 수단은 다 강구해보았어요. 하지만 이제 더는 손을 쓰지 못하겠어요. 인간은 이 땅의 종기가 되었어요. 더 이상 손써볼 수 없는 종기예요. 종기 때문에 온전한 곳까지 썩을 위험이 있다면 칼로 이 종기를 도려버려야 하지 않겠어요? 우리에게는 우리가 돌보아야 할 딸림 신들과 요정들이 있어요. 이 천상에 살 자격이 없는 이들이 지상에서나마 마음 놓고 살 수 있게 해주어야 하지 않겠어요. 여러 신들이여, 이들이 안전하다고 생각해요? 저 악명 높은 뤼카온이 여기 있는 이 제우스, 전능한 벼락신인 나 제우스, 그대들의 왕이자 주인인 이 제우스까지 업신여기는 판국인데, 딸림 신들과 요정들이 안전할 거라고 생각해요?"

제우스는 악명 높은 뤼카온 때문에 화가 나 있는 것이었다.

함께 자리한 신들이 술렁거렸다. 그들은 제우스가 뤼카온에게서 어떤 욕을 보고 왔는지 알지 못했다. 그래서 제우스의 말이 이어지기를 기다렸다. 한동안 침묵이 흘렀다. 화를 삭이지 못해 연거푸 고개만 주억거리고 있던 제우스가 침묵을 깨뜨리고 말을 이었다.

"……자, 그자가 무슨 죄를 지었는지, 그자가 어떤 죗값을 받았는지 그대들에게 일러주기로 하지요. 세상에 나돌고 있다는 참으로 해괴한 소문이 어느 날 내 귀에도 들어옵디다. 나는 소문이 사실이 아니기를 바라면서도, 짐짓 인간의 모습으로 둔갑하고는 세상으로 내려갔어요. 도처에서 본 인간의 악행을 일일이 말하기에는 시간이 아까우니 내 말하지 않겠어요. 소문이 해괴했다고는 하나, 내가 내려가 확인한 것에 비하면 오히려 소문이 점잖았으니, 세상에…….

나는 산짐승이 우글거리는 마이날로스산, 퀼레네산을 넘고, 찬바람이 도는 뤼카에우스 솔밭을 지났어요. 솔밭을 지나고 나니 황혼이 밤을 불러들입디다. 거기부터가 저 악명 높은 아르카디아 폭군의 땅이었어요. 그 땅으로 들어간 나는 폭군이 길손 대접을 제대로 하지 않으리라는 것을 알면서도 에멜무지로 폭군의 궁전을 찾아 들어갔지요. 나는 이 집에 들어가면서 내가 바로 제우스 신이라는 암시를 주었지요. 그랬더니 백성들이 나를 대접하고 내게 빌 것이 있는 자들은 기도도 합디다. 그러나 이 뤼카온이라는 자는 믿음이 있는 백성들의 기도를 비웃으면서 이렇게 말하는 게 아니겠어요?

'저자가 신인지 인간인지 내가 시험해보겠다. 내 시험에 잘못이 없

을 것이다. 따라서 곧 저자가 신인지 아닌지 드러날 것이다.'

어떻게 시험했는지 짐작이 됩니까? 한밤중에 나를 죽이려 했어요. 나를 죽여보고 안 죽으면 신으로 인정하고 죽으면 인간일 터이니, 주검을 요리해서 잔치를 베풀겠다는 거예요. 하도 기가 막혀서 나는 모습을 감추어버렸지요.

그랬더니 이자는 포로를 하나 끌어내더니 잘 드는 칼을 골라 제 손으로 그 자리에서 목을 자릅디다. 그러고는 포로의 몸이 채 식기도 전에 수족의 일부는 잘라서 삶게 하고 일부는 굽게 하여 잔칫상을 마련합디다. 도저히 보고 있을 수가 없어서 그놈의 집구석을 홀랑 태워버리고 왔지요.

문제는 이런 짓을 하는 인간이 한둘이 아니라는 겁니다. 내가 오늘 물고를 내고 온 집은 한 채뿐이오만, 앞으로 내가 부숴버려야 할 집이 어찌 한두 채에 머물겠어요? 나는 인간을 치려고 하오. 이것이 내 뜻이오만 그대들의 의견도 듣고 싶소."

신들 중에는 제우스의 체면을 세워주느라고 고래고래 고함을 지르면서 함께 분노하는 신들도 있었고, 조용히 침묵으로 찬성하는 뜻을 나타내는 신들도 있었다. 하지만 인류가 멸종하는 것을 아쉬워하기는 어느 신이나 마찬가지였다. 인류가 멸종하면 신들의 신전에서 향불을 피울 제관들 역시 사라지게 되는 셈이었기 때문이다. 제우스는 신들의 마음을 헤아리고는, 자기에게 맡겨두라고만 했다.

제우스는 벼락을 한 손에 모아 들고 인간 세상으로 던지려다 잠깐 망설였다. 세상을 불바다로 만들어버리면 수많은 불기둥이 올라와 천궁을 태울 위험이 있다고 판단했기 때문이다. 그렇지 않아도 파에톤이 태양 마차를 잘못 모는 바람에 한바탕 곤욕을 치른 적이 있는 천궁이었다. 그래서 제우스는 마음을 고쳐먹었다. 비를 쏟아 물로써 인류를 멸종시키기로 한 것이다.

　제우스는 구름을 흩어버리는 갖가지 바람의 신들을 바람의 신 아

아테네에 있는 '바람의 집'
바람의 신 아이올로스에게
는 아들이 여럿 있다. 서풍
의 신 제퓌로스, 남풍의 신
노토스, 북풍의 신 보레아
스가 바로 이들이다.

요정 오레이튀이아를 유괴하는 북풍의 신 보레아스
대홍수로 인간 세상이 모두 물에 잠기자 제우스는 이 북풍에 명하여 비구름을 쫓게 했다. 조반니
프란체스코 로마넬리의 그림.

이올로스의 동굴에다 가두어버렸다. 그러고는 남풍의 신 노토스를
불렀다. 노토스는 비를 몰아오는 바람의 신이었다. 제우스가 뭐라고
귓속말로 명령을 내리자 노토스는 젖은 날개를 펄럭이면서 어디론
가 사라졌다. 노토스의 수염은 늘 젖어 있어서 무거웠다. 그의 백발
에서는 늘 물이 뚝뚝 들었고, 눈썹은 늘 안개로 덮여 있었으며, 옷에
서도 물이 줄줄 흘렀다. 노토스가 그 큰 손으로 하늘에 걸린 구름 덩
어리를 건드리자 하늘에서는 무시무시한 소리와 함께 폭우가 쏟아
졌다. 헤라 여신의 심부름꾼인 무지개의 여신 이리스가 일곱 색깔의
색동옷을 휘날리면서 은하수로 달려가 물을 길어 와 비구름에다 물

을 보태주었다. 폭우가 쏟아지자 곡식은 삽시간에 바닥에 쓰러졌다. 농사꾼들의 간절한 기도도 하릴없이 한 해 내내 기울인 정성은 물거품으로 돌아갔다.

그러나 제우스의 분은 천상의 물을 다 쏟아붓는 것으로도 풀리지 않았다. 그는 다른 신들에게 도움을 청했다.

그와는 형제간인 바다의 신 포세이돈이 파도를 몰아와 제우스를 도왔다. 포세이돈은 딸림 신들을 풀어 강의 신들을 모두 불러 모았다. 강의 신들이 모이자 포세이돈이 호령했다.

"길게 말하지 않겠다. 있는 물을 다 짜내어라. 우리에게 필요한 것은 바로 그 힘이다. 수문이라는 수문은 모두 활짝 열고, 둑이라는 둑은 다 허물어라. 이로써 물이라는 물은 모두 제 마음대로 흘러가게 하여라."

무서운 명령이었다. 강의 신들은 저마다 제 집으로 돌아가 수문을 활짝 열고는 바다를 향하여 힘차게 돌진했다.

남풍의 신 노토스와 서풍의 신 제퓌로스
제퓌로스(오른쪽)가 부드러운 산들바람을 불게 하는 데 반해, 노토스(왼쪽)는 비를 몰아오는 바람의 신이다.

로마 시내의 분수대에 새겨져 있는 포세이돈 일가
제우스가 인류를 물로 응징할 것을 결정하자 바다의 신 포세이돈은 파도를 몰아와 제우스를 돕는다. 앉아 있는 포세이돈의 표정이 험상궂다.

포세이돈이 삼지창으로 땅을 후려갈겼다. 땅이 한 번 요동치자 그 요동에 물길이라는 물길은 다 활짝 열렸다. 물은 들을 지나면서 둑이라는 둑은 다 무너뜨리고 단숨에 곡식과 과수원과 집과 신전들을 쓸어버렸다. 그 무시무시한 물결에도 흔들리지 않고 서 있던 건물도, 저보다 더 높은 파도를 맞고는 물에 잠겼다. 바다와 땅이 따로 없었다. 바다 아닌 곳이 없었다. 바다가 있을 뿐, 해변은 없었다.

대홍수를 피하고자 산꼭대기로 기어오르는 인간들도 있었다. 대홍수 전까지만 해도 갈고 김매던 땅 위에서 죽자고 쪽배를 젓는 인간들도 있었다. 논밭 위로 쪽배를 저어 가는 인간들도 있었고, 물에 잠긴 제 지붕 위로 쪽배를 젓는 인간들도 있었다. 또 느릅나무 꼭대기에서 물고기를 보고는 깜짝 놀라는 자들도 있었다. 이들은 푸른 초원에다 닻을 내리기도 했고, 쪽배의 용골로 물 밑에 잠긴 포도원을 쓸며 지나가기도 했다.

양떼가 풀을 뜯고 있던 곳에서는 꼴사나운 물개들이 놀고 있었다. 물개는 바다의 버금 신 네레우스의 아들딸들이었다. 이들에게는 물 밑에 잠긴 숲과 마을과 집이 참 좋은 구경거리였다.

숲을 차지한 돌고래 무리는 키 큰 나무의 우듬지를 건드리기도 하고 나뭇가지를 흔들기도 했다.

이리 떼는 가축 무리와 함께 물 위를 헤엄치고 있었지만 좋아서 그러는 것이 아니었다. 황갈색 사자와 호랑이들도 파도 사이를 떠다니고 있었지만 좋아서 그러는 것이 아니었다.

대홍수의 소용돌이 속에서는 멧돼지의 그 튼튼하던 엄니도 아무 쓸모가 없었고, 사슴의 그 빠르던 발도 아무 소용이 없었다. 그저 떠내려가고 있을 뿐이었다.

새들은 쉴 만한 땅을 찾아 어지러이 날아다니다 지쳐 물 위로 떨어졌다. 고삐에서 풀려난 바다는 고삐에 묶인 산을 유린했고, 파도는 그런 산의 봉우리를 어루만졌다. 일찍이 어느 누구도 본 적이 없는 참으로 드문 광경이었다. 인류의 대부분은 물에 빠져 죽었다. 요행히 홍수에서 살아난 인간도 오래 계속된 배고픔을 견디지 못하고 굶어 죽었다.

미켈란젤로의 〈대홍수〉

이것은 구약성서에 나오는 대홍수다. 뒤로 노아의 방주가 보인다. 하지만 이런 대홍수 이야기는 구약성서에만 나오는 것이 아니다. 세계의 신화에서 대홍수 모티프는 보편적이다.

보이오티아 들판과 오이타 들판 사이에는 포키스라는 땅이 있었다. 포키스 땅은 땅 노릇 하던 시절에는 기름지기로 소문난 땅이었으나 홍수 이후로는 사방을 둘러보아도 오로지 물뿐이었다. 말하자면 바다의 일부가 되어 있었다. 이 포키스 땅에는, 두 개의 봉우리는 별에 닿고 마루는 구름을 가르는 아주 높은 산이 있었다. 이 산이 바로 파르나쏘스산이다.

물이 온 세상을 뒤덮고 있을 즈음 데우칼리온과 그의 아내 퓌라는 조그만 배를 타고 이 산꼭대기에 이르렀다. 데우칼리온은 그 많은 세상 사람들 가운데서도 가장 바르고 의롭게 살아온 사람이었고, 퓌라는 그 많은 세상 여자들 가운데서도 가장 믿음이 깊은 여자였다.

파르나쏘스산의 위용
대홍수에서 살아남은 단 두 사람인 데우칼리온과 그의 아내 퓌라가 배를 타고 이른 곳이 바로 이 파르나쏘스산 꼭대기였다.

데우칼리온 부부는 배에서 내리자마자 코뤼코스 동굴의 요정들과 산을 지키는 산신들과 만물의 이치를 주관하는 테미스 여신에게 빌었다. 테미스 여신은 일찍이, 인류가 장래에 대홍수를 맞게 될 것이라고 예언한 적이 있는, 더할 나위 없이 현명하고 이치에 밝은 여신이었다.

제우스 신은 물바다가 된 세상을 내려다보고 있었다. 제우스는 그 많던 사내들 가운데 오직 하나, 그 많던 여자들 가운데 오직 하나만 살아 있는 것을 보았다. 그는 이 부부가 죄를 지은 일이 없다는 것을 잘 알았다. 이 부부야말로 정성스럽게 신들을 섬겨온 사람들이라는

이윤기의 그리스 로마 신화 1

것도 잘 알았다. 제우스는 이 둘을 살려두기로 했다. 그는 북풍에게 명하여 비구름을 쫓게 했다. 이어서 동풍에게 명하여 안개의 너울을 걷게 했다. 이로써 그는 하늘에서는 땅이, 땅에서는 바다가 보이게 했다.

이제 바다는 더 이상 성난 바다가 아니었다. 바다의 지배자가 파도를 구스르고 삼지창을 놓았기 때문이다. 바다의 지배자 포세이돈은 바다의 버금 신 트리톤을 불렀다. 그러자 트리톤이 깊은 바다에서 솟아올랐다. 그의 어깨에는 조개가 다닥다닥 붙어 있었다. 포세이돈은 트리톤에게 뿔고둥 나팔을 불어 파도의 신들과 강의 신들에게 신호를 보내게 했다.

트리톤은 속이 빈 나팔을 들었다. 입을 대는 부분에서 앞으로 갈수록 넓어지면서 나선형으로 배배 꼬인 나팔이었다. 트리톤이 바다 한 가운데서 나팔을 불자 그 소리가 동서로 멀리 떨어진 파도의 신들에게 두루 미쳤다. 트리톤은 다시 한 번, 수염에서 떨어진 물로 흠뻑 젖은 입술에 나팔을 대고 불어 모든 강의 신에게 원래 있던 곳으로 돌아가라는 군호를 보냈다. 이 소리도 땅과 바다를 점령하고 있던 뭇 강의 신들 귀에 고루 들렸다.

소리를 들은 파도의 신들은 모두 돌아갈 길을 생각했다. 바다에는 다시 해변이 나타났다. 엄청나게 불어났던 강물은 다시 물길로 돌아갔다. 홍수가 잡히면서 산이 다시 그 모습을 드러내기 시작했다. 물이 물러나자 대지가 일어섰다. 그러고 나서 한참 뒤에는 숲이 키 큰 나무 우듬지부터 드러나기 시작했다. 나뭇잎에는 뻘이 묻어 있었다.

뿔고둥 나팔을 불고 있는 트리톤
바다의 신 포세이돈의 아들인 트리톤은 아버지의 신호수信號手이기도 하다.

세상은 원래 모습을 되찾은 것이다.

데우칼리온은 적막에 잠긴 이 황폐한 땅, 텅 빈 땅을 보고 눈물을 흘리면서 사랑하는 아내 퓌라에게 말했다.

"내 아내여, 이 세상에 하나밖에 남지 않은 퓌라여, 처음에는 혈육으로 인연을 맺더니 이윽고 혼인으로 인연을 맺어 내 아내가 된 퓌라여, 이제 이 대홍수가 또 한 번 우리를 하나로 묶는구려……."

데우칼리온은 진흙을 이겨 처음으로 인간을 지었고 신들의 산에서 불을 훔쳐 와 인간에게 주었다는 프로메테우스의 아들이고, 퓌라는 프로메테우스의 아우 에피메테우스의 딸이다. 그러므로 이 둘은 사촌간이 된다.

데우칼리온의 말은 이렇게 계속된다.

"……이 넓은 땅, 해 뜨는 데서부터 해 지는 데까지 살아 있는 인간은 우리 둘뿐이구나. 나머지는 바다가 앗아 갔다. 어떻게 살아가야 할지 눈앞이 캄캄하구나. 아, 막막하여라. 구름만 보아도 가슴이 내려앉는 것 같구나. 가엾은 아내여, 운명이 나를 앗아 가고 그대만 남겨놓은 것은 아니니 그래도 다행이다. 그대 홀로 남아 있었더라면 두려움은 어찌 이겨낼 수 있었을 것이며 슬픔은 어떻게 달랠 수 있었겠는가? 하지만 이제 나를 믿으라. 바다가 그대마저 앗아 갔더라면 나는 그대 뒤를 따랐을 것이다. 바다에 몸을 맡겨, 바다로 하여금 나까지 앗아 가게 했으리라. 나에게 아비 되는 재주가 남아 있어 자손을 퍼뜨리고 새 나라를 일으킬 수 있다면 얼마나 좋을까. 내게 내 아버지처럼 흙을 이겨 사람의 형상을 만들고 거기에다 숨결을 불어넣는 재주가 있다면 좀 좋으랴. 그러나 이제 인류의 운명은 우리 둘에게 달려 있다. 이것이 신들의 뜻…… 우리는 인류의 본으로 남은 것이다."

이 말끝에 두 사람은 서로를 부여안고 울었다. 하늘의 신들께 기도하여 신들의 뜻을 여쭙기로 뜻을 맞춘 두 사람은 지체 없이 손에 손을 잡고 케피소스강 가로 갔다. 홍수 뒤끝이라 맑지는 않았으나 그래도 강물은 얌전히 물길 사이를 흘러가고 있었다. 두 사람은 강에서 물을 길어 머리와 옷에다 뿌리고는 테미스 여신의 신전으로 발길을 돌렸다. 신전의 지붕은 더러운 이끼와 뻘로 덮여 있었다. 제단에 향불이 켜져 있을 리 없었다. 두 사람은 신전 계단에 엎드려 차가운 돌에 입을 맞추고는 이렇게 빌었다.

이치의 여신 테미스
그리스의 람노스에는 이치의 여신 테미스와 복수의 여신 네메시스의 신전 유적이 있다.

"신들의 마음이 믿음이 깊은 자들의 기도로 움직이고 부드러워진다면, 신들의 분노가 이로써 가라앉는다면, 일러주소서, 테미스 여신이시여. 어찌하면 인류가 절멸한 이 땅의 이 재난을 수습할 수 있을는지요. 자비로우신 여신이시여, 환란을 당한 저희를 도와주소서……"

여신은 이들을 가엾게 보고 속삭이는 소리에다 뜻을 맡겨 전했다. 여신이 맡긴 뜻은 이러했다.

"내 신전에서 나가거라. 나가서 너희 머리를 가리고 의복의 띠를 푼 뒤에 너희들 크신 어머니의 뼈를 어깨 너머로 던지거라."

이윤기의 그리스 로마 신화 1

여신이 속삭이는 소리에 맡긴 뜻을 듣고도 두 사람은 어찌할 줄을 몰라 한동안 그대로 가만히 서 있었다. 먼저 침묵을 깨뜨린 것은 퓌라였다. 퓌라는 떨리는 목소리로 기도했다.

"여신이시여, 그 뜻은 따를 수 없습니다. 용서하십시오. 크신 어머니의 뼈를 욕보일 수는 없습니다. 용서하십시오."

데우칼리온과 퓌라는 함께 묵상했다. 여신이 전해준 뜻이 너무 엉뚱하고 애매했기 때문이다. 다시 한동안 침묵이 흘렀다. 얼마 후 데우칼리온이 다음과 같은 말로, 겁에 질려 있는 퓌라를 달랬다.

"신의 뜻은 거룩한 법이다. 어머니의 뼈를 던지라고 하신 것은, 어머니의 뼈를 욕보이라는 말씀이 아닐 것이다. 내 짐작이 그르지 않다면, 여신의 뜻이 이르시는 어머니는 곧 대지일 것이요, 어머니의 뼈는 곧 돌이 아닐는지……. 여신께서는 우리에게 어깨 너머로 돌을 던지라고 하신 것일 게야."

퓌라는 데우칼리온의 짐작이 그럴듯하다고 생각하기는 했지만 그렇게 미덥지는 않았다. 데우칼리온에게도 하늘의 뜻이 미덥지 않기는 마찬가지였다. 그러나 두 사람에게는 선택의 여지가 없었다. 그래서 에멜무지로, 짐작한 대로 해보기로 했다. 두 사람은 여신이 이르신 대로 산을 내려가면서 옷으로 머리를 가리고 띠를 느슨하게 풀었다. 그러고는 돌을 주워 어깨 너머로 던져보았다.

역사가 이것을 기록으로 증언하지 않았더라면, 이로써 일어난 일을 믿을 사람은 이 세상에 없을 것이다. 어깨 너머로 던져진 돌은 금방 그 딱딱한 본성을 누그러뜨리기 시작했다. 그리고 잠시 후에는 말랑말랑해지기 시작했다. 말랑말랑해진 돌은 일정한 형태로 변하면서 시시각각으로 커져갔다.

돌은 커지면 커질수록 점점 더 인간의 모습을 닮아갔다. 그러나 인간의 모습이라고 꼬집어 말할 수 있는 단계는 아니었다. 말하자면 정질이 갓 끝났을 뿐 마무리는 아직 되지 않은 대리석상 또는 미완성 석상 같았다. 그러나 오래지 않아 돌 중에서도 습기가 있는 부분,

돌을 던지는 데우칼리온과 퓌라
두 사람이 던진 돌은 이윽고 인간으로 변했는데, 데우칼리온이 던진 돌은 남자의 형상을, 퓌라가 던진 돌은 여자의 형상을 얻었다. 16세기 이탈리아 화가 안드레아 델 밍가의 그림.

이윤기의 그리스 로마 신화 1

즉 눅눅한 흙이 묻은 부분은 살이 되기 시작했고, 딱딱한 부분은 뼈가 되기 시작했다. 돌의 '베인(결)'은 이름이 같은 '베인(혈관)'으로 변했다.

은혜로워라, 신들의 뜻이여.

시간이 좀 더 흐르자 지아비가 던진 돌은 남자의 형상을 얻었고, 지어미가 던진 돌은 여자의 형상을 얻었다. 우리 인간들이 아무리 힘든 일이라도 해내는 강인한 족속인 까닭은 이로써 설명이 가능할지도 모르겠다. 이 이야기가 우리의 근원을 증거하고 있는 것이므로.

필레몬과 바우키스

물과 관련된 또 하나의 이야기가 있다. 온 인간을 멸종시키는 대홍수는 아니다. 홍수라기보다는 물세례에 가까운 이 두 번째 이야기는 구약성서에 나오는 '소돔과 고모라' 이야기를 떠올리게 한다.

신화시대의 노인 렐렉스의 입을 빌려 이 이야기를 들어보자. 렐렉스는 세상을 오래 살아서 생각이 익을 대로 익은 노인이었다. 그는 세상 구경을 많이 한 페이리토스라는 자가 신들의 능력을 의심하자 이런 이야기를 들려준다. 페이리토스는 '걸어서 돌아다니는 자'라는 뜻이다.

신들의 힘을 누가 장차 헤아릴 수 있겠는가? 신들은 전지전능하시네. 모르시는 것이 없고 못 하시는 일이 없네. 그래서 신들은 당신들이 바라시는 바는 언제든지 어디서든 이루어지게 하신다네. 내가 이야기를 하나 할 테니 잘 들어보게. 이 이야기를 들으면 자네 생각도 달라질 것일세.

프뤼기아 산간 지방에 가면 보리수와 아주 오래 묵은 참나무가 한 그루씩 있네. 이 두 그루의 나무 주위에는 나지막한 담이 둘러져 있고……. 내가 직접 가서 보았네. 이 두 그루의 나무가 있는 곳에서 그리 멀지 않은 곳에는 큼직한 연못이 하나 있더군. 그곳 사람들 말로는 한때 그 연못 자리에 마을이 있었다는군. 내가 보았을 당시에는 논병아리나 검둥오리 같은 늪지 새들이나 모이는 연못이었지만…….

옛날에 제우스 신께서 인간의 모습으로 꾸미시고 이곳으로 오셨다는 이야기네. 헤르메스 신이 아버지 되시는 제우스 신 옆에 붙어 있었다고 하더군. 이 두 분은 내가 말하는 바로 그곳에 있는 마을로

제우스 신의 아들이자 심부름꾼인 헤르메스
위에는 독수리의 날개가 있고, 아래에는 뱀이 기어오르는 지팡이를 들고 다닌다. 독수리와 뱀은 헤르메스의 활동 범위, 즉 천상과 저승을 상징하는 듯하다. 파리 루브르 박물관.

들어가 하룻밤 쉬어 갈 수 있게 해달라고 부탁했네. 하지만 번번이 퇴짜를 맞으셨네. 매정한 마을 사람들이 이 두 분이 하룻밤 묵어가게 해달라고 애원하는데도 문을 닫아버리거나 대문의 빗장을 질러버리거나 했던 것이지.

그런데 한 집만은, 오직 한 집만은 그렇지 않았네. 늪의 갈대를 엮어 지붕을 얹은, 참으로 초라한 오두막이었다네. 그 집에는 필레몬이라는 영감과 그의 아내 바우키스 할멈이 살고 있었지. 마음씨 착한 이 노부부는 바로 그 초라한 집에서 결혼식을 올리고, 백발이 될 때까지 그 집에서 살아온 사람들이었네. 노부부는 가난을 있는 그대로 받아들이고 이에 만족하는 사람들이라서 가난하지만 행복하게 살고 있었던 것이네. 그러니 그 집에 주인과 종이 따로 있었겠는가? 식구가 둘뿐이었으니, 명을 내리는 사람 따로 있고 그 명을 받들어 좇는 사람이 따로 있을 턱이 없을 것이 아니겠나.

하여튼 두 분 신께서 고개를 숙이고 나지막한 문으로 들어서자, 노부부는 걸상을 내놓으면서 여행에 얼마나 피곤하시냐, 편히 쉬시라, 이런 말로 손님들을 위로했네. 할멈인 바우키스는 부랴부랴 걸상 위에다 초라하나마 방석을 깐다, 화로를 뒤져 불씨를 찾아낸다, 그 위에다 나뭇잎과 잘 마른 나무 껍질을 얹고는 입으로 솔솔 불어 불을 일으킨다…… 이렇게 나름대로 수선을 떨었던 것이네. 그동안 영감은 잘게 쪼갠 장작과 처마 밑에다 매달아두었던 마른 가지를 벗겨서는 잘게 부러뜨려 할멈의 냄비 밑에다 넣어주었고…….

불 피우는 할멈을 도운 영감은 마당에다 정성 들여 가꾼 채소를 거두어 와 곁의 시든 잎을 깨끗이 따냈네. 그러고는 끝이 갈라진 막대기로 까맣게 그은 대들보에다 오래오래 걸어두었던 훈제 돼지의 옆구리 살을 벗겨내고는 한 조각을 베어 냄비에다 넣고 끓였네. 오래지 않아 냄비 속의 국은 하얀 거품을 내며 끓었네. 이러면서도 영감과 할멈은 계속해서 수다를 떨어댔다네.

왜 그랬을까? 기다리는 길손들이 지루해할까 봐 그랬던 것이지. 손잡이가 못에 걸려 있는 너도밤나무 통에는 더운 물도 있었네. 영감과 할멈은 이 물을 아낌없이 손님들 앞에 놓인 대야에 부어서 여행에 지친 손님들의 손발을 씻으시게 했지.

뼈대도 버드나무, 다리도 버드나무로 만들어진 안락의자 위에는 부드러운 왕골로 짠 방석도 놓여 있었다네. 바우키스와 필레몬은 이 안락의자 위에다 명절이 되어야 까는 걸상보까지 내어 깔았네. 하지만 낡은 버드나무 의자가 어디 가겠나? 초라한 걸상보는 초라한 안락의자에 잘 어울렸네.

이윽고 신들은 식탁 앞에 마주 앉았네. 바우키스 할멈은 떨리는 손으로 옷자락을 여며 질끈 동여매고는 두 분 신의 눈앞에서 상을 차렸지. 식탁의 다리 네 개 중 한 개는 나머지 세 개에 비해 조금 짧았네. 하지만 바우키스 할멈이 기와 조각을 하나 주워 이 짧은 다리 밑에다 괴자 식탁은 평평해졌지. 식탁이 바로잡히자 바우키스 할멈은 박하 이파리로 식탁을 닦고는 여기에다 알락달락한 딸기, 가을에 따서 겨우내 포도주에 절여두었던 버찌, 꽃상추, 순무, 치즈 한 덩어리, 뜨겁지 않은 재에다 구운 달걀을 질그릇 접시에 얹어 내놓았네. 무늬가 놓인 술병과 안에다 밀랍을 입힌 너도밤나무 술잔도 나왔네.

이윽고 식사가 시작되었네. 김이 모락모락 나는 음식 접시와, 오래된 것은 아니어도 그래도 질이 괜찮은 포도주가 든 술병이 몇 순배를 돌았지.

식사가 끝나자 바우키스 할멈은 상을 치우고 후식을 내어놓았네. 호두, 무화과, 쪼글쪼글하게 마른 대추, 오얏, 향긋한 사과, 갓 딴 듯한 포도가 바구니에 담겨 나왔지. 식탁 한가운데엔 꿀이 묻어 반짝거리는 벌집도 나와 있었네만 뭐니뭐니 해도 귀하고도 귀했던 것은 유쾌한 어울림, 주인 내외의 따뜻한 대접이었네.

식사가 계속될 때의 이야긴데, 주인 내외는 자꾸만 따르는데도 따르는 족족 술병에 새 술이 차오르는 데 놀랐지. 이런 기적이 일어나는 걸 보았으니 얼마나 놀랐겠으며 얼마나 두려웠겠는가?

노부부는 '아이고, 여느 손님들이 아니라 신들이시구나' 이렇게 짐작하고는 손을 벌리고 신들께 빌었지. 신들이신 줄도 모르고 허름한 음식을 대접한 무례를 용서해달라고 빌었지. 음식을 공들여 준비하지 않은 무례를 용서해달라고 빌었지.

이 집에는 문지기 노릇을 하는 거위가 한 마리 있었네. 바우키스와 필레몬은 모처럼 찾아주신 신들을 위해 이 거위를 잡으려고 했지. 그러나 거위는 날갯짓을 하면서 도망쳤다네. 노인들이 무슨 수로 이 거위를 따라잡을 수 있겠나. 도망 다니던 이 거위는 마침내 신들 옆으로 달려가 신들의 눈치를 살폈다네. 그러자 신들께서는 거위를 잡지 말라면서 이렇게 말씀하셨다지.

이윤기의 그리스 로마 신화 1

제우스와 헤르메스를 접대하는 바우키스와 필레몬 부부
맨 오른쪽에 앉아 있는 검은 수염이 난 이가 제우스이고, 그 옆에 앉아 있는 젊은이가 헤르메스다.
거위가 제우스 덕분에 목숨을 건진다. 페테르 파울 루벤스의 그림.

"그래. 우리는 신들이다. 나그네 대접할 줄 모르는 그대들의 이웃
들은 곧 큰 벌을 받을 것이다. 그자들은 큰 벌을 받아 마땅하다. 그러
나 그대들은 이 재앙을 피할 수 있게 해주리라. 이 집을 떠나 우리와
함께 뒷산으로 오르자."

노부부는 신들께서 말씀하시는 대로 지팡이에 몸을 의지하고 산
을 오르기 시작했네. 꼭대기까지는 활 한 바탕쯤 남은 곳까지 오른
두 사람은 뒤를 돌아다보았지. 이들의 눈에 무엇이 보였겠는가?

바우키스와 필레몬이 살던 집만 빼고 온 마을이 모조리 물에 잠겨

있었다네. 이들은 놀란 얼굴로 그 광경을 내려다보면서, 이웃해 살던 사람들이 가엾어서 하염없이 울었다네. 그런데 이어서 놀라운 일이 일어났네. 두 사람 살기에도 비좁던 그 오막살이가 신전으로 변하고 있었던 것일세. 나무 기둥이 있던 자리에는 거대한 대리석 기둥이 솟았고, 갈대 지붕은 황금빛으로 변했으며, 문이라는 문은 모두 돋을 새김 장식이 붙은 신전 문이 되었고, 흙바닥은 대리석 바닥이 되었던 것일세. 그제야 제우스 신께서 근엄한 목소리로 말씀하셨네.

"선한 영감과 선한 영감에게 어울리는 역시 선한 할미야, 내게 말하여라. 너희가 내게 무엇을 구하느냐?"

바우키스와 필레몬은 한참 상의한 끝에 필레몬이 대신께 바라는 바를 말씀드렸네.

"저희는 대신의 신전을 지키는 신관이 되고자 하나이다. 저희는 한평생을 사이좋게 살아왔으니, 바라옵건대 죽을 때도 같은 날 같은 시에 죽고자 하나이다. 제가 마누라의 장사 치르는 꼴을 보지 않고, 마누라가 저를 묻는 일도 없었으면 하나이다."

이들의 소원은 이루어졌네. 그래서 세상을 떠나는 날까지 두 사람은 신전을 돌볼 수가 있었던 것이지.

이로부터 또 오랜 세월이 흘렀네. 허리가 꼬부라진 이들은 신전 계단에 서서 옛날 거기에서 일어났던 일을 이야기하고 있었네. 이런저런 이야기를 하던 바우키스는 필레몬의 몸에서 잎이 돋아나는 것을 보았고, 필레몬은 바우키스의 몸에서 잎이 돋아나는 것을 보았네. 이윽고 머리 위로 나무가 뻗어 올라가기 시작하자 이들은 마지막 인사를 서로 나누었네. 말을 할 수 있을 때 마지막 인사를 해두어야 했던 것이지.

"잘 가게, 할멈."

"잘 가요, 영감."

이러는데 얼굴이 나무껍질로 덮이면서 이들의 입을 막아버렸지.

프뤼기아 농부들은 지금도 나란히 서 있는 이 두 그루의 나무, 한때는 부부간이었던 이 나무를 보면서 옛이야기를 한다네. 내게 이런 이야기를 들려준 사람은 나를 속여서 득이 될 게 하나도 없는 노인이었네. 나는 이 나뭇가지에 화환이 걸려 있는 것을 직접 보았고, 화환을 하나 만들어 직접 여기에다 건 사람이네. 나는 화환을 걸면서 이런 말을 되뇌었네.

"신들을 사랑하는 자는 신들의 사랑을 입고, 신들을 드높이는 자는 사람들로부터 드높임을 받는 법이거니."

9장

흰 뱀, 검은 뱀

GREEK
AND
ROMAN
MYTHOLOGY

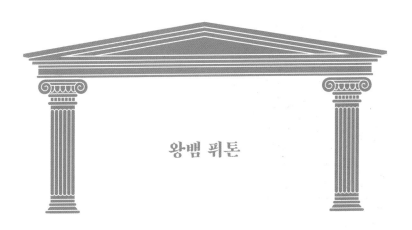

왕뱀 퓌톤

'자연발생설'이라는 이론이 있다. 생물이 무생물에서 발생했을 가능성도 있다는 이론이다. 이 이론은 프랑스의 과학자 파스퇴르에 의해 그릇된 이론인 것으로 실증되었지만, 신화가 기록되던 시절의 사람들은 그 자연발생설을 믿었다. 오비디우스가 그리고 있는, 대홍수가 지나간 자리에서 왕뱀이 태어나는 과정을 보라.

인간 이외의 다른 동물들은 대홍수 뒤 땅에 남아 있던 습기가 햇볕에 뜨거워질 즈음에 저절로 생겨났다. 이즈음 늪지의 진흙이 열기에 부풀어오르고, 만물의 씨앗은 어머니 자궁 안에 든 것처럼 부풀어올라 시간이 흐르자 일정한 모양을 갖추게 된 것이다.

이런 일이 일어난 것은 대홍수 때 범람해 있던 네일로스강(나일강)이 벌판에서 원래 있던 강바닥으로 되돌아갈 때였다.

네일로스강이 원래의 물길로 되돌아가자 범람해 있던 곳에 쌓여 있던 진흙은 햇볕을 받아 뜨거워졌다. 이때 이 흙을 일구던 농부들

은, 이 흙 속에서 저절로 생겨나고 자라는 수많은 동물을 보았다.

이 수많은 동물 중에는 그 동물의 씨앗에서 갓 빚어진 것도 있었
고, 뻘 속에서 생겨나 막 기어 나오려 하는 것들도 있었다. 물론 아직
은 다 만들어지지 못해 다리가 온전하지 않은 것도 있었고, 몸의 일
부는 생명체인데 나머지는 흙덩어리 그대로인 것도 있었다.

이러한 동물들은 온기와 습기가 알맞은 환경에서만 그 생명을 얻
을 수 있었다. 이는 만물이 온기와 습기, 이 두 가지 요소에서 비롯되
기 때문이다. 물과 불은 서로 상극이다. 그러나 이 물과 불의 조화로
생기는 습윤한 온기는 만물의 근원이 된다. 말하자면 습기(물)와 온
기(불)가 조화를 이루면 곧 생명 창조의 토대가 되는 것이다.

대홍수가 지나간 자리에는 뻘만 남았다. 뜨거운 태양이 뻘을 달구
자 여기에서 이루 셀 수 없을 만큼 많은 생명이 탄생했다. 이렇게 지

어진 생명 중에는 홍수 이전에 있던 것도 있었고, 전혀 새롭게 지어진 것도 있었다.

대지의 여신이, 살아 있는 것 중에서 크기로 치면 으뜸이 될 만한 왕뱀 퓌톤을 지어낸 것도 이때였다. 이 왕뱀은 누우면 산자락 하나를 덮을 만큼 컸다. 이렇게 큰 짐승을 본 적이 없는 새 인류에게 이 왕뱀은 두려움의 대상이 아닐 수 없었다. 그런데 활의 신 아폴론이 그 왕뱀을 죽였다. 아폴론은 이 무서운 왕뱀을 향해 화살통 하나가 빌 때까지 활을 쏘았다. 왕뱀이 상처를 통해 독을 한 방울도 남김없

왕뱀 퓌톤과 아폴론
에로스가 아폴론을 향해 사랑에 빠지게 만드는 황금 화살을 겨누고 있다. 페테르 파울 루벤스의 그림.

이 깡그리 비울 때까지 쏘아댄 것이다.

아폴론은 최초의 왕뱀 퓌톤을 죽인 영웅적인 업적을 몹시 자랑
스럽게 여겼다. 아폴론이 역시 활쏘기를 좋아하는 꼬마 신 에로스를
놀려 먹었다가 다프네에게 상사병이 들어 마음의 상처를 받은 것도
이즈음의 일이다.

아폴론은 세월이 지나도 사람들이 이 영웅적인 행적을 잊지 않도
록 이를 기념하는 운동경기 대회를 창시했다. 이 대회가 바로 '퓌티
아' 대회다. 이 대회에서는 여러 가지 경기가 벌어진다. 씨름, 달음박
질, 전차 경주 같은 경기에서 승리한 선수는 떡갈나무잎으로 만든 관
을 상으로 받았다. 당시에는 월계수로 만든 월계관이 없었기 때문이
다. 아폴론도 머리카락이 흘러내릴 때면 이 관을 썼다. 그러나 다프네
가 월계수로 몸 바꾸기를 한 뒤부터 떡갈나무잎으로 만든 관은 월계
관으로 바뀌었다. 지금도 그리스에서는 월계수를 '다프니'라고 한다.

왕뱀 퓌톤에게는 역시 왕뱀인 아내 퓌티아가 있었다. 제우스는 지
아비를 잃고 눈물로 세월을 보내는 퓌티아를 불쌍히 여겨 인간으로
몸 바꾸기를 해준 뒤, 델포이에 있는 아폴론의 신전을 지키게 했다.
아폴론이 예언의 신 노릇을 하는 것은 바로 이 퓌티아 덕분이다.

퓌티아는 사람들이 아폴론 신의 뜻을 물으러 신전에 찾아오면, 갈
라진 땅 속에서 나오는 증기를 마시고 무아지경에 빠진 채, 예언의
신 아폴론의 뜻을 사람들에게 일러준다.

아폴론 신전의 이름인 델포이라는 말은 '자궁'이라는 말이다. 퓌
티아에게는 '델피네'라는 별명이 있다. 델피네는 '델포이'의 여성형

아폴론 신전이 있는 고대 도시 델포이의 경기
아폴론 제사 때 벌어지는 경기는 퓌톤의 아내이자 델포이의 무녀였던 퓌티아를 기념해서 '퓌티아'
라고 한다.

이다. 퓌티아는 땅속에서 나오는 증기를 마신다고 하는데, 땅속이 무
엇인가? 바로 대지의 자궁이다. 뱀은 죽음, 예언, 저승, 의술과 밀접
한 관계가 있다.

　보라, 에우뤼디케의 발뒤꿈치를 물어 저승으로 보낸 뱀이 있는가
하면, 델포이의 신전에서 앞날을 예언하는 뱀도 있다. 인간에게 득이
되는 긍정적인 흰 뱀이 있는가 하면, 해가 되는 부정적인 검은 뱀도
있다. 뱀의 정체는 도대체 무엇인가?

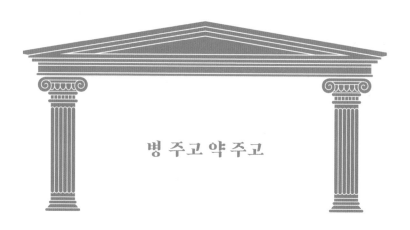

병 주고 약 주고

그리스 남쪽 펠로폰네소스 반도의 코린토스 땅에는 유명한 예언자 집안이 있었다. 그 집안에서 난 최초의 예언자는 멜람포스라는 사람이다. 멜람포스는 신이 아닌 인간으로서, 신의 도움을 받지 않고 예언하는 힘을 얻은 최초의 예언자다.

멜람포스는 어떻게 예언자가 되었을까? 멜람포스의 집 앞에는 아름드리 참나무가 한 그루 서 있었다. 어느 날 이 참나무 둥치의 구멍에서 살던 뱀이 멜람포스의 하인 하나를 물어 죽였다. 다른 하인들이 몰려나와 이 참나무를 쓰러뜨리고는 그 안에 똬리를 틀고 있던 뱀을 잡아 죽였다. 뱀에게는 거느리던 새끼가 있었다. 멜람포스는 하인들이 만류하는데도 이 새끼를 거두어 정성을 다해 돌보아주었다. 새끼 뱀은 나날이 몰라보게 자라났다.

이렇게 자라난 뱀이 어느 날, 참나무 밑에서 낮잠을 자고 있던 멜람포스의 귀를 핥았다. 잠에서 깨어난 멜람포스는 제 귀를 의심했다. 하늘을 나는 새, 땅을 기는 벌레들이 저희끼리 나누는 말이 그의 귀에 들리게 되었기 때문이다.

새나 벌레들은 인간의 눈에는 보이지 않는 것을 볼 수 있다. 이들이 서로 나누는 말을 알아들으면 인간에게는 보이지 않는 것을 볼 수 있고, 인간에게는 들리지 않는 것을 들을 수도 있다. 멜람포스는 이들의 말을 알아들음으로써 미래를 예언하는 점쟁이로 행세할 수 있었다.

그런 멜람포스가 누명을 쓰고 역적으로 몰려 옥살이를 한 적이 있다. 멜람포스는 적막한 밤에 그 감옥의 기둥 안에서 벌레들이 나누는 말에 귀를 기울였다. 벌레들은 이런 말을 나누고 있었다.

"흰개미라는 놈들이 이 집 기둥을 다 쏠았다."

"나도 어제 보았다. 곧 지붕이 내려앉을 테고, 그러면 우리도 위험하게 되니 내일은 다른 곳으로 떠나자."

멜람포스는 곧 감옥을 지키던 간수를 불러 이 사실을 귀띔해주었다. 간수들은 처음에는 죄수의 말을 믿지 않았다. 하지만 멜람포스에게 예언의 능력이 있다는 것을 알게 된 간수들은 에멜무지로 그날 하루만 감옥을 비우기로 했다. 죄수들은 가까이에 있던 다른 건물로 옮겼다. 과연 그로부터 하루 뒤에 감옥의 지붕이 내려앉았다. 간수들은 큰 재앙을 피하게 해준 공로로 멜람포스를 풀어주었다.

이 멜람포스의 자손이 바로 코린토스의 예언자로 유명한 폴뤼이도스다. 폴뤼이도스는 조상이 뱀에게서 예언하는 능력을 얻었다는 사실을 알고 있었기 때문에 뱀을 잘 보살폈다.

폴뤼이도스가 아르고스에 살고 있을 때 긴 장마로 물난리가 난 적이 있다. 집이 떠내려가고 산이 무너져 내렸다. 그 물난리 때 폴뤼이도스는 큰물에 떠내려가는 얼룩뱀 한 마리를 건져 살려주었다. 얼룩뱀은 목숨을 걸지 않고는 구해줄 수 없는 독사였다.

그 뒤 폴뤼이도스가 크레타섬 미노스 왕국에 머물고 있을 때의 일이다. 어느 날 왕궁에서 해괴한 일이 벌어졌다. 어린 왕자 글라우코스가 멋모르고 미궁 안으로 들어가버린 것이다. 독자는 테세우스가 아리아드네의 실타래 덕분에 무사히 빠져나온 저 미궁을 기억할 것이다. 왕자가 들어간 미궁이 바로 그 미궁이다.

크로노스 문명의 최전성기에 지어진 것으로 보이는 미노스 궁전
이 궁전에는 방이 2천 개나 되었다고 하는데, 실제로 궁전은 미궁을 방불케 할 정도였다고 한다. 사진은 아래위층을 연결하는 복잡한 계단.

이윤기의 그리스 로마 신화 1

왕은 폴뤼이도스를 불러들여 왕자가 사라진 내력을 말하고 살아 있으면 살아 있는 대로, 죽었으면 죽은 대로 왕자를 찾아달라고 부탁했다. 폴뤼이도스는 미궁으로 들어갔다. 미궁은 한번 들어가면 나오지 못하는 곳이다. 하지만 아리아드네의 실타래 덕분에 테세우스는 살아 나오지 않았는가? 테세우스가 살아 나옴으로써 미궁의 수수께끼는 풀려버린 것이다. 일단 풀려버린 수수께끼는 두 번 다시 수수께끼 노릇을 못 하는 법이다. 하지만 어린 왕자에게는 여전히 미궁이었다.

폴뤼이도스는 미궁으로 들어가 한동안 헤매다 어둠 속에서 벌 떼를 쪼아 먹고 있는 부엉이 한 마리를 보았다. 부엉이 옆에는 지하로 통하는 문이 있었다. 폴뤼이도스에게 짐작이 가는 데가 있었다.

'이 미궁의 지하에 부엉이가 와 있다는 것은 근처에 벌 떼가 있다는 뜻이다. 벌 떼가 와 있다는 것은 꿀이 있기 때문이다. 꿀이 있다는 것은⋯⋯.'

이렇게 나름대로 헤아린 폴뤼이도스는 지하로 내려갔다. 과연 지하실 한구석에는 꿀 항아리가 있었다. 미노스왕의 부하 하나가 몰래 숨겨놓은 꿀 항아리였다. 꿀 항아리 위로는 왕자 글라우코스의 두 다리가 나와 있었다. 어린 왕자가 미궁 속을 헤매다 꿀 항아리를 발견하고는 그 꿀을 먹다가 꿀 항아리에 거꾸로 빠져 죽은 것이었다.

미노스왕의 신하들은 하나같이 폴뤼이도스라면 죽은 왕자를 살려낼 수도 있을 것이라고 왕을 부추겼다. 그들은 본토에서 들어온 폴뤼이도스의 혜안이 두려웠다. 그래서 억지 주장으로 폴뤼이도스의 능력을 과대평가함으로써 잔뜩 부추겨놓고, 죽은 왕자를 살려내지 못하면 왕의 손을 빌려 폴뤼이도스를 죽여버리겠다는 계산이었다.

미노스왕에게서 이 말을 들은 폴뤼이도스는 기겁을 했다.

"의술의 신 아스클레피오스도 아닌 제가 어찌 죽은 사람을 살릴 수 있겠습니까? 저에게는 하데스의 물길을 거스를 권능도 없거니와 설사 있다고 해도 그럴 마음이 없습니다."

그는 이런 말로 거절했다.

미노스왕의 신하들은 왕에게 폴뤼이도스를 왕자와 함께 석실에 가두면 어떻게든 손을 쓸 것이라고 꼬드겼다. 고대 그리스 사람들은 죽은 사람을 거대한 돌무덤에 안장했다.

"어찌 되었든 그대를 내 죽은 아들과 함께 돌무덤에 안장할 테니까, 같이 썩고 싶지 않으면 같이 살 길을 찾아보도록 하시오."

미노스왕은 이렇게 억지를 부렸다.

이렇게 해서 폴뤼이도스는 꼼짝없이 왕실의 돌무덤에 갇히고 말았다. 폴뤼이도스가 뛰는 가슴을 달래며 어둠에 눈을 익히고 있는데, 난데없이 뱀 한 마리가 돌무덤으로 들어왔다. 얼룩뱀이었다. 물난리 때 큰물에 떠내려가는 것을 살려준 그 얼룩뱀과 종류가 같은 뱀인 것 같았다. 폴뤼이도스는 기겁을 하고 몸을 피했지만 뱀은 눈 깜짝할 사이에 폴뤼이도스의 발뒤꿈치를 물고는 재빨리 돌무덤 틈으로 사라져버렸다.

얼룩뱀의 독은 곧 폴뤼이도스의 몸 안으로 퍼졌다. 시간이 흐를수록 뱀에 물린 데가 아파오면서 폴뤼이도스의 의식은 가물가물해져

갔다. 그는 얼룩뱀을 원망했다.

'내가 살려준 본토의 얼룩뱀이 이 섬까지 와 있을 리는 만무하니 그 얼룩뱀은 아닐 것이다. 하지만 목숨을 걸고 얼룩뱀을 살려준 적이 있는 내가 얼룩뱀에 물려 죽어가고 있구나…….'

폴뤼이도스는 눈을 감고 아픔을 참으면서 죽음의 순간이 오기를 기다렸다. 한동안 그러고 있는데 무엇인가가 발뒤꿈치를 문지르고 있는 것 같았다. 폴뤼이도스가 몸을 일으키고 발치를 보니, 얼룩뱀이 약초를 한입 물고 와서 그 약초로 상처를 문지르고 있었다. 희한하게도 순식간에 머리가 맑아지면서 통증이 사라졌다. 얼룩뱀도 곧 돌무덤에서 사라졌다.

폴뤼이도스는 행여나 하고 얼룩뱀이 남겨놓고 간 약초로 왕자의 주검을 문질러보았다. 한 번 문지르자 왕자의 얼굴에 곧 붉은 기운이 떠올랐고, 두 번 문지르자 숨을 쉬기 시작했으며, 세 번 문지르자 왕자는 눈을 떴다. 네 번 문지르자 왕자는 물에서 나온 새가 깃털에 묻은 물을 털듯이, 그 어린 몸에 묻어 있던 '죽음'을 털어내었다.

미노스왕이 폴뤼이도스에게 많은 재물을 내린 것은 물론이다. 하지만 미노스왕은 욕심이 많았다. 그는 폴뤼이도스가 고향으로 돌아가려 하자 왕자에게 점치는 방법과 예언하는 방법을 다 가르친 연후에 고향으로 돌아가라고 말했다. 폴뤼이도스는 달리 도리가 없는 신세라 글라우코스 왕자에게 점술과 예언술을 모두 가르쳤다.

드디어 폴뤼이도스가 아르고스로 돌아갈 날이 왔다. 폴뤼이도스는 귀향선에 오르기 전에 글라우코스 왕자에게 말했다.

"내게 침을 뱉으세요."

하지만 왕자는 침을 뱉지 못했다.

"생명의 은인이자 스승이신데 이렇게 침을 뱉습니까?"

"그래도 한번 뱉어보세요."

글라우코스는 시키는 대로 폴뤼이도스에게 침을 뱉은 뒤 항구에서 스승을 전송했다. 아폴론이 카산드라에게 예언술을 가르치고 단한 번의 입맞춤으로 '설득력'을 빼앗아 카산드라의 예언을 '하기는 옳게 하되 믿는 사람이 없는 예언'으로 만들었듯이, 폴뤼이도스도이로써 글라우코스 왕자에게 가르친 점술과 예언술을 고스란히 돌려받았다.

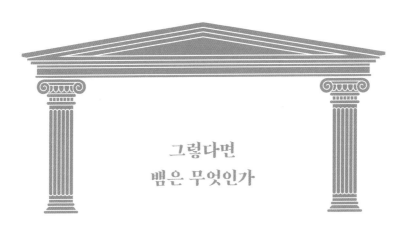

그렇다면
뱀은 무엇인가

군대에서 군의관들이 붙이는 휘장에는 뱀 두 마리가 지팡이 하나를 타고 올라가는 그림이 새겨져 있다. 그렇다면 이 뱀은 무엇인가?

신화시대 의술의 신인 아폴론에게는 아스클레피오스라고 하는 아들이 있었다. 아폴론은 이 아들을 당시의 용한 의사이자 지혜로웠던 켄타우로스(반인반마) 케이론에게 맡겨 의술을 배우게 한다. 아스클레피오스는 케이론의 가르침을 받아 대단한 의사가 된다.

아스클레피오스는 트라카라는 도시에다 요즈음의 의과대학 겸 부속 병원 비슷한 것을 세우고 의술을 가르치는 한편 환자를 치료했다. 어찌나 빨리 치료하고 어찌나 용케 치료했던지, "아스클레피오스는 죽은 사람도 능히 살려낸다"는 소문까지 돌았다고 한다. 그리스 신화에 따르면, 이 아스클레피오스는 실제로 죽은 자를 살려내었다가 이승의 이치와 저승의 이치를 분별하지 못하는 것을 밉게 본 제우스의 손에 죽임을 당한다는 대목이 나온다. 그는 제우스가 던진 불벼락에 맞아 죽은 것으로 신화는 기록하고 있다.

아스클레피오스에게는 트로이아 전쟁 때 나가 싸운 두 아들 이외에도 네 딸이 있어서 아버지를 도와 간호원 노릇을 했다. 맏딸의 이름 이아소는 '의료'라는 뜻이고, 둘째 딸의 이름 판아케아는 '만병통치', 셋째 딸의 이름 아이글레는 '광명', 넷째 딸의 이름 휘게이아는 '위생'이라는 뜻이다. 이 네 자매 중 막내의 이름인 휘게이아는 지금도 의과대학에서 쓰이고 있다. '하이진hygiene(위생학)'이라는 말이 바로 휘게이아에서 온 말이다.

아스클레피오스의 의술 학교는 뒷날 수많은 명의를 배출하게 되는데, 그중에서도 가장 이름 높은 명의가 바로 오늘날 '의성', 즉 의

의신醫神 아스클레피오스와 그의 딸 휘게이아
아스클레피오스는 아폴론의 아들이다. 로마 바티칸 박물관.

아스클레피오스의 신전이 있는 에피다우로스의 극장
의신의 신전이 있는 곳에는 반드시 극장이 있었다고 한다.

술의 성인으로 불리는 히포크라테스다. 모든 의과대학생은 의사가 될 때 히포크라테스를 본받자는 뜻에서 '히포크라테스 선서'라는 것을 한다.

아스클레피오스의 신전은 고대의 의과대학 및 그 부속병원이었던 셈이다. 그런데 이 신전을 지키던 신관은 이 신전에다 흙빛 뱀을 기른 것으로 전해진다. 신관들은 독이 없는 흙빛 뱀을 아스클레피오스의 사자_{使者}로 여겼기 때문이다.

그러니까 의술을 상징하는 휘장의 지팡이는 아스클레피오스의 지

팡이이며, 뱀은 바로 아스클레피오스의 사자인 독 없는 흙빛 뱀인
것이다. 의술을 상징하는 오늘날의 휘장에까지 지팡이와 뱀이 그려
지는 것은 바로 이 때문이다.

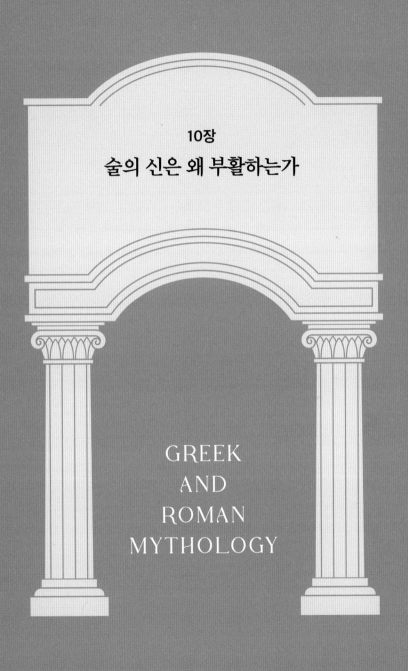

10장

술의 신은 왜 부활하는가

GREEK
AND
ROMAN
MYTHOLOGY

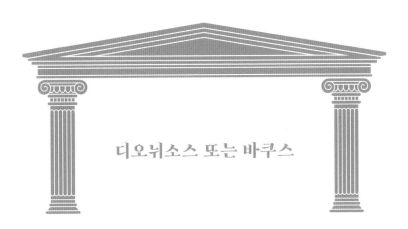

디오뉘소스 또는 바쿠스

신 중의 신, 신들의 아버지인 제우스는 인간 세계로 내려와 여자를 꾀는 난봉꾼으로 유명하다. 제우스의 자식을 낳은 으뜸 여신이나 인간 세계의 여성은 이루 헤아릴 수 없을 정도다.

이런 제우스가 세멜레라는 인간 세계 여성에게 아이를 배게 한 일이 있다. 질투심 많기로 유명한 제우스의 아내 헤라가 이 사실을 알고는 이를 갈았다. 헤라는 정식 결혼의 수호 여신이어서 더더욱 이런 일을 참아내지 못한다.

"내가 여기에서 입으로 아무리 악담한들 그게 무슨 소용이야? 이번에는 내 손으로 그 계집을 결딴내야겠다. 내가 누구더냐? 전능한 헤라 여신이라고 불릴 권리가 있는 여신, 보석 박힌 왕관을 쓸 자격이 있는 여신이 아니더냐? 내 손으로 그년을 결딴내야겠다. 그 계집이 은밀하게 제우스와 사랑을 나누는 데 만족하고 있고, 우리 부부 사이를 잠깐 갈라놓은 데 지나지 않았다는 이유를 앞세워 계집을 용서하자고 주장할 자가 있을지도 모르겠구나. 하지만 안 된다. 그 계집은 제우스의 자식을 배고 있다. 내가 칠 명분은 이로써 충분하다. 그 계집의 뱃속에 있는 자식이 계집의 유죄를 증명하고 있지 않느냐? 더구나 그 계집은 제 미모를 대단한 것으로 여긴다. 그러니 계집의 생각이 얼마나 잘못되어 있는지 보여줄 수밖에……. 내가 그년이 좋아하는 제우스의 손을 빌려 스튁스강 물에다 처박지 못하면, 크로노스의 딸이 아니다."

옥좌에서 일어난 헤라는 황금빛 구름으로 몸을 가리고는 인간 세상으로 내려가 세멜레의 집을 찾아갔다. 헤라는 세멜레의 집 앞에서 노파로 몸을 바꾼 다음에야 황금빛 구름을 걷었다.

어떤 노파로 몸을 바꾸었던 것일까? 귀밑머리가 새하얗고, 얼굴이 주름투성이인 노파로 바꾸었다. 헤라는 에피다우로스 출신인 세멜레의 유모 베로에로 몸을 바꾼 다음 등을 잔뜩 구부리고는 지팡이로 발밑을 더듬으며 안으로 들어갔다.

세멜레를 만난 헤라(베로에로 잠깐 몸을 바꾼)는 시장 바닥에 나도는 소문에 대해 이런저런 이야기를 했다. 헤라의 목소리는 겉모습에 딱 어울리게 떨렸다. 시장 바닥 소문에 관한 이야기가 나왔으니 제우스 이야기가 따라 나오는 것은 당연했다. 헤라는 한숨을 쉬면서 말했다.

"……아씨 댁을 드나드시는 그분이 진짜 제우스 신이시라면 얼마나 좋겠어요? 하지만 세상 돌아가는 것을 보면 마음이 놓이지 않아요. 많은 사내가 순진한 처녀 방을 기웃거릴 때는 신들 행세를 한다는 걸 아씨도 아시지요? 그분이 자기 입으로 제우스 신이라고 말하더라도 아씨께서는 마음을 놓지 마세요. 아씨를 정말 사랑한다면 증

성장盛裝한 디오뉘소스
로마 바티칸 박물관.

거를 보여달라고 하세요. 정말 제우스 신이시냐고 여쭤어보시고, 정
말 제우스 신이시라고 하시거든 헤라 여신 앞에 나타나실 때처럼 위
대하시고 영광스러우신 신의 모습을 보여달라고 하세요. 위풍당당
하게 벼락까지 차고 오셔서 안아달라고 해보세요."

　헤라는 순진한 세멜레를 이렇게 꼬드겨놓았다. 세멜레는 듣고 보
니 유모의 말이 그럴듯하게 여겨졌다.

　며칠 뒤 제우스 신이 사람의 모습으로 몸을 바꾸고 세멜레의 집으
로 왔다.

　"소원이 있는데 들어주시겠습니까?"

제우스의 애인 이오

제우스는 아내 헤라 몰래 이오를 사랑하고는 뒤에 황소로 몸을 바꿔주었다. 16세기 이탈리아 화가 코레조의 그림. (왼쪽)

독수리로 몸을 바꾼 제우스

제우스는 독수리로 몸을 바꾼 뒤 아름다운 소년 가뉘메데스를 납치한다. 역시 코레조의 그림. (오른쪽)

이윤기의 그리스 로마 신화 1

세멜레가 이렇게 말했다.

"말해봐요. 들어줄 만하면 들어줄 테니까."

제우스 신은 심드렁하게 대답했다.

"꼭 들어주겠다고 약속하셔야 말씀드리겠어요."

"그렇다면 약속하지. 나를 못 믿을까 봐서 하는 말인데, 자네가 원한다면 내 스튁스강에다 맹세하지. 이 스튁스강에다 대고 하는 맹세는 제우스인 나도 뒤집을 수 없네. 자, 맹세했으니 말하게."

가엾은 세멜레는 귀가 너무 얇은 것이 탈이었다. 애인의 손에 죽을 팔자를 타고난 이 세멜레는 제 파멸의 씨앗인 줄도 모르고 제우스의 약속만 믿고는 어린애처럼 좋아했다.

"그럼 말씀드리지요. 헤라 여신 앞에 나타나실 때, 헤라 여신과 사랑을 나누실 때와 똑같은 모습을 저에게도 보여주세요."

'아뿔싸!'

이렇게 생각한 제우스는 그 말이 입 밖으로 다 나오기 전에 세멜레의 입을 막으려고 했다. 그러나 제우스가 정신을 차린 것은 세멜레의 말이 입 밖으로 다 나온 뒤였다. 제우스는 한숨을 쉬었다. 이제 세멜레의 소원을 들어주지 않을 수 없게 되고 말았기 때문이다. 태양신 헬리오스가 파에톤 앞에서 한 맹세를 취소할 수 없었듯이, 이제 자신의 맹세도 취소할 수 없게 되었기 때문이다.

제우스는 슬픔에 잠긴 채 천궁으로 올라갔다. 그에게는 여러 가지의 벼락이 있었다. 백수 거인들을 쓰러뜨릴 때 쓰던 것과 같은 불길이 엄청나게 강한 벼락도 있었고, 외눈박이 거인들이 벼려준 것으로,

불길도 그리 세지 않고 강도도 좀 떨어지는 벼락도 있었다. 제우스는 천궁에 있을 때의 모습을 차리되 비교적 가볍게 차리고, 벼락도 제일 가벼운 것으로 골라 들고는 세멜레가 사는 집으로 들어갔다.

그러나 세멜레는 인간이었다. 세멜레의 육체는 인간의 육체였기 때문에 이 천궁의 신이 내뿜은 광휘를 견뎌낼 수 없었다. 세멜레는 이 제우스 신이 내쏘는 휘황찬란한 빛줄기를 보는 순간 새카맣게 타 죽고 말았다.

백조로 몸을 바꾸고 레다를 유혹하는 제우스
신들의 아버지인 제우스는 인간 세계로 내려와 여자를 꾀는 난봉꾼으로도 유명하다. 다빈치의 그림.

이윤기의 그리스 로마 신화 1

황금 소나기로 몸을 바꾸고 다나에의 침실로 숨어든 제우스
에로스가 황금 소나기를 받도록 다나에를 유혹하고 있다. 코레조의 그림.

제우스는 이 세멜레의 뱃속에 들어 있던, 아직 달이 덜 찬 아기를 꺼냈다. 그러고는 덜 자란 아기를 자기 허벅다리에 넣고 실로 기웠다. 아기는 아버지의 허벅다리 속에서 남은 달을 다 채운 뒤에야 태어났다.

제우스는 이 아기를 힌두스(인도) 땅에 있는 뉘사산의 요정에게 보내어 기르게 했다. 뉘사산의 요정은 행여나 헤라가 알고 달려올까 무서워 이 아기를 동굴에다 숨기고 소젖을 먹여 길렀다. 이 아이가 바로 포도주의 신이 되는 디오뉘소스다. 디오뉘소스는 '뉘사산에서

니콜라 푸생의 〈디오뉘소스의 탄생〉
구름 위에서 신들의 술 넥타르를 마시고 있는 제우스가 보인다. 그 옆에 있는 새는 제우스를 상징하는 독수리. 아기 옆에 서 있는 붉은 망토의 사나이는 헤르메스다.

자란 제우스'라는 뜻이다.

디오뉘소스는 '어머니가 둘인 자'라는 뜻의 디오메토르라고도 불린다. 또 '세 번 탄생한 자'라는 뜻의 트리고노스, '거듭 탄생하는 자'라는 뜻의 폴뤼고노스라고 불리기도 한다. 술의 신 디오뉘소스는 왜 이렇게 여러 번 태어나는가? 어째서 술의 신이 부활을 거듭하는가?

옛 그리스에는 테이레시아스라고 하는 장님 예언자가 있었다. 테이레시아스라는 말은 '조짐을 읽는 자'라는 뜻이다.

이 테이레시아스가 한창 예언자로 이름을 떨치고 있을 당시, 강의 요정 리리오페가 아들을 낳았다. 요정은 이 용한 예언자를 불러 아들의 운명을 점쳐달라고 부탁했다.

아기를 보는 순간 예언자가 말했다.

"아주 오래오래 잘 살 겁니다. 자기 자신의 얼굴을 보지 못한다면 말이지요."

자신의 얼굴을 보면 오래 살지 못한다는 뜻이 아닌가? 이 아기가 바로 수선화 전설로 유명한 나르키쏘스Narcissos다. 나르키쏘스는 호수에 비친 제 얼굴에 반해 먹고 마시는 것도 잊은 채 굶어 죽어 수선화가 된 청년이다. 자화자찬을 뜻하는 영어 '나르시시즘narcissism'은 바로 이 청년의 이름에서 유래한 말이다.

나르키쏘스가 제 모습에 상사병이 걸려 죽었다는 이야기가 널리 퍼지자, 일찍이 나르키쏘스의 운명을 예견했던 테이레시아스의 명성도 그만큼 널리 알려졌다. 그에 대한 소문은 온 그리스 땅 방방곡곡은 물론이고 온 세상으로 두루 퍼져 나갔다.

테바이의 왕 펜테우스는 신들을 믿지 않는 사람이었다. 다른 사람들은 모두 테이레시아스의 예언을 찬양했지만 펜테우스만은 이 예언을 가볍게 여기고 이 노인의 말을 조롱했다. 심지어 이 노인이 장

수면에 비친 제 모습에 반해 버린 나르키쏘스
나르키쏘스는 제 모습만 처다보다가 죽은 불행한 청년이다. 지나친 자아 도취를 뜻하는 '나르시시즘'은 여기에서 나온 말이다. 이탈리아 화가 카라바조의 그림.

님이라는 것을 조롱하기까지 했다.

테이레시아스는 이런 펜테우스에게 이렇게 말했다.

"그대 역시 앞 못 보는 장님이나 되었더라면 좋았을 것을……. 그러면 저 디오뉘소스의 거룩한 축제 현장을 보지 않아도 좋게 될 터인데 말이오. 그러나 그날은, 그대가 그대의 눈으로 그 현장을 보게 되는 그날은 기어이 오고야 말 것이오. 내 장담하거니와 세멜레의 아드님이신 디오뉘소스 신께서, 인도에서는 '링감Lingam'이라고 불리는 팔로스(남근상)를 앞세우고 이곳에 오실 날이 임박했소. 그대는 이분의 거룩한 신전에서 이분을 섬겨야 할 것이오. 만일에 이런 명

이윤기의 그리스 로마 신화 1

예를 거절한다면 그대는 사지를 갈가리 찢기고, 숲과 그대의 어머니와 그대의 이모들에게 피를 묻힐 것이오. 이런 일은 반드시 일어나고야 말 것이오. 하지만 그대는 이 신의 영광을 부정할 것이오. 이 영광을 부정하고는, 눈먼 내 눈에도 훤히 보이는 저 비극의 날에 가서야 땅을 치며 통곡할 것이오."

테이레시아스가 이토록 자세하게 미래를 예언했는데도 불구하고 펜테우스는 욕지거리를 하면서 그를 쫓아냈다. 그러나 테이레시아스의 예언은 눈먼 노인의 헛소리가 아니었다. 그의 예언은 이루어졌다.

디오뉘소스 신이 인도에서 올 날이 가까워오자 산과 들은 디오뉘소스 신을 섬기는 자들의 외마디 소리로 낭자했다. 테바이 시민들은 모두 거리로 몰려나왔다. 남녀노소, 빈부귀천을 막론하고 모두 몰려나와 이 새로 오는 신을 위한 축제를 준비했다. 그러나 펜테우스왕만은 이를 완강히 거부하면서 백성들을 향해 이렇게 외쳤다.

"자랑스러운 뱀의 족속들아, 전쟁신 아레스의 후예들아⋯⋯."

펜테우스가 테바이 백성들을 이렇게 부른 데는 이유가 있다. 테바이의 건설자는 카드모스다. 카드모스는 전쟁신 아레스가 보낸 거대한 왕뱀을 죽이고는 그 이빨을 땅에 뿌렸는데, 여기에서 무사들이 솟아났고 이들이 바로 테바이 백성들의 조상이 되었기 때문이다.

펜테우스의 질책은 이렇게 계속된다.

"⋯⋯어쩌다가 이렇게 미치광이들이 되었느냐? 디오뉘소스 신이 놋쇠 바라와 꼬부라진 피리를 불며 다닌다더라만, 대체 놋쇠 바라와 꼬부라진 피리와 속임수와 마술이 어쨌다는 것이냐? 전장의 창칼 숲

디오뉘소스의 탄생
불탄 세멜레의 몸에서 아기를 꺼내는 제우스. 귀스타브 모로의 그림.

이윤기의 그리스 로마 신화 1

왕뱀을 죽이는 테바이의 건설자 카드모스

카드모스는 전쟁신 아레스가 보낸 거대
한 왕뱀을 죽이고는 그 이빨을 땅에 뿌렸
는데, 여기에서 솟아난 무사들이 테바이
의 조상이 된다.

도, 진군의 나팔 소리도 두렵게 여기지 않고, 칼을 뽑아 들고 열을 지
어 진군하던 자들이 어째서 발광하는 계집, 울리는 방울 북, 술 취한
미치광이, 구역질 나는 광신자들 앞에서 맥을 쓰지 못한다는 말이
냐? 놀랍구나, 놀랍구나.

  힘이 넘치는 젊은 것들아! 디오뉘소스 무리의 화관이 아니라 투
구를 써야 할 것들아, 술주정뱅이의 지팡이가 아니라 창칼을 들어야
마땅할 혈기방장한 젊은 것들아!

  너희가 어쩌면 나를 이렇게도 놀라게 할 수가 있느냐? 너희의 혈
통을 생각하라. 홀로 여럿을 대적해서 싸워 이긴 저 뱀의 기백을 보

여라. 그는 저 샘과 연못을 위하여 죽었다.

너희도 이 적을 물리쳐 너희의 명예로운 이름을 지켜야 하지 않겠느냐? 디오뉘소스 신이라는 자는 용맹스러운 사내들의 씨를 말렸다. 그러니 너희는 마땅히 이 요사스러운 적을 물리쳐 조상의 영광을 지켜야 한다. 테바이가 어차피 무너져야 할 성이라면 적의 무기에 무너져야 마땅할 것이며, 우리 눈에 불길이 보여야 하고 우리 귀에 적의 함성이 들려야 하지 않겠느냐? 그러면 설사 우리가 이 테바이성을 잃더라도 후대의 비난을 받지는 않을 것이다. 우리가 싸움에 패배해서 이 성을 잃는다면 패배가 애통한 일이기는 하겠지만 치욕의 눈물은 흘리지 않아도 된다.

그러나 보라! 지금 테바이를 위협하고 있는 적이 누구냐? 무장도 하지 않은 애송이다. 전쟁이나 군마와는 아무 인연도 없는 애송이다. 머리에 화관을 쓰고, 몸에는 색실 술을 단 옷과 꽃다발을 걸고 다니는 유약하기 짝이 없는 애송이다.

너희는 물러나 있거라. 내 몸소 나가 저것을 붙잡아 신들에 관한 이야기는 제가 지어낸 이야기이며, 신성한 제사는 새빨간 사기극이라고 자백하게 만들겠다. 술이라면 질색이던 저 아르고스 왕 아크리시오스는 신성한 권능을 뽐내는 이 사기꾼을 몰아내고 그 면전에서 아르고스 성문을 닫았다.

이자가 온다고? 그런다고 나 펜테우스와 테바이 시민이 겁을 먹을 줄 아느냐? 어림도 없는 소리. 가거라, 어서 가거라. 어서 가서 우두머리를 사슬로 엮어 오너라. 지체하지 말고 내 명령을 시행하라."

예언자 테이레시아스
테이레시아스는 수선화 전설로 유명한 나르키쏘스의 운명을 점친 예언자이기도 하다. 19세기 고전 사전의 삽화.

펜테우스왕은 부하들에게 명했다.

테바이를 건설한 장군인 조부 카드모스와 아타마스를 비롯해서 온테바이 왕족이 이 같은 왕의 처사를 비난했다. 그들은 펜테우스왕에게 그래서는 안 된다고 엄중하게 경고했다. 그러나 이들도 펜테우스왕을 말릴 수는 없었다. 이들의 경고는 오히려 펜테우스왕의 광기에 불을 질렀을 뿐이다. 말하자면 이들의 노력이 사태를 오히려 악화시킨 셈이었다. 장애물이 없을 때는 조용히 부드럽게 산 아래로 잘 흘러가던 시냇물이 나무나 바위 같은 장애물을 만나면 포말을 날리고 소용돌이치면서 흐르는 것과 같은 이치였다.

이윽고 왕이 보낸 무사들이 피투성이가 되어 돌아왔다. 펜테우스왕이 디오뉘소스는 어디에 있느냐고 묻자, 무사들은 디오뉘소스는 구경도 하지 못했다면서 이렇게 대답했다.

"디오뉘소스는 구경하지 못했습니다만, 디오뉘소스를 섬기던 졸개를 하나 잡아 왔습니다. 사람들 말로는, 이자가 제사를 주관한 자라고 하더이다."

무사들이 손을 뒤로 묶인 포로 하나를 왕 앞으로 끌어냈다.

뤼디아 사람인 포로는 디오뉘소스의 추종자였다. 이 포로를 내려다보는 펜테우스왕의 눈은 분노로 이글거렸다. 펜테우스는 당장이

디오뉘소스 제전의 광경
디오뉘소스를 섬기는 제사이자 잔치로, 상당히 무절제하고 음란했던 것으로 전해진다. 그림 왼쪽을 보면 아기들도 술잔을 들고 술을 받고 있다. 니콜라 푸생의 그림.

이윤기의 그리스 로마 신화 1

라도 포로의 목을 자르고 싶었다. 그러나 그는 그런 마음을 애써 누르고 우선 심문부터 했다. 그 자신도 궁금한 데가 없지 않았기 때문이다. 펜테우스가 말했다.

"너는 곧 죽을 목숨이다. 내 너를 죽여 너희 동아리를 경계하는 본보기로 삼기로 했다. 그러니 말하여라. 네 이름이 무엇이고, 네 부모의 이름이 무엇이며, 어디에서 태어났고, 왜 이렇게 엉뚱한 제사를 차리게 되었는지 소상히 말하여라."

그러자 포로는 별로 겁먹는 기색도 보이지 않고 태연하게 말했다.

"내 이름은 아코이테스라고 합니다. 태어난 곳은 뤼디아이며, 부모님은 신분이 천하신 분들이었습니다. 그래서 아버지는 저에게 힘 좋은 황소로 갈아야 할 만한 논밭도 양 떼도 소도 물려주시지 못했습니다. 그럴 여유가 없으셨던 것이죠. 아버지는 지금의 저처럼 가난하게 사셨습니다. 강가에서 낚시질로 물고기나 잡으셨으니까요. 아버지의 전 재산은 바로 고기 잡는 기술이었던 것입니다. 아버지께서는 이 기술을 가르쳐주시면서 '내가 물려줄 것은 이것뿐이니, 이 재주를 익혀 내 뒤를 이어라' 이러십디다.

아버지는 이로부터 오래지 않아 돌아가셨습니다. 제게는 강물만 유산으로 남기시고요. 하지만 저는 아버지처럼 이 세상을 살기는 싫었습니다. 그래서 뱃길 헤아려 키를 잡는 기술을 배웠습니다. 그래서 비를 부르는 올레노스 산양자리, 타위게테자리, 휘아데스자리, 곰자리도 곧잘 헤아리고 바람의 속내, 폭풍을 피해 들어가기에 알맞은 항구 같은 것에 대해서도 제법 알지요.

저희가 델로스섬으로 가는 길에 키오스섬에 들렀을 때의 일입니다. 노잡이들이 배를 해변에다 대자 저는 배에서 젖은 모래 위로 뛰어내렸습니다. 저희는 거기에서 밤을 보냈습니다.

새벽녘에 잠에서 깬 저는 동료들에게 샘 있는 곳을 가르쳐주고는 식수를 길어 오게 했습니다. 저는 높은 언덕으로 올라가 바람을 보고는 동료들을 데리고 배로 돌아갔습니다. 그런데 물 뜨러 갔던 동료 중에서 오펠테스라는 친구가 맨 먼저 오더군요.

이 친구가 '여, 다녀왔네' 이러면서 해변을 따라오는데, 자세히 보니까 그 옆에 처녀처럼 예쁘장한 청년이 하나 따라오더군요. 친구는 벌판에서 길을 잃고 헤매기에 데려왔다고 했습니다. 청년은 술에 취하고 잠에 취하여 비틀거렸습니다. 그러니까 이 오펠테스라는 자의 뒤를 비틀거리면서 따라오고 있었죠.

저는 청년의 모습, 입은 옷, 지닌 물건을 자세히 보았습니다. 아무래도 여느 인간이 아닌 것 같다는 생각이 들었습니다. 그래서 저는 동료들에게 이렇게 말했습니다.

'어느 신이신지는 모르겠지만, 저분 안에는 분명히 신께서 깃들여 계시다. 오, 신이시여, 저희를 가엾게 보시고 저희가 경영하는 일이 형통케 하소서. 귀하신 분을 이렇듯이 대접한 저희 동아리를 용서하소서.'

그랬더니 딕튀스가 '우리 몫의 기도까지 할 것은 없어' 하고 소리를 빽 질렀습니다.

돛대 위로 돛줄을 타고 오르내리는 일이라면 저희 중 가장 빠른 친구가 바로 딕튀스입니다. 리뷔스와 금발의 망꾼 멜란토스와 알케미돈도 같은 말을 했습니다. 소리를 질러 노잡이들에게 박자를 맞추어주는 포페우스도 비슷한 말을 했습니다. 모두들 노략질에 눈이 어두웠던 모양이지요.

저는 외쳤습니다.

'이 문제에 관해서라면 모두 내 말을 들어야 한다. 나는 거룩하신 분을 억지로 실어 이 배를 저주받게 할 수는 없다.'

저는 뱃전에 놓인 건널다리를 치워버렸습니다. 그랬더니 저희 동아리 가운데서 가장 담이 큰 뤼카바스가 화를 벌컥 냈습니다. 뤼카바스는 고향 뤼디아에서 살인을 저지르고 추방당한 자입니다.

제가 저항하자 이자는 주먹으로 제 목을 내리쳤습니다. 떨어지면서 용케 밧줄을 잡았기에 망정이지 그러지 않았더라면 저는 바다에 빠지고 말았을 것입니다. 저는 이 밧줄을 잡고 다시 뱃전으로 올라갔습니다.

질이 덜 좋은 선원들이 뤼카바스에게 박수를 보냈습니다.

바로 이때 디오뉘소스 신께서……. 네, 그 청년이 바로 디오뉘소스 신이셨던 것입니다…… 신께서 다가오십디다. 고함 소리에 잠을 깨시고 정신을 차리셨던 것입니다. 술도 말짱하게 깨셨을 테지요. 그분께서 물으셨습니다.

'왜들 이러는 거요? 왜들 이렇게 고함을 지르는 거요? 여보시오, 뱃사람들, 내가 어떻게 여기로 오게 되었소? 나를 어디로 데리고 갈 셈이오?'

프로테우스라는 자가 대답했습니다.

'걱정 말아라. 가고 싶은 항구가 어디냐? 원하는 곳으로 데려다주마.'

'그러면 낙소스섬으로 갑시다. 낙소스는 내 고향이오. 나를 그리
로 데려다주면 여러분을 잘 대접해드리기로 약속하지요.'

디오뉘소스 신께서 하신 말씀입니다.

질이 좋지 못한 저희 뱃사람들은 배가 낙소스로 순항하게 되기를
바다에 빌자면서 나에게 돛을 올리라고 했습니다. 저는 알락달락한
돛을 올렸습니다. 낙소스로 가려면 오른쪽으로 가야 했습니다. 그래

서 제가 돛을 올리고 배를 오른쪽으로 몰았더니, 오펠테스가 소리를 질렀습니다.

'이 멍청아, 무슨 짓을 하는 것이냐? 너 미쳤느냐?'

오펠테스뿐만 아니고 모두가 이구동성으로 '배를 왼쪽으로 몰아라!' 하고 소리쳤습니다.

저는 그제야 그들의 음모를 눈치챘습니다. 그들은 음모를 꾸미고 있었던 것입니다. 누군가가 저에게 그 음모의 내용을 귀띔해주었습니다.

참으로 무서운 음모였습니다. 그래서 저는 소리를 질렀습니다.

'나는 키를 잡을 수 없다. 배를 몰고 싶으면 너희가 몰아라.'

저는 놈들과 한패가 되어 못된 짓을, 정말이지 못된 짓을 하고 싶지 않았습니다. 그래서 키잡이 노릇을 더는 못 하겠다고 한 것입니다. 놈들은 저에게 못된 욕을 했습니다.

그 가운데 아에탈리온이라는 자는 '너 없으면 우리가 바다에 빠져 죽기라도 한다더냐?' 이러면서 제 자리를 차지하고는 키를 잡았습니다. 배는 낙소스를 뒤로하고 엉뚱한 방향으로 가고 있었습니다.

그제야 디오뉘소스 신께서 몸소 나서시어 놈들을 조롱하셨습니다. 제가 신께서 놈들을 조롱하셨다고 하는 것은, 놈들의 속셈을 알아차리시고는 갑판에 서신 채 바다를 내려다보시면서 거짓 울음을 터뜨리셨기 때문입니다. 신께서는 거짓 울음을 터뜨리시고는 이렇게 말씀하시더군요.

'여보시오, 뱃사람들, 약속이 다르지 않습니까? 내가 말한 곳으로

디오뉘소스와 아리아드네
아리아드네는 실태라로써 영웅 테세우스를 미궁에서 구해내고도 낙소스섬에 뒤처지고만 불행한 공주다. 그 뒤 아리아드네가 디오뉘소스의 아내가 되었다는 전설이 있다. 티치아노의 그림.

가지 않고 있으니 무슨 경우가 이렇습니까? 내가 대체 무슨 못된 짓을 했다고 이렇게 대접하시는 것입니까? 어른들이 혼자 길 떠난 나이 어린 사람을 이렇게 굴리다니 이런 경우가 대체 어디에 있답니까?'

그 순간 저도 울음을 터뜨렸습니다. 저는 거짓 울음을 운 것이 아니고 정말로 울었습니다. 그러나 사악한 제 동아리 뱃사람들은 우는 저를 비웃어가면서 여전히 엉뚱한 방향으로 배를 몰았습니다.

그때 제가 뵌 신……. 이분보다 위대하신 신을 저는 알지 못합니다. 이 신께 맹세코, 제가 지금부터 하는 이야기는 옛사람들이 하고 듣고 믿던 신들의 이야기가 모두 그렇듯이 한마디도 틀림이 없는 진실입니다.

배가 바다 한가운데서 갑자기 물 빠진 항구로 들어간 것처럼 우뚝 서 버렸습니다. 뱃사람들은 대경실색하고 노를 젓는다, 돛을 팽팽하게 편다, 노잡이들을 돕고 돛 펴는 뱃사람들을 돕는다…… 이렇게 부산을 떨었지만, 이런 세상에……. 노에는 포도 덩굴이 감기기 시작하면서 손잡이 쪽으로 뻗어 올라오고 있었고, 돛에는 포도송이가 주렁주렁 열리는 것이 아니겠습니까?

신께서는 어느 틈에 몸을 바꾸셨는지 머리에는 포도송이 관을 쓰시고 손에는 포도 덩굴이 감긴 술의 신 지팡이를 들고 서 계셨습니다. 신의 옆에는 언제 왔던지 호랑이, 살쾡이, 얼룩무늬 표범 같은 짐승들이 몰려와 신을 호위하고 있었고요.

뱃사람들은 미쳐서 그랬는지, 무서워서 그랬는지 모르겠지만 차례로 바다로 뛰어들고 있었습니다. 맨 먼저 바다에 뛰어든 것은 메돈이었습니다. 메돈의 몸은 바다와 만나는 순간 색깔이 짙어지면서 등뼈가 활처럼 휘기 시작했습니다.

'메돈아, 네가 대체 무슨 짐승으로 몸 바꾸기를 하고 있는 것이냐?'

뤼카바스가 이런 말을 하는데, 자세히 보니 뤼카바스의 몸도 바뀌고 있었습니다. 입이 쭉 찢어지면서 코가 꼬부라지고 살갗에 비늘이 돋기 시작한 것입니다.

리뷔스는 노를 저으려다가 노가 움직이지 않으니까 제 손을 내려다봅니다. 그런데 손이 자꾸만 줄어드는 것이 아니겠습니까? 잠깐 사이에 손은 손이라기보다는 지느러미에 가깝게 변해버리는 것이었습니다.

또 한 뱃사람은 꼬인 밧줄을 풀어내려고 손을 번쩍 들더군요. 저는 그자의 팔이 없어지는 과정을 보았습니다. 팔이 없어진 몸은 곧 활처럼 휘더니 뒤로 벌렁 나자빠지면서 바다로 곤두박질쳤습니다. 뱃사람들은 모두 반달처럼 휜 몸에 낫 같은 꼬리를 하나씩 달고는 바다로 뛰어들었습니다. 배의 주위에는 이런 짐승들이 무수히 공중으로 솟구치면서 물보라를 일으키고 있었습니다. 물 위로 솟구쳤다

돌고래로 변하는 뱃사람들
디오뉘소스는 자신을 조롱하고 음모를 꾸민 뱃사람들을 돌고래로 변하게 한다. 고대 그리스의 접시 그림. 뮌헨 국립 고대미술 박물관.

이윤기의 그리스 로마 신화 1

가는 다시 곤두박질치고, 곡마단 춤꾼들처럼 제멋대로 몸을 던지는 가 하면 콧구멍으로 물을 빨아들였다가는 공중으로 내뿜고는 했습니다.

스무 마리쯤 되었을 것입니다. 저희 배의 뱃사람이 스무 명이었으 니까요. 저 혼자만 온전하게 남아 있고 보니 무서워서 견딜 수가 없 었습니다.

부들부들 떨고 있는데 신께서 저를 달래셨습니다.

'떨지 말고 배를 낙소스섬으로 몰아라.'

저는 신께서 시키시는 대로 했습니다.

배가 낙소스섬에 이르자 저는 이 신을 섬기는 사람들 무리에 섞이 고 그날부터 디오뉘소스교의 신도가 되었습니다."

아코이테스의 긴 이야기가 끝나자 그동안 힘겹게 분을 삭이고 있 던 펜테우스왕은 버럭 고함을 내질렀다.

"네놈의 같잖은 이야기를 다 들어준 것은 이야기를 듣다 보면 화 가 좀 가라앉을까 해서였다. 에이, 아까운 시간만 낭비했구나. 뭣들 하느냐? 이놈을 끌고 가서 고문 맛을 좀 보인 뒤에 스튁스강에다 처 박아버려라."

아코이테스는 힘 좋은 노예 무사들 손에 끌려 나가 튼튼한 감옥에 갇혔다. 하지만 노예 무사들은 아코이테스를 고문하지 못했다. 무사 들이 고문하고 죽이는 데 필요한 연장인 불칼, 인두 같은 것들을 준 비하고 있는데, 감옥 문이 저절로 열리더니 간수 아니면 아무도 풀

수 없는 수갑과 족쇄가 스르르 풀렸던 것이다. 아코이테스는 감옥에서 나가 사라졌다. 어떤 간수도 옥문을 나서는 아코이테스를 제지할 수 없었다.

이런 기적이 실제로 일어났는데도 펜테우스는 디오뉘소스를 섬기는 무리에 대한 박해의 손길을 늦추려 하지 않았다. 그는 부하가 미덥지 않았던지 몸소 신도들이 모여 있다는 키타이론산으로 올라가기로 결심했다. 거룩한 제사 마당으로 선택된 키타이론산에서는 디오뉘소스를 추종하는 무리의 노랫소리와 고함 소리가 하늘과 땅을 동시에 울리고 있었다.

청동 나팔이 싸움터에 나아가는 말의 힘살을 부풀리듯이, 하늘과 땅을 두루 울리는 디오뉘소스 추종자들의 노랫소리와 고함 소리는 펜테우스의 분노에 불을 질렀다.

키타이론산 중턱에는 숲이 울창한 주위와는 달리 나무가 없는 빈터가 있었다. 그 빈터는 멀리서도 눈에 잘 보였다. 펜테우스는 올라가다 말고, 잔치가 벌어지고 있는 그 빈터를 올려다보았다. 그의 눈은 분노로 이글거렸다.

맨 먼저 펜테우스를 알아보고 미친 듯이 달려오는 여자가 있었다. 미친 듯이 달려와 지팡이를 휘두른 여자는 바로 펜테우스의 어머니였다. 펜테우스의 어머니는 아들을 지팡이로 두들겨 패면서 외쳤다.

"동생들아, 너희들도 와서 나를 도와다오. 여기 멧돼지가 왔구나. 엄니로 우리 밭을 들쑤시던 이 멧돼지를 잡게 어서 창을 가지고 오너라. 창으로 찔러 죽여야겠다."

포도주의 신 디오뉘소스
디오뉘소스의 별명은 '바코스'. 로마 신화에서는 '바쿠스'로 불린다. 15~16세기 이탈리아 화가 레오나르도 다빈치의 그림.

노파의 말이 떨어지기가 무섭게, 광란 상태에 빠진 무리가 쏜살같이 몰려 내려왔다. 펜테우스는 기겁을 했지만 저항할 수 있는 형편이 아니었다. 벌써 어머니의 지팡이에 맞아 그의 이마에서는 피가 줄줄 흐르고 있었다.

그는 말투를 바꾸어 어머니를 달래는 한편, 자기에게 잘못이 있었음을 시인했다. 무리에 섞여 달려온 두 이모에게도 애원했다.

"아우토노에 이모님, 저를 도와주세요. 제가 데리고 다니던 사냥개에 찢겨 죽은 악타이온의 혼령을 생각해서라도 부디 이성을 되찾으시고 저를 불쌍히 여겨주세요.”

그러나 악타이온이라는 이름도 소용없었다. 어머니와 이모는 여느 때의 어머니와 이모가 아니었다. 펜테우스가 빌기 위해 팔을 벌리자 이모 아우토노에는 칼을 들어 펜테우스의 오른팔을 잘랐다. 또한 이모인 이노는 칼을 들어 펜테우스의 왼팔을 잘라버렸다. 팔도 벌릴 수 없게 된 펜테우스는 어머니에게 팔 잘린 자리를 보여주면서 울부짖었다.

“어머니, 보세요. 아들 펜테우스가 이 꼴이 되었습니다.”

피투성이가 된 아들을 보고 있던 펜테우스의 어머니 아가우에는 외마디 소리를 지르며 고개를 뒤로 젖혔다가는 있는 힘을 다해 자기 이마로 아들의 이마를 받아버렸다. 펜테우스의 머리는 산산이 부서지면서 땅바닥으로 쏟아져 내렸다. 피 묻은 손으로 아들의 두개골 조각을 주워 든 아가우에가 하늘을 우러르며 외쳤다.

“이겼다. 우리가 이겼다. 내가 이겼다.”

가까이 몰려와 광란하고 있던 무리는 눈 깜짝할 사이에 펜테우스의 사지를 갈가리 찢었다. 늦서리를 견디며 간신히 가지에 매달려 있던 나뭇잎을 가을바람이 떨어뜨리는 형국이었다.

이 끔찍한 일이 벌어지고 나서 테바이 여자들은 무리를 지어 이 새로운 잔치를 받아들였다. 모두들 앞다투어 디오뉘소스 제단에 향불을 피워 올리고 이 신을 섬겼다.

무아지경에 빠진 디오뉘소스 신도
황금 포도주병의 장식 조각. 그리스 테살로니키 고고학 박물관.

디오뉘소스가 인도 땅에서 어떤 것을 가르치고 무엇을 배워 왔는지는 분명하지 않으나, 디오뉘소스가 귀향한 뒤부터 신도들은 거리를 누빌 때마다 인도 땅 시바 신을 상징하는 남성의 생식기와 비슷한 남근상 '팔로스'를 앞세우고 다녔다고 한다.

디오뉘소스는 한 손에는 튀르소스(술의 신을 상징하는 지팡이), 다른 한 손에는 술잔을 들고 사람들을 가르쳤다고 한다. 무엇을 가르쳤을까?

이렇게 가르친 듯하지 않은가?

"제우스 대신이 곧 광명의 지배자이며 광명이듯이, 나는 곡식과 과일 그리고 이로 빚은 술의 신이자 곧 곡식과 과일 그리고 술이다.

내가 썩어 술이 되거든 너희가 마셔라. 너희가 썩어 술이 되면 내가 마시리라. 마시고 취하고 싶은 자는 취하라. 내 무리가 술의 광기에 취하고 노래의 광기에 취하여 오르페우스를 찢어 죽였다는 말을 너희가 들었느냐? 내가 그 처녀들에게 죄를 주지 않는 이치를 너희들이 아느냐? 취하고 싶은 자는 취하라. 취하거든 산으로 들어가라. 산에는 삼엄한 신전도 사당도 없다.

산에서는 오래 참던 소리를 짐승같이 토해내며 춤을 추어도 좋다. 달리고 싶은 자는 미친 듯이 달려도 좋다. 달리다 힘이 다하거든 울창한 나무 밑을 침실로 삼고 부드러운 목초를 침상으로 삼아도 좋다.

그러나 잘 들으라! 너희의 목적은 술이 아니다. 광기도 아니다. 술이 깨거든 카오스(혼돈)가 비롯되던 시간, 코스모스(질서)가 비롯되던 시간을 생각하라. 광기에서 놓여나거든 떠날 일을 생각하라.

나는 누구인가? '바코스(싹)'다. 씨앗이 대지에 들었다가 제 몸을 썩히고, 싹을 내고, 자라고, 열매를 맺고, 다시 대지에 들어 제 몸을 썩히는 이치를 생각하라. 이 생성과 소멸을 거듭하는 한 알의 곡식과 과일이 있는 이치를 생각하라. 그리고 너희가 그 자리에서 다시 하나의 생명으로 곧게 설 방도를 생각하라. 그것이 목적이다. 내가 너희에게 준 술과 술자리는 쾌락이 아니라 한 자루의 칼이다. 너희는 자루를 잡겠느냐, 날을 잡겠느냐?

내가 너희에게 준 술은 무수한 생명이 뒤섞여 있는 카오스의 웅덩이다. 너희가 빠져 있겠느냐, 헤어나오겠느냐?"

독자들은 짐작했을 것이다. 디오뉘소스는 저승 왕의 왕비 페르세

이윤기의 그리스 로마 신화 1

병색이 완연한 디오뉘소스
화가 카라바조는 이 그림을
통해 술을 지나치게 가까이
하는 사람의 말로를 암시함
으로써 술의 부정적인 측면
을 강조하고 있는 듯하다.

포네와 밀접한 관계가 있다.

대지의 여신이자 곡식의 여신의 딸 페르세포네는 한 해의 절반은
땅 밑 저승에 있어야 하고, 한 해의 절반은 땅 위에 있는 어머니 품에
있어야 한다. 태아일 당시 디오뉘소스는 10개월의 절반은 어머니 세
멜레의 뱃속에 있었고, 절반은 아버지 제우스의 허벅다리 속에서 자
랐다. 해마다 죽었다가 살아나기를 거듭하는 것으로 알려진 디오뉘
소스는 부활의 신이다. 디오뉘소스의 별명 중 하나인 '헤르메스 크
토니오스'는 '저승의 헤르메스'라는 뜻이다. 저승을 마음대로 출입할

수 있는 올륌포스 신은 헤르메스뿐이다.

보라, 디오뉘소스도 헤르메스처럼 이승과 저승을 마음대로 드나들었던 것 같지 않은가?

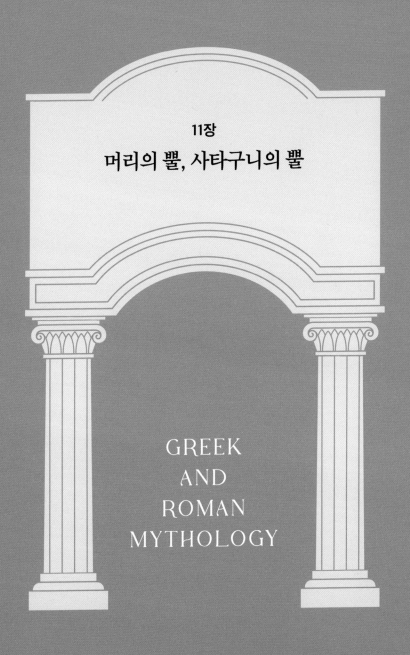

11장

머리의 뿔, 사타구니의 뿔

GREEK
AND
ROMAN
MYTHOLOGY

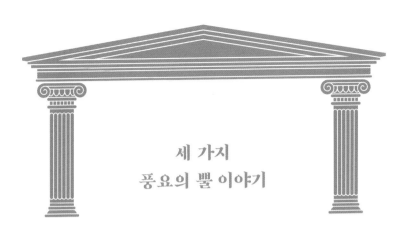

세 가지
풍요의 뿔 이야기

화수분 단지

'아무리 퍼내도 쌀이 자꾸자꾸 차오르는 항아리가 있다면 얼마나 좋을까······.' 가난한 사람들에게는 이런 소망이 있을 것이다. 신화의 세계에는 그런 쌀독이 얼마든지 있다. 세계 어느 나라 신화나 민담을 들추어보아도 이런 항아리가 등장하지 않는 신화나 민담은 없다. 신화에는 사람들의 원망願望이 투사되어 있다.

우리나라 민담에도 그런 항아리가 등장한다. 아무리 꺼내도 자꾸자꾸 먹을 것이 차오르는 '화수분 단지'가 바로 그런 기적의 단지다. 세상 끝나는 날까지 쌀을 갈아대는 '혼자 도는 멧돌'도 그런 기적의 멧돌이다.

독자들은 바우키스와 필레몬 이야기의 다음 대목을 기억할 것이다. "······식사가 계속될 때의 이야기인데, 바우키스와 필레몬은 술을 자꾸 따르는데도 따르는 족족 술병에는 새 술이 차는 데 놀랐지. 이런 기적이 일어나는 걸 보았으니 얼마나 놀랐겠으며 얼마나 두려웠겠는가? 노부부는 '아이고, 여느 손님들이 아니라 신들이시구나' 이렇게 짐작하고는 손을 벌리고 제우스 신과 헤르메스 신께 빌었지. 신들이신 줄 모르고 허름한 음식을 대접한 무례를 용서해달라고 빌었지. 음식을 공들여 준비하지 않은 무례를 용서해달라고 빌었지……."

여기에도 '자꾸 따르는데도 따르는 족족 새 술이 차는 술병'이 등장한다. 그런 술병이 있다면 술꾼들은 참 좋겠다.

아켈로오스의 슬픈 고백

영웅 테세우스가 그리스의 뭇 영웅들과 어울려 칼뤼돈에서 멧돼지 사냥을 끝내고 아테나이로 되돌아가는 도중이었다. 그런데 강신江神 또는 하백河伯 아켈로오스가 길을 막았다. 아켈로오스가 길을 막은 것은, 테세우스가 저 위대한 티륀스의 영웅 헤라클레스로부터 인정받은 장사라는 것을 잘 알고 있었기 때문이다. 하지만 아켈로오스는 해코지하려고 그랬던 것이 아니다. 자신과 헤라클레스 사이에 있었던 어처구니없는 싸움 이야기를 하기 위해서였다. 아켈로오스의 어조는 더할 나위 없이 간곡했다.

"위대한 아테나이인이시여, 내 집에서 며칠 쉬어 가시기를 바랍니다. 또 바라거니와 탐욕스러운 내 강의 물길을 얕보지 마십시오. 경사진 물길에 갇혀 우렁찬 소리를 내며 흐르는 내 강의 흐름은 거대한 나무둥치와 굵은 바위까지 휩쓸어버리는 것을 힘겨워하지 않습니다. 나는 내 강의 둑 위에 있던 마을 외양간에서 가축이 내 강의 흐름으로 휩쓸려 들어오는 것을 많이 보았습니다. 내가 보았는데, 황소가 힘이 세다 한들 물속에서는 하릴없었고, 말이 빠르다 한들 물속에서는 소용이 없습디다. 산에서 눈 녹은 물이 내 흐름으로 흘러들 때면 수많은 젊은이가 내 강에서 목숨을 잃는답니다. 그러니까 내 강의 물이 줄고, 흐르는 속도가 줄어 얌전하게 둑 안으로만 흐르기까지 기다리는 것이 좋습디다."

테세우스는 그러마고 했다. 그러고는 아켈로오스의 안내를 받아 다공질多孔質 경석輕石과 거친 석회화石灰華로 이루어진 동굴로 들어갔다. 바닥에는 부드러운 이끼가 깔려 있었고, 천장에는 권패卷貝와 진주조개 껍데기가 격자무늬로 박혀 있었다.

테세우스 일행이 안락의자에 앉은 것은 태양이 하늘 궤도의 3분의 2를 돌았을 때였다. 맨발의 요정들이 식탁을 펴고는 진수성찬을 날라다 차렸다. 식사가 끝나자 요정들은 보석 잔에 따른 포도주를 후식으로 날라다 주었다.

아켈로오스는 갈대로 이마를 친친 감은 채, 손님을 대접하는 주인답지 않게 한숨을 푹푹 쉬었다. 테세우스가 그에게 한숨 쉬는 까닭을 물었다. 그러자 아켈로오스가 말문을 열었다.

"……가짓수는 얼마 안 되지만, 나도 초라하나마 둔갑술을 익힌 처지라 짐승으로 둔갑하기도 합니다. 대개의 경우에 지금 그대가 보시는 모습을 하고 있지만, 때로는 뱀 또는 육축 중에서는 으뜸인 황소로 둔갑하기도 합니다. 황소의 힘이 뿔에서 나온다는 것은 아시지요? 나도 한때는 뿔이 두 개인 황소로 둔갑할 수도 있었습니다만, 지금은 둔갑해도 외뿔 황소로밖에는 둔갑이 안 됩니다. 한쪽 뿔은 뽑

혀버리고 말았지요……. 거참 묘한 이치지요? 절름발이 신은 황소로 둔갑해도 절름발이 황소로밖에는 둔갑이 안 되니까요."

아켈로오스는 얘기하다 말고 또 한숨을 쉬었다.

"아니, 어쩌다가요?"

치렁치렁한 머리카락을 갈대로 질끈 동여매고 있던 아켈로오스가 얘기를 이었다.

"……그대가 묻는 것에 답하기가 나에게는 고통스러운 노릇입니다. 이 세상에 자기가 진 싸움 이야기를 하기 좋아할 자가 어디에 있겠습니까? 하지만 말이 나온 김에 말씀드리기로 하지요. 싸운 것 자체의 영광이 패배의 불명예를 덮을 수 있다면 말씀드려도 좋겠지요. 나는 그때의 싸움에서 진 것을 몹시 부끄러워합니다만, 싸운 상대가 온 세상이 다 아는 영웅이었다는 사실로 위안을 삼는답니다.

데이아네이라라는 이름을 들어보셨겠지요? 참으로 아름다운 처녀였답니다. 어쩌나 아름다웠던지 한다하는 젊은이들이 모두 이 처녀를 아내로 삼으려고 그 아버지의 왕궁으로 몰려갔답니다. 나도 이 처녀를 얻으려고 장차 내 장인이 될지도 모르는 분께 달려가 이런 말을 했습니다.

'오이네우스왕이시여, 저를 따님의 지아비로 삼으소서.'

그런데 저 유명한 헤라클레스도 나와 같은 생각으로 거기에 와 있었습니다. 결국 다른 구혼자들은 다 떨어지고 나와 헤라클레스만 사위 후보로 남게 되었지요. 나의 연적이 된 헤라클레스는 데이아네이라를 제우스의 며느리로 삼아야 한다면서, 말하자면 자기가 제우스 대신의 아들이라는 것을 위세하면서 자기 업적을 자랑합디다. 아시다시피 헤라 여신은 헤라클레스에게 인간으로서는 도저히 할 수 없는 열두 가지 일을 맡기지 않았습니까?

잘 아시겠지만, 헤라클레스는 자신이 제우스 대신과 알크메네 사이에서 난 아들이라고 주장하고 다니지 않습니까? 알크메네가 제우스 대신의 애인이니, 헤라 여신으로서야 헤라클레스를 미워할 수밖에 없었을 테지요. 그래서 인간으로서는 도저히 해낼 수 없는 열두

**미녀 데이아네이라를
납치하는 켄타우로스**
이 당시 데이아네이
라는 이미 헤라클레
스의 아내가 되어 있
었다. 귀도 레니의
그림.

데이아네이라를 납치하는 켄타우로스 네쏘스
파리 콩코드 광장.

가지 일을 맡겨 시험했을 테고요. 헤라클레스는 이 열두 가지 일을
깔끔하게 마무리지음으로써 '헤라클레스(헤라 여신의 영광)'를 드러냈
고요. 그러니까 이 이야기를 들으시되, 이 일은 헤라클레스가 헤라
여신의 허락을 얻어 신위에 오르기 전에 있었던 일이라는 것에 유념
하시기 바랍니다.

나는 왕에게 이런 말을 했습니다.

'신이 인간에게 질 수는 없는 노릇입니다. 왕이시여, 저는 전하의
땅, 비탈진 물길을 도도히 흐르는 물의 왕입니다. 전하의 사위가 되고
자 하는 저는 낯선 해변에서 온 이방인이 아니라 전하의 신민 중 하
나이고, 전하가 다스리시는 왕국의 일부입니다. 천궁 올림포스의 왕
후이신 헤라 여신의 미움을 사지 않았다고 해서, 헤라 여신으로부터

난사難事의 시험을 부여받지 않았다고 해서 저를 내치지는 마소서.

그리고 알크메네의 아들, 자네 말이야, 자네는 제우스 대신의 아들이라고 하는데, 내가 알기로는 참으로 터무니없는 주장이다. 자네는 제우스 대신의 아들일 리 없을 터이거니와, 만일에 자네가 아들이라고 하더라도 이 또한 자랑거리가 될 턱이 없다. 무슨 까닭이냐고? 자네가 만일에 제우스 대신을 아버지라고 부른다면 자네는 이로써 그대 어머니의 간통을 인정하는 셈이 된다. 자, 어쩔 테냐? 제우스 대신의 아들이 아니라는 것을 인정할 테냐, 아니면 제우스 대신의 아들이라고 우김으로써 자네가 참으로 부끄러운 간통의 씨앗이라고

카쿠스를 죽이는 헤라클레스
반디넬리의 조각.

할 테냐?'

헤라클레스는 이런 말을 할 동안 내내 나를 잡아먹을 듯이 노려보더니만 화를 삭이지 못하고, 영웅들이 대개 그러듯이 우렁찬 소리로 이렇게 응수합디다.

'나는 말은 잘 못 하는 사람이나 손을 쓰는 데는 자신이 있는 사람이다. 만일에 나와 싸워서 네가 이기면 네 말이 맞는 것으로 하자.'

아, 이러더니 내게 달려듭디다. 큰소리를 친 참이라 물러서기가 창피하더군요. 나는 물빛 푸른 옷(강의 신이니 옷은 당연히 물빛이지요)을 벗어던지고, 두 손을 가슴에다 끌어다 붙이고 방어 자세를 취함으로써 싸울 채비를 했습니다.

그랬더니 헤라클레스가 손을 모으고는 흙을 한 움큼 퍼가지고 내게 뿌리는 것이 아니겠습니까? 나도 황토를 퍼가지고 그 친구에게 뿌렸지요. 온몸이 누렇게 흙투성이가 되도록 뿌렸습니다.

헤라클레스는 내 목을 노리는가 하면 어느새 다리를 노리는 등 변화무쌍한 기술을 구사하며 정신없이 공격해 왔습니다. 하지만 나는 보시다시피 몸이 여간 무거운 게 아닙니다. 그러니 그 친구의 공격에 끄떡도 하지 않았을 수밖에요. 파도의 노호에 시달리면서도 그 우람한 모습으로 꿈쩍도 않고 의연하게 서 있는 거대한 바위처럼 말입니다.

우리는 잠시 떨어졌다가, 서로 지지 않으려고 발을 땅에 단단하게 붙이고 다시 맞붙었습니다. 나는 허리를 구부린 채 그 친구의 손을 깍지 끼고 내 이마를 그 친구의 이마에다 붙였습니다. 나는 언젠가

전형적인 헤라클레스 상
헤라클레스는 어깨에 사자 가죽을 걸치고 손에는 몽둥이를
든 모습으로 자주 그려지고 새겨진다. 로마 바티칸 박물관.

아주 근사한 풀밭에서 황소 두 마리가 잘생긴 암소를 두고 맹렬하게
싸우는 것을 본 적이 있습니다. 다른 소들은 누가 그 싸움에서 승리
해 암소를 차지하게 될 것인지 몹시 궁금했던 나머지, 불똥이 저희
들에게 튈 가능성이 있는데도 두려움에 떨면서 구경하고 있었고요.
우리 둘이 그 황소와 비슷했지요.

헤라클레스는 세 번이나 제 가슴을 내 가슴에다 대고는 나를 밀어
붙였습니다. 그러다 뜻대로 되지 않자 내 손을 뿌리치고는 나를 한
대 쥐어박는데, 사실을 말하기로 결심한 김에 솔직하게 말씀드리리
다. 정신이 없더군요. 내가 비틀거리는 틈을 이용해서 이 친구가 재
빨리 내 등에 올라탑디다. 내 말을 믿으세요. 나는 그대로부터 존경

헤라클레스와 아켈로오스의 싸움
16~17세기 네덜란드 화가 코르넬리스 판 하를럼의 그림.

을 받으려고 불려서 말하고 있는 것이 아닙니다. 등에다 헤라클레스를 달고 있으려니 흡사 산 밑에 깔려 있는 것 같았다는 내 말에 과장 같은 것은 섞여 있지 않습니다.

나는 어찌어찌해서, 온통 땀에 젖은 내 팔을 그 친구의 팔과 내 가슴 사이에다 찔러 넣을 수 있었습니다. 말하자면 내 몸을 조르는 그 친구의 팔을 좀 느슨하게 풀 수 있었던 것이지요. 그러나 다소 느슨해졌다고는 하나 여전히 제대로 숨을 쉴 수가 없고 힘을 쓸 수가 없습니다. 헤라클레스는 잠시 후 팔로 내 목을 감더니 땅바닥에다 내 동댕이칩니다. 나는 흙바닥에 무릎을 꿇지 않을 수 없었지요.

힘으로는 안 되겠다 싶은 생각이 들기에 나는 방법을 바꿔서 긴 뱀으로 둔갑했고, 재빨리 그의 손아귀에서 빠져나왔습니다. 그러나 내가 몸으로 나선형 똬리를 만들어 갈라진 혀로 쉭쉭 소리를 내고 있는 걸 본 이 티륀스의 영웅은 내 재주를 비웃으며 이런 말을 하는 것이 아니겠습니까?

'강보에 싸여 있을 때 뱀을 잡은 나다. 아켈로오스야, 네가 뱀으로 둔갑은 했다만, 레르네의 휘드라에 견주니 네 모양이 초라하기 그지 없구나. 아홉 개나 되는 휘드라의 머리는 예사 머리가 아니었다. 하나를 자르면 전보다 튼튼한 머리가 둘씩이나 돋아났으니 말이다. 그러나 그 머리가 아무리 많이 돋아나면 무얼 하느냐, 자르는 족족 돋아나면 무얼 하고 해치려는 자의 힘을 제 힘으로 이용해먹으면 무얼 하느냐, 결국은 내 손에 도륙을 당하고 말았다. 생각해보아라. 네가 둔갑한 꼴은 뱀 같다만, 네가 쓸 무기인 독니가 네 솜씨에 익은 것이 아니고 그 형상이라는 것도 잠시 빌렸을 뿐인 형상에 지나지 않는데, 네가 장차 내 손에 어찌 될 것인지 생각해보아라.'

아, 이러더니 손을 쑥 내밀어서는 뱀으로 둔갑한 내 목을 잡쥐는 것이 아니겠어요? 숨이 콱 막힙디다. 나는 그 친구의 손아귀에서 빠져나오려고 몸부림을 쳤지요.

나는 둔갑하고도 그 친구에게 지고 만 것입니다. 하지만 내게는 둔갑할 거리가 하나 더 남아 있었습니다. 우람한 황소로 둔갑하는 것이었지요. 그래서 나는 황소로 둔갑하고 다시 싸움을 시작했습니다. 그러나 헤라클레스는 재빨리 내 왼쪽으로 몸을 비키더니 팔을 내 목

물뱀 휘드라를 죽이는 헤라클레스
헤라클레스 뒤에는 수호 여신 아테나가 서 있다.

에다 감습디다. 나는 그의 팔을 털어내려고 머리를 흔들었습니다만, 그 친구는 내 목을 아래로 꺾어 뿔을 땅바닥에다 박아버립디다.

　이로써 놓아줄 줄 알았지만 어림도 없었어요. 그 친구는 내 뿔 하나를 그 우악스러운 손으로 잡더니만, 뚝 분질러버리는 게 아닙니까? 나는 이로써 공격 무기를 잃은 것입니다. 다행히 물의 요정 나이아스들이 이 뿔을 거두어 안에다 과일을 넣고 향기로운 꽃을 꽂아

신들께 바쳤지요. 그러자 자비로우신 코피아(풍요) 여신께서 이 뿔을 축복하시니, 여신께서 축복하신 뒤로는 요정들이 아무리 꺼내도 이 뿔에는 늘 과일과 꽃이 차더라고 합니다. 그러니까 나의 뿔은 이때부터 '코르누코피아(풍요의 뿔)'가 된 것이지요."

강의 신 아켈로오스의 이야기가 끝나자 아르테미스 여신처럼 차려입은 시녀 요정 하나가 어깨 위로 머리카락을 늘어뜨린 채 이 뿔에다 후식으로 먹을 맛난 사과 등 가을걷이한 것들을 담아 내왔다.

이윽고 새벽이 오고, 이어서 아침 햇살이 산봉우리를 어루만지기 시작하자 테세우스 일행은 다시 길을 떠났다. 강물이 평화로워질 때까지, 강바닥이 빌 때까지 기다릴 수 없었던 것이다. 일행이 떠나자 아켈로오스는 그 험상궂은 얼굴과 뿔 하나 뽑힌 자리가 흉터로 남아 있는 머리를 강물에 담그고 모습을 감추었다.

이것이 첫 번째 풍요의 뿔 이야기다.

뱀과 황소

강은 굽이쳐 흐르면서 끊임없이 건너편 언덕을 깎아낸다. 강은 이렇게 깎아낸 흙을 날라 건너 쪽의, 그 언덕에서 조금 떨어진 곳에다 쌓아놓고 흘러간다. 강은 끊임없이 깎고, 나르고, 쌓는다. 이것이 바로 강이 지닌 침식작용, 운반작용, 퇴적작용이다. 강의 이 버릇이 결국은 저 자신의 얼굴을, 힘껏 당겼다 놓아버린 고무줄 모양 또는 구불텅거리면서 기어가는 뱀 모양으로 만들고 마는데, 사람들은 이런 강을 사행천蛇行川이라고 부른다.

사행천은 구불텅거리다가 아예 늪지에다 사생아 같은 호수 하나를 남기고 흘러가기도 한다. 이 호수 주변의 퇴적지는 매우 기름지다. 이집트의 비옥한 땅 나일강 삼각주도 나일강의 범람 때문에 생긴 퇴적지다.

아켈로오스는 건기에는 사행蛇行하는 강, 우기에는 범람하는 강이다. 범람할 때의 아켈로오스강은 더운 콧김을 불면서 돌진하는 발정기의 황소를 연상시켰을 것이다. 아름다운 처녀 데이아네이라를 사이에 둔 헤라클레스와 아켈로오스의 한판 싸움은 벌판에서 맞붙은 두 마리의 황소를 연상시킨다. 게다가 헤라클레스는 뱀처럼 구불텅거리며 흐르다 우기가 되면 범람하는 강을 제방이나 운하로 다스렸

풍요의 뿔을 들고 있는 강의 신
늑대와, 늑대 젖을 빠는 두 아기가 등장하는 것으로 보아 티베리스강의 신임에 분명한 강의 신이 풍요의 뿔을 들고 있다. 이 경우의 뿔은 강의 지류를 상징하는 것으로 보인다. 파리 콩코드 광장.

이윤기의 그리스 로마 신화 1

풍요의 뿔을 든 나일강의 신
왼쪽 팔꿈치 밑에 스핑크스가
있는 것으로 보아 나일강의 신
임에 분명한 이 신도 풍요의 뿔
을 들고 있다.

다. 헤라클레스의 승리는 치수 사업의 성공 사례를 말하고 있는 것이기가 쉽다.

범람하는 강을 다스려놓으면 인근의 퇴적지는 옥토가 된다. 그 옥토에서 무엇인들 나오지 않으랴? 그 옥토야말로 씨앗만 묻어두면 저절로 자라 열매 맺어 사람들에게 끊임없이 먹을거리를 제공하는 풍요의 뿔, 화수분 단지가 아니겠는가?

아말테이아의 뿔

제우스는 크로노스와 레아 사이에서 태어난 막내아들이다. 하지만 제우스의 어린 시절은 수많은 신과 영웅의 어린 시절이 그렇듯이 매우 불우했다. 그 까닭은 아버지 크로노스에게는 자식이 태어나는 족족 삼켜버리는 버릇이 있었기 때문이다.

크로노스는 '시간'의 신이다. 그가 자식이 태어나는 족족 삼켜버리는 것은, 때가 되면 이 세상에 태어나는 모든 것을 삼켜버리는 시간의 운명을 상징한다고 한다.

어머니 레아는 지아비가 이 막내아들까지 삼키는 것을 두고 볼 수 없었다. 하지만 제우스가 태어난 순간 크로노스는 강보에 싸인 아기를 요구했다. 레아는 강보에다 제우스 대신 돌덩이를 싸서 지아비에게 내밀었다. 크로노스는 강보에 싸인 돌덩이를 아기 제우스인 줄 알고 삼켜버렸다.

레아로서는 아기 제우스를 안전한 곳으로 피신시키지 않을 수 없었을 것이다. 레아가 아기 제우스를 피신시킨 곳은 그리스 남단의 섬 크레타였다. 레아는 아기 제우스를 섬나라 왕 멜리세우스의 딸들에게 맡겼다. 하지만 멜리세우스의 딸들도 아기 제우스를 키울 수는 없었다. 울음소리가 너무 컸기 때문이다. 그래서 아기를 데려간 곳이 이다 산속의 동굴이었다. 아말테이아라는 암양이 젖어머니가 되어 아기 제우스에게 젖을 먹여주었다.

하지만 동굴 속에서 기르는데도 아기 제우스의 울음소리가 너무 컸다. 레아는 아기 제우스의 울음소리가 지아비 크로노스의 귀에 들릴까 봐 두려웠다. 그래서 쿠레테스라고 불리던 산신 동아리에게 동굴 밖에서 창으로 방패를 두들기며 춤을 추게 했다. 쿠레테스는 '쿠로스Kouros'에서 나온 말로 '젊은이'라는 뜻이다. 크레타 젊은이들은 외마디 소리를 지르면서 펄쩍펄쩍 뛰어오르는 난폭한 제의무祭儀舞를 추는 것으로 유명한데, 아무래도 쿠레테스는 그런 크레타 젊은이들

이윤기의 그리스 로마 신화 1

을 상징적으로 그려내고 있는 듯하다.

헤시오도스에 따르면, 쿠레테스는 헤카테로스가 제 딸 다섯 자매를 범하여 차례로 낳은 아들들이다. 근친상간이어서 그랬을까? 이들은 허리 위로는 인간인데 허리 아래로는 산양인 사튀로스 또는 판_{Pan}이다. 판이라고 불릴 때의 사튀로스는 어찌나 음탕하고 장난이 심한지, 판이 나타나면 여성들은 공포에 휩싸였다. '돌연한 공포'를 뜻하는 영어 '패닉_{panic}'은 여기에서 유래한 말이다.

하지만 이 쿠레테스는 그런 사튀로스가 아니었던 모양이다. 크레타왕 미노스의 어린 아들 글라우코스가 실종되었을 때의 일이다. 쿠레테스는 미노스왕에게 갓 태어난, 따라서 시시각각으로 색깔이 변하는 송아지 같은 식물을 찾아내는 인간이 있으면 그 인간이 글라우

아말테이아에게 풍요의 뿔을 선물하는 요정들
17세기 프랑스 화가 노엘 쿠아펠의 그림.

코스를 찾아내어, 설사 죽었더라도 되살려낼 수 있을 것이라고 했다. 폴뤼이도스라는 용한 점쟁이가 마침내 글라우코스의 주검을 찾아내고, 그 목숨까지도 마침내 되살려냈다. 시시각각으로 색깔이 변하는 송아지와 아주 똑같은 식물로 폴뤼이도스가 찾아낸 것은 들장미 열매였다.

제우스가 무사히 장성하여 올림포스의 대신이 된 직후에 젖어머니 아말테이아는 이 땅에서의 사명을 다하고 숨을 거두었다는 얘기도 있고, 제우스가 멜리세우스의 딸들에게 은혜를 갚느라고 평생 자신을 위해 젖어머니 노릇을 한 아말테이아를 죽였다는 얘기도 있다.

제우스는 아말테이아의 뿔을 하나 뽑아주고, 여기에 불가사의한 권능을 부여하여 그것을 가진 사람이 바라는 것이면 무엇이든 그 뿔에서 나오게 했다는 것이다.

이것이 두 번째 풍요의 뿔 이야기다.

플루토스의 보물창고

'플루토스Ploutos'는 저승 왕 하데스의 별명인데, '재보財寶' 또는 '넉넉하게 하는 자'라는 뜻이다. 참 이상한 일도 다 있다. 어둡고 음습한 저승 왕에게 이렇게 긍정적인 별명이 붙었다니……. 하긴, 망령을 저승 땅으로 싣고 가는 뱃사공의 이름 카론은 '기쁨'이라는 뜻이다. 저승이 얼마나 싫었으면 이런 이름들을 붙였을까 싶기도 하고, 이승의 삶을 팍팍하게 살던 옛 그리스인들에게는 실제로 그렇게 느껴지기도 했을 것 같기도 하다.

이윤기의 그리스 로마 신화 1

소의 뿔로 만들어진 풍요의 뿔
뿔의 주인은 농부들이 기르는 동물의 종류에 따라 변한다. 여기에서는 석관의 소뿔이 풍요의 뿔(코르누코피아) 역할을 한다. 엘레우시스 고고학 박물관.

하지만 그저 듣기 좋으라고 붙은 이름만은 아니다. 흙으로 돌아간다는 것, 즉 저승 땅으로 내려간다는 것은 씨앗만 묻으면 키워주고 열매 맺게 해주는 넉넉한 대지의 품안으로 돌아간다는 것이 아니겠는가? 이 플루토스에게도 풍요의 뿔이 있다. 플루토스는 이 풍요의 뿔에 손만 넣으면 원하는 것은 무엇이든 꺼낼 수가 있다.

이것이 세 번째 풍요의 뿔 이야기다.

판테온에 등장한 풍요의 뿔
판테온萬神殿은 위대한 인
물의 영혼을 모신 곳, 일종
의 저승 세계다. 만신전의
벽 장식에 등장하는 변형된
풍요의 뿔. 파리 팡테옹.

저승신 하데스가 가지고 있는 풍요의 뿔
하데스의 별명인 플루토스는 '재보' 또는 '넉
넉하게 하는 자'라는 뜻이다. 음습한 저승 왕에
게도 풍요의 뿔이 있어서, 이 뿔에 손만 넣으면
원하는 것은 무엇이든 꺼낼 수 있다고 한다. 기
원전 5세기 도자기 그림. 아테네 국립 고고학
박물관.

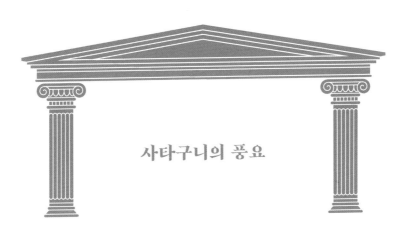

사타구니의 풍요

프리아포스의 뿔

'아프로디테 포르네(음탕한 아프로디테)'는 아름다움의 여신 아프로
디테의 별명이다. 아프로디테는 음탕한 데가 있어서 지아비인 대장
장이의 신 헤파이스토스가 있는데도 불구하고 전쟁신 아레스와도
놀아나고 전령신 헤르메스와도 놀아났다. 그런 아프로디테에게, 포
도주의 신 디오뉘소스와 한 번 더 놀아나는 자리는 죽 그릇에 남는,
죽 한 숟가락 떠먹은 자리나 다름없었을 것이다.

그런데 디오뉘소스의 씨를 받은 아프로디테가 자식이라고 낳아놓
고 보니 신의 자식이라고 불러주기 민망할 정도로 모양이 괴이했으
니, 이 해괴한 자가 바로 프리아포스다. 프리아포스는 우선 성기가
성난 나귀 물건만큼이나 큰 데다가 옹이진 근육으로 똘똘 뭉친 온몸
은 천년 묵은 올리브나무 둥치처럼 뒤틀려 있었다. 아프로디테 포르
네가 숲속에서 이런 괴물을 만났다면 호박이 덩굴째 굴러들어 왔다
고 생각했을 것이다. 하지만 아무리 아프로디테이지만 프리아포스

는 명색이 아들 아닌가? 비정한 어미는 이 아이를 숲에다 버렸다.

많은 영웅이 그렇듯이 숲속에 버려진 프리아포스는 막돼먹은 목동들 손에 자라나 뒷날 디오뉘소스를 수행하기도 하고, 이 주신을 섬기는 매우 부도덕한 밀교를 그리스 전역에 퍼뜨리기도 했다.

이 프리아포스가 요정을 겁탈하려다 미수에 그친 이야기가 흥미롭다. 독자들은 요정의 이름이 로티스Lotis인 것에 주목할 필요가 있다. 요정 로티스가 혼자 잠을 자고 있는데 프리아포스가 살금살금 다가갔다. 프리아포스가 그 큰 성기를 꺼내 드는 참인데 어디에선가

프라이포스가 지니고 있는 또 하나의 뿔
프리아포스의 터무니없이 큰 성기는 또 하나의 풍요의 뿔이 아니었을까? 프리아포스의 뿔은 무엇으로 이루어져 있는가? 풍요의 뿔에 들어 있는 내용물과 동일하다. 로마 바티칸 박물관.

당나귀 울음소리가 들려왔다. 그 바람에 잠을 깬 로티스는 세 번 놀랐다. 웬 남정네가 자기에게 접근하고 있다는 데 한 번 놀라고, 그 남정네의 몸이 배배 꼬이고 뒤틀려 있는 데 두 번 놀라고, 그 몸에 달려 있는 성기가 너무 큰 데 세 번 놀랐을 것이다. 로티스는 혼비백산해서 그 자리에서 달아났다. 프리아포스는 그 큰 성기를 꼭 붙잡고는 로티스를 뒤쫓았다.

로티스는 달아나면서 신들에게 살려달라고 빌었다. 모양이 해괴한 남정네로부터, 엄청나게 큰 성기로부터 살려줄 것을 빌면서 호수로 뛰어들었다. 어느 신이었는지는 밝혀져 있지 않지만 어떤 신이 로티스를 가엾게 여겨 그 아름다운 몸을 꽃으로 몸 바꾸기 하게 했으니, 이 꽃이 바로 로투스lotus, 연꽃이란다.

프리아포스는 소아시아 지방에서 풍요의 신으로 섬겨졌는데, 이 프리아포스의 제사 때는 반드시 나귀를 잡아 그 고기를 바쳤다고 한다. 나귀의 울음소리 때문에 뜻을 이루지 못했으니 프리아포스로서는 나귀가 그렇게 원망스러울 수 없었을 것이다.

이 신화에는 우리가 주목해야 할 요소가 몇 가지 있다. 우선 이 프리아포스가 디오뉘소스의 아들이라는 사실이다. 디오뉘소스는 '뉘사산에서 온 제우스의 아들'이라는 뜻을 지닌 이름이다. '뉘사'는 인도에 있다는 산 이름이다. 따라서 이름부터 인도적이다. 디오뉘소스가 앞세우고 왔다는 '링감'은 '남근상'을 뜻하는 인도 말이다. 그리스어로는 '팔로스phallos, 라틴어로는 '팔루스phallus'라고 한다. 디오뉘소스의 아들 프리아포스의, 몸에 어울리지 않게 큰 성기는 바로 디오뉘소스의 남근상을 연상시킨다. 따라서 프리아포스 또한 인도적이다. 그렇다면 연꽃은 어떤가? 이 또한 인도적이다.

프리아포스의 터무니없이 큰 성기는 또 하나의 풍요의 뿔이 아니었을까? 아무리 꺼내도 속속 새로운 것이 가득 차오르는 풍요의 뿔처럼, 남성의 성기 또한 비면 비는 대로 속속 차오르지 않는가?

양말과 버선

남성의 성기가 또 하나의 풍요의 뿔이라면 여성의 성기는 어떤가? 여성의 성기 또는 자궁 역시 또 하나의 풍요의 뿔 혹은 화수분 단지가 아닐까? 풍요의 뿔 이미지와 함께 유럽의 건물 전면에 새겨지는

변형된 조개 이미지
풍요의 뿔과 함께 지붕 장식으로 자주 쓰이는 조개. 풍요의 뿔 장식이 놓일 자리를 차지하고 있는 변형된 조개 이미지다. 로마.

이윤기의 그리스 로마 신화 1

여성의 상징으로서의 조개를 그렇게밖에는 해석할 수 없을 것 같다.

크리스마스 이브가 되면 서양의 아이들은 크리스마스 트리에다 커다란 양말을 걸어두고는 잠든다. 아이들은 양말이 선물로 가득 차 게 되기를 빌면서 잠드는 것이다. 하지만 아이들은 그 양말이 무엇을 의미하는지 알지 못한다.

우리 조상들은 동지^{冬至}가 되면 버선에다 팥을 넣어 장독대에다 걸 어두었다고 한다. 왜 하필이면 버선이고 팥이었을까? 우리 조상들은 버선과 팥의 의미를 알고 있었을 것이다. 하지만 이 세시풍속은 지 금 우리에게 전해지고 있지 않다. 어째서 전해지지 않았을까? 의미

풍요의 뿔 이미지와 함께 자주 쓰이는 조개
여성의 상징인 조개도 일종의 풍요의 뿔이
아닐까? 파리 뤽상부르 공원.

가 전해지지 않았기 때문에 소멸된 것은 아닐까?

　양말과 버선은 발이 무수히 드나드는 자궁의 상징이 아닐까? 풍요의 뿔이 무수히 드나드는 또 하나의 역설적인 풍요의 뿔이 아닐까?

　양말과 버선은 깊고 팥은 붉다. 그리고 조개는 속살이 깊다.

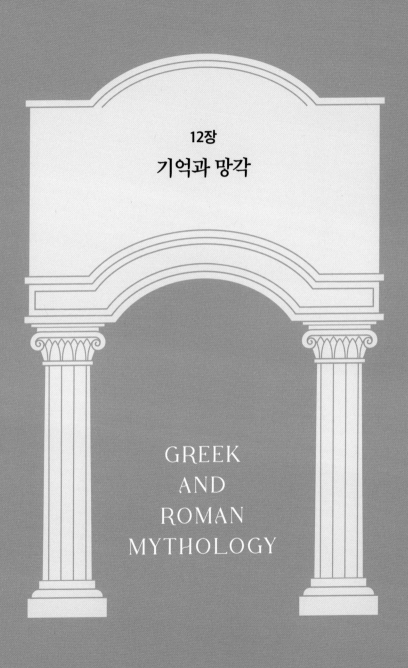

12장

기억과 망각

GREEK
AND
ROMAN
MYTHOLOGY

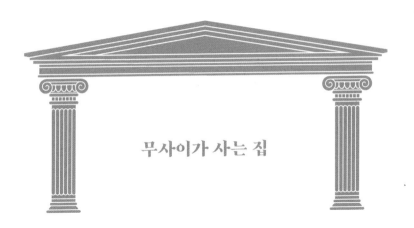

무사이가 사는 집

아테네에서 아폴론의 신탁으로 유명한 고대 도시 델포이까지는 자동차로 4시간쯤 걸린다. 델포이는 매우 넓어서 박물관 구경과 고대 도시 답사만으로도 하루해가 짧다. 숙소가 아테네에 있는 여행자에게는 빠듯한 여정이다. 따라서 델포이 여행에는 다른 일정이 껴들 여지가 없다. 하지만 델포이 못 미쳐서 '리바디아Livadia'라는 소도시가 있다. 그 리바디아에는 기억의 샘과 망각의 샘이 있다.

1999년 여름, 약 두 달 동안 그리스를 여행하면서 필자는 리바디아를 답사하지 않을 수 없었다. 기억의 샘물을 마시고 싶어서도, 망각의 샘물을 마시고 싶어서도 아니었다. 다만, 나쁘게 말하면 허풍이 심하고 좋게 말하면 시적 상상력이 풍부한, 그래서 방대한 신화 체계를 그려내었을 터인 그리스인들이 무엇을 기억의 샘, 망각의 샘이라고 부르는지 확인해보고 싶었다. 신들에게 가볍게 질리고, 무자비한 그리스 땡볕의 신전 돌무더기에 지쳐 있을 즈음이었다. 샘이 그리웠다.

기억이 사는 집

그리스 신화는 먼저 '기억'을 이렇게 설명한다. 하늘의 신 우라노스와 땅의 여신 가이아 사이에서는 모두 열두 남매가 태어난다. 대양大洋, Ocean의 신 오케아노스, 태양의 신과 달의 여신의 아버지가 되는 휘페리온(높은 곳을 달리는 자), 프로메테우스의 아버지가 되는 이아페토스, 그리고 제우스의 아버지가 되는 크로노스는 그 아들들이다. 딸들 중에는 이치를 주관하는 여신 테미스와 기억의 여신 므네모쉬네가 있다. 므네모쉬네의 이름은 '연상 기호 코드mnemonic code'나 '기억소mnemon' 따위의 컴퓨터 용어에 남아 있다.

무사이가 사는 집
기억의 여신 므네모쉬네의 딸들이 무사이는 어디에 살고 있을까? 무사이가 사는 집을 뜻하는 '무사이온'은 영어로 '뮤지엄', 즉 박물관이다. 파리 루브르 박물관.

제우스가 고모뻘 되는 여신 므네모쉬네(기억)와 동침할 필요를 느낀 것은 거인들Gigantes과의 전쟁에서 승리한 직후다. 승리의 축가를 지어야 하는데, 전쟁의 양상을 소상하게 기억하고 있는 이는 므네모쉬네 여신뿐이었다. 제우스가 아흐레 동안 연이어 이 여신과 동침하니, 여기에서 태어난 딸 아홉 자매가 바로 무사이 신녀들이다. 이들이 사는 집은 '무사이온Mousaion'이라고 한다. 영어로는 이들을 '뮤즈', 이들이 사는 집을 '뮤지움'이라고 부른다. 인류가 남긴 기억의 산물을 고스란히 간직하고 있는 곳이 어디인가? 도서관이 딸린 박물관이다.

무사이 아홉 자매의 면면은 이렇다. 영웅시와 서사시를 관장하는 클레이오는 늘 나팔과 물시계를 들고 다니고, 하늘의 찬양을 관장하는 우라니아(하늘 여신)는 지구의와 나침반을 든 모습으로 자주 선보인다. 슬픈 가면과 운명의 몽둥이를 들고 다니면 비극을 관장하는 멜포메네(노래하는 여신), 지팡이와 웃는 가면을 들고 다니면 희극을 담당하는 탈레이아, 현악기 키타라를 들고 다니면 합창을 맡는 테릅시코레, 입에 손가락 하나를 대고 명상하는 모습으로 그려지면 무언극을 연출하는 폴뤼힘니아다. 이 밖에도 서정시를 맡는 에라토, 유행가를 담당하는 에우테르페, 서사시와 웅변에 능한 칼리오페 등이 있다. 옛 그리스 서사시인들이 점수를 매겼으니 그럴 법하거니와 이 가운데 가장 후한 점수를 얻은 신녀는 바로 서사시와 웅변에 능한 칼리오페, 뒷날 인류 역사상 최고의 명가수 오르페우스의 어머니가 되는 바로 그 칼리오페다.

무사이의 돋을새김이 있는 현대 건축물
무사이가 태어난 땅은 그리스이지만 지금은 모두 프랑스로 옮겨와 있는 듯하다. 파리 팔
레 드 도쿄.

이들은 더러 신들의 잔치에서 시와 음악으로 흥을 돋우지만 대개
는 헬리콘산에서 지낸다. 헬리콘산은 산비탈에 향나무가 많고 물이
하도 맑아 독사의 독니까지 삭아 없어진다는 곳이다. 이들은 천마
페가소스의 발굽자리라고 전해지는 히포크레네(말의 샘) 샘가에서
영묘한 시상을 떠오르게 하는 그 샘물을 마시고, 자리만 어우러지면
노래 부르고 춤을 춘다.

무사이가 태어난 땅은 그리스이지만 지금은 모두 프랑스로 옮겨
와 있는 듯하다. 이들의 면면을 알아보지 못하면 파리 거리의 조형
물은 돌덩어리에 지나지 않는다.

망각의 강

이문열의 소설에 『레테의 연가』라는 작품이 있거니와, 레테는 '망
각의 강'이다. 그리스 신화에는 세 가지의 레테가 등장한다. 그중 가
장 두드러지는 레테가 바로 저승 앞을 흐르는 레테, 즉 망각의 강이
다. 저승으로 들어가려면 이 강을 건너야 한다. 이 강을 건너면 이승
의 추억은 깡그리 잊는다. 그러니 추억의 슬프고도 아름다운 해독제
가 아닌가?

또 하나의 레테는 잠의 신 휘프노스의 동굴 속을 흐른다. 이 휘프
노스의 수면관睡眠館으로는 해가 하늘로 떠오를 때도, 중천에 걸려 있
을 때도, 질 때도 햇빛이 비치는 일은 없다. 바닥에는 구름과 그림자
가 희미하게 깔려 있다. 이곳에서는 닭이 큰 소리로 새벽의 여신 에
오스를 부르는 일도 없고, 눈 밝은 개, 소리에 민감한 거위가 정적을

깨뜨리는 일도 없다. 오직 정적만이 이곳을 지배한다. 그러나 레테는
속삭이며 흐른다. 그 소리가 위에 있는 모든 것을 잠재우는 것이다.
동굴 입구에는 양귀비와 약초가 무성하게 자라고 있다. 수면관에는
문도 없다. 문이 있으면 돌쩌귀 소리가 나기 때문이란다.

　레테가 하나 더 있다. 망각의 강을 건너고도 이승의 추억을 해독하
지 못하는 망령을 위한 '레테의 걸상'인데, 이것은 저승신 하데스 앞

에 있다. 여기에 앉으면 이승의 추억이 더 이상 망령을 괴롭히지 못한다.

아테나이의 영웅 테세우스가 여기에 앉은 적이 있다. 티뤼스의 영웅 헤라클레스가 저승에 갔다가 산 채로 저승으로 들어가 망각의 걸상에 앉은 테세우스를 일으켜 세우려고 했다. 하지만 하데스의 권능이 그것을 허락하지 않았다. 헤라클레스가 누구인가? 아틀라스를 대신해서 하늘 축을 어깨로 버틴 천하장사가 아닌가? 헤라클레스는 우격다짐으로 테세우스를 일으켜 세웠다. 테세우스는 일어섰지만 엉덩이 살은 고스란히 걸상에 남았다. 테세우스는 하데스에게 엉덩이 살을 털린 셈인데, 이 전설은 하여튼 둘러대기 좋아하는 그리스 시골 사람들이 약삭빠른 아테네인들을 '뾰족 궁둥이_{lean bottoms}'라고 놀려먹을 때마다 되살아난단다.

리바디아의 추억

리바디아는 인구 2만이 채 안 되는 소도시이지만 '트로포니오스의 신탁'으로 유명한 곳이다. 트로포니오스는, 여기에서 40킬로미터 떨어져 있는 델포이에다 저 유명한 아폴론의 신전을 지은 것으로 전해지는 인물이다.

그는 신전을 아폴론에게 봉헌하고는 포상을 요구했다. 아폴론은 그에게 하루도 빠짐없이 엿새 동안 이 세상의 온갖 즐거움을 다 누리고 살면 상을 베풀겠노라고 했다. 그는 신이 시키는 대로 했다. 그러자 이레째 되는 날 밤에 상을 받았는데, 그것은 '자다가 죽는 죽음'

이었다.

자다가 죽는 죽음, 이것은 잠의 신 휘프노스의 동굴 밑을 흐르는 작은 레테를 통하여 저승 앞을 흐르는 큰 레테를 건너는 일이 아닌가? 리바디아에서 트로포니오스의 신탁을 받으려면 먼저 바위산 아래에서 솟는 '레테의 샘물', 즉 망각의 샘물Water of Forgetfulness을, 다음으로는 바로 그 옆에서 솟는 '므네모쉬네의 샘물', 즉 기억의 샘물Water of Remembrance을 마셔야 한다. 그러고는 동굴로 들어가 며칠 동안 망각과 기억을 명상해야 한다.

리바디아의 크뤼아스 샘
기억의 물과 망각의 물이 어우러져 시내가 되고 시내는 강으로, 바다로 흐른다.

리바디아의 바위산 기슭에서는 맑디맑은 샘물이 모래를 헤치며 솟아오르고 있었다. 같은 샘인데도 오른쪽에서 솟는 샘물은 므네모쉬네, 왼쪽에서 솟는 샘물은 레테라고 했다. 같은 샘에서 솟은 물은 곧 하나로 어우러져서는 아래로 흘러 시내를 이루었는데, 척박한 땡볕의 나라 그리스에서 그토록 아름다운 샘물을 마시고 시내에 손을 담근 일은 망각의 물 마신 것도 하릴없이 내게 소중한 추억으로 남아 있다.

그 아름다운 시내를 가리키면서 그리스인에게 시내의 이름이 무엇이냐고 물어보았다. 그의 대답은 짤막했다.

"라이프(인생)."

나오는 말
아리스타이오스의 사슬

신화는 진실만을 말한다는 저 바다의 지혜로운 노인 프로테우스와 같다. 프로테우스는 무엇으로든 몸을 바꿀 수 있다. 하늘을 나는 모든 것, 땅 위를 기는 모든 것, 바다를 자맥질하는 모든 것, 심지어는 타오르는 불꽃, 흐르는 물, 부는 바람, 피어오르는 연기로 몸을 바꿀 수 있고 이 모든 것의 입을 열게 할 수도 있다.

신화는 그렇다. 몸 바꾸기의 도사 프로테우스와 같다.

꿀벌치기 아리스타이오스는 에우뤼디케를 죽음으로 몰아넣은 장본인이다. 그가 뒤를 쫓으면서 말을 걸지 않았더라면 오르페우스의 아내 에우뤼디케는 독사에 물리지도 않았을 것이고 죽지도 않았을 것이다.

에우뤼디케가 죽자 아리스타이오스의 꿀벌도 모조리 죽었다. 꿀벌이 아리스타이오스 대신 벌을 받은 것이다. 아리스타이오스는 꿀벌을 되살릴 궁리를 하다가 어머니인 강의 요정 퀴레네를 찾아가서 어떻게 하면 좋겠느냐고 묻는다.

퀴레네는 이렇게 대답한다.

"바다에는 프로테우스라고 하는, 아주 연세 많고 지혜로우신 바다의 딸림 신이 있다. 우리 강의 요정들은 모두 이 프로테우스 신을 존경한다. 참으로 슬기로운 분이어서 과거와 현재와 미래를 손바닥 들여다보듯 하는 분이다. 이 프로테우스라면 너에게 꿀벌이 왜 죽었는

로마의 산타 마리아 교회 안에 있는 '보카 델라 베리타스(진실의 입)
입에다 손을 넣는 것은 좋으나 거짓말쟁이는 다시 손을 뺄 수 없단다. 그래서 여행자들은 저마다 다투어 손을 넣어본다. 하지만 이제는 '진실의 입'도 거짓말쟁이의 손을 깨물지 않는다. 이 진실의 입을 가진 얼굴은 대양의 신 오케아노스를 형상화한 것이라고 한다. 진실만을 말한다는 프로테우스도 바다의 노신老神이다. 그렇다면 프로테우스는 진실의 정화精華인 오케아노스의 화신인가?

이윤기의 그리스 로마 신화 1

지, 어떻게 하면 되살릴 수 있는지 가르쳐주실 게다. 하지만 그냥 애 원해서는 안 된다. 우격다짐으로 하지 않으면 안 된다. 이분을 찾아 가 무조건 붙잡아라. 튼튼한 사슬을 준비해 가지고 가거라. 붙잡거든 사슬로 묶어라. 사슬만 단단히 쥐고 있으면 세상 없어도 달아나지 못할 것이다. 프로테우스는 사슬에서 풀려날 욕심으로 네 질문에 대 답해줄 게다.

　자, 이제 너를 프로테우스의 동굴로 데려다주마. 낮이면 그 동굴에 서 낮잠을 자고 있으니까 붙잡기가 수월하다. 하지만 프로테우스는 누구에게 붙잡혔다는 걸 알면 둔갑술을 써서 몸을 여러 가지로 바 꿀 게다. 멧돼지, 무서운 호랑이, 비늘 돋친 용, 갈기가 누런 사자 등 아주 멋대로 둔갑할 수가 있다. 그뿐이냐? 불꽃이 튀는 소리, 격류가 흐르는 소리 같은 것으로 둔갑해서라도 네 사슬에서 풀려나려고 요 동칠 것이다. 너는 사슬만 꼭 잡고 있으면 된다. 사슬을 꼭 잡고 집요 하게 물어보아라. 프로테우스는 처음에는 요동칠 게다만 그래봐야 소용없다는 걸 알면 본모습으로 돌아와 네가 묻는 말에 순순히 대답 할 게다.”

　아리스타이오스는 퀴레네가 시키는 대로 했다.

　과연 프로테우스는 사슬에 묶이고 나서야 아리스타이오스에게 에 우뤼디케의 혼령에게 속죄하는 제사를 지내라고 했다. 아리스타이 오스는 이 제사를 지낸 뒤 꿀벌 한 무리를 다시 얻을 수 있었다.

신화는 지혜로운 바다의 딸림 신 프로테우스와 같다. 프로테우스가 몸 바꾸기의 도사이듯이 신화도 몸 바꾸기의 도사다. 페르세포네 신화는 디오뉘소스 신화에서 얼마나 교묘한 몸 바꾸기를 해 보이고 있는가?

신화의 의미를 알아내려면 우리도 신화를 타고 눌러야 한다. 사슬로 붙잡아 우격다짐으로 다그쳐야 신화는 제 본모습을 보인다. 우리에게는 어떤 사슬이 있는가? 신화를 잡아 묶을 사슬은 아리아드네의 실타래일 수도 있다. 상상력일 수도 있는 것이다. 아리아드네의 실타래와 아리스타이오스의 사슬을 무기 삼아 들고 우리도 저 신화의 시대로 달려들어보자.

독자는 지금 신화라는 이름의 자전거를 배우고 있다고 생각하라. 처음에는 필자가 짐받이를 잡고 따라갔다. 뒤를 돌아다보지 말고 그냥 달리기 바란다. 필자는 짐받이를 놓은 지 오래다. 독자는 혼자서 이미 먼 길을 달려온 것이다.

찾아보기

테미스 57, 59, 71, 77, 78, 84, 91, 98,
    102, 274, 275, 324, 327, 328,
    424
테세우스 10, 11, 12, 13, 14, 15, 16, 34,
    37, 39, 40, 41, 42, 43, 44, 45,
    46, 83, 240, 292, 293, 296, 350,
    351, 382, 396, 397, 407, 429
테이레시아스 369, 370, 371, 375
테튀스 59, 67, 199, 205
튀케 67, 68, 204
트리톤 195, 325, 326
티타노마키아 95, 96, 112, 190, 256, 266
티탄 58, 59, 67, 84, 85, 86, 87, 88, 91,
    94, 95, 102, 112, 190, 215, 256,
    266
티튀오스 300, 302

ㅍ

파에톤 190, 192, 193, 194, 195, 197,
    202, 203, 205, 206, 207, 208,
    210, 214, 215, 216, 217, 218,
    220, 236, 318, 365
팔라스 68, 70, 71, 266
페네이오스 210, 228, 231, 234
페르세포네 180, 182, 183, 211, 258,
    259, 260, 261, 271, 272, 274,
    275, 276, 278, 279, 280, 295,
    296, 299, 301, 390, 391, 436
펜테우스 369, 370, 371, 374, 375, 376,

377, 385, 386, 387, 388
펠리아스 22, 23, 24, 26, 29, 30, 33, 34
포세이돈 74, 79, 81, 85, 90, 92, 93, 95,
    98, 99, 102, 119, 130, 132, 196,
    212, 213, 249, 250, 251, 267,
    314, 320, 321, 325, 326
포이베 59, 68
포이보스 69, 103, 190, 203
폴뤼이도스 349, 350, 351, 352, 353,
    354, 412
퓌라 323, 324, 326, 329, 330
퓌톤 225, 227, 345, 346, 347
프로메테우스 55, 58, 70, 71, 72, 149,
    150, 326, 424
프로크루스테스 39, 42, 43
프로테우스 195, 380, 433, 434, 435, 436
프리아포스 415, 416, 417, 418
프쉬케 150, 151, 159, 160, 161, 162,
    163, 164, 165, 166, 167, 168,
    169, 170, 171, 172, 173, 174,
    175, 176, 177, 178, 179, 180,
    181, 182, 183, 184, 185, 186,
    223, 267, 292, 293, 296
플레게톤강 263
플루토스 268, 412, 413, 414
피테우스 37, 38, 41, 43
필레몬 334, 335, 336, 337, 338, 395

ㅎ

GREEK
AND
ROMAN
MYTHOLOGY

이윤기의 그리스 로마 신화 1

초판 1쇄 발행 2000년 6월 26일
개정판 1쇄 발행 2024년 10월 30일

지은이 이윤기

발행인 이봉주 **단행본사업본부장** 신동해
편집장 김경림 **책임편집** 김윤하 **편집** 김종오 최은아
디자인 최희종 **마케팅** 최혜진 이은미
홍보 반여진 **제작** 정석훈

브랜드 웅진지식하우스
주소 경기도 파주시 회동길 20
문의전화 031-956-7366(편집) 02-3670-1123(마케팅)
홈페이지 www.wjbooks.co.kr
인스타그램 www.instagram.com/woongjin_readers
페이스북 www.facebook.com/woongjinreaders
블로그 blog.naver.com/wj_booking

발행처 ㈜웅진씽크빅
출판신고 1980년 3월 29일 제406-2007-000046호

ⓒ 이윤기, 2024
ISBN 978-89-01-28987-8 04210
      978-89-01-28986-1 04210 (세트)